07 ▸ 코레일 한국철도공사 사무직 신입사원 채용공고

1. 지원자격(공통)

① 학력·성별 등 : 제한 없음
② 연령 : 제한 없음[단, 만 18세 미만자 및 정년(만 60세) 초과자는 지원 불가]
③ 병역 : 남성의 경우 군필 또는 면제자(단, 전역일이 최종합격자 발표일 이전이며, 전형별 시험일에 참석 가능한 경우 지원 가능)
④ 기타 : 철도 현장 업무수행이 가능한 자, 한국철도공사 채용 결격사유에 해당하지 않는 자, 최종합격자 발표일 이후부터 근무가 가능한 자, 외국인의 경우 거주(F-2), 재외동포(F-4), 영주권자(F-5)에 해당하는 자

2. 필기시험

과목	분야	평가 내용	문항 수	시험시간
직업기초 능력평가	전 분야	의사소통능력, 수리능력, 문제해결능력	30문항	70분
직무수행 능력평가	사무영업	경영학원론, 인사관리, 생산관리, 마케팅관리 (재무관리, 회계학 미포함)	30문항	
	열차승무			
철도법령	전 분야	철도산업발전기본법·시행령, 한국철도공사법·시행령, 철도사업법·시행령	10문항	

3. 면접시험

구분	평가 내용
면접시험 (4대 1 면접)	NCS 기반 직무경험 및 상황면접 등을 종합적으로 평가
인성검사	인성, 성격적 특성에 대한 검사로, 적격·부적격 판정

※ 위 채용안내는 2025년 하반기 채용공고를 기준으로 작성하였으므로 세부내용은 반드시 확정된 채용공고를 확인하기 바랍니다.

온라인 모의고사

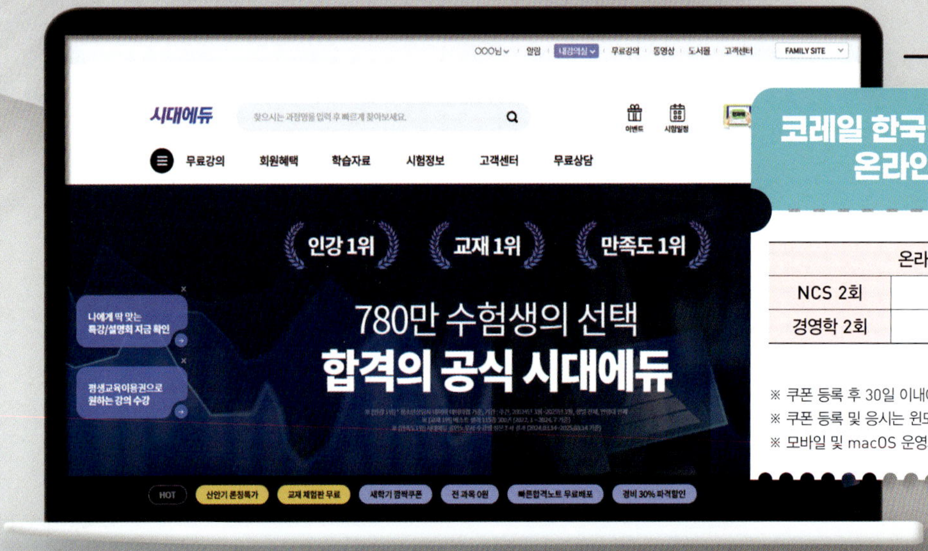

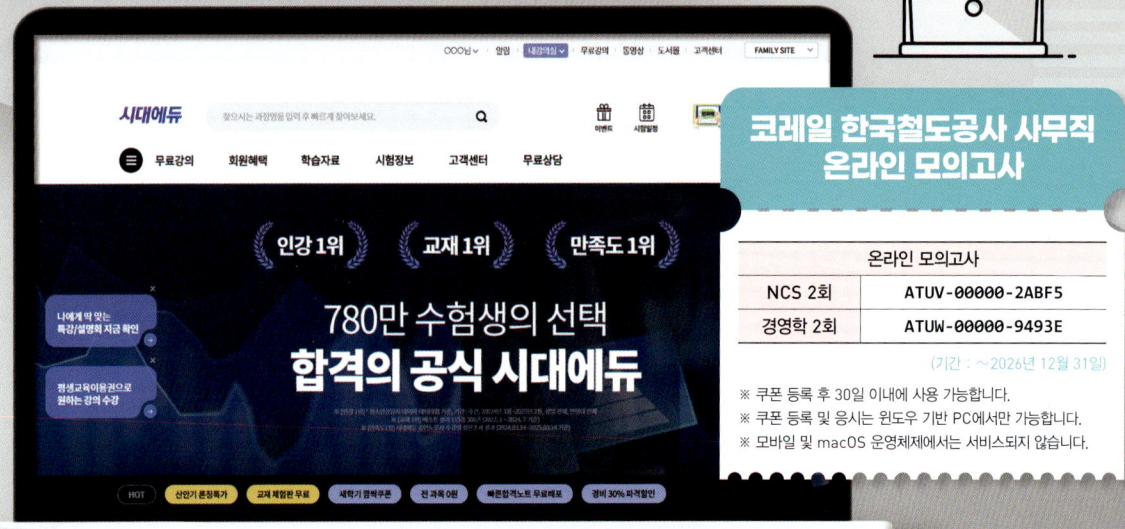

코레일 한국철도공사 사무직 온라인 모의고사

온라인 모의고사	
NCS 2회	ATUV-00000-2ABF5
경영학 2회	ATUW-00000-9493E

(기간 : ~2026년 12월 31일)

※ 쿠폰 등록 후 30일 이내에 사용 가능합니다.
※ 쿠폰 등록 및 응시는 윈도우 기반 PC에서만 가능합니다.
※ 모바일 및 macOS 운영체제에서는 서비스되지 않습니다.

시대에듀 홈페이지 접속 후 로그인 (www.sdedu.co.kr) → 홈페이지 상단 「본인이름」 → 「마이페이지」 → 쿠폰번호 등록 → 「내강의실」 → 「모의고사」 접속 후 응시

시대에듀 www.sdedu.co.kr 1600-3600 평일 9~18시 (토 · 공휴일 휴무)

PC/모바일 무료동영상 강의 무료코레일특강 제공	NCS 핵심이론/대표유형 분석자료 제공
1 시대에듀 홈페이지 접속 로그인 (www.sdedu.co.kr)	시대에듀 홈페이지 접속 로그인 (www.sdedu.co.kr)
2 「코레일」로 검색 후 무료특강 클릭	상단 카테고리 「학습자료」 → 「도서업데이트」 클릭
3 코레일 한국철도공사 기출특강 수강	'공기업 NCS 도서 무료 학습자료' 검색 후 다운로드

※ 해당 강의는 본 도서를 기반으로 하지 않습니다.

※ 자료가 보이지 않을 때에는 '공기업'으로 검색하기 바랍니다.

GUIDE 기업 & 채용 분석

01 ▶ 회사소개

철도는 한 세기를 넘는 세월 동안 우리의 일상과 같이 하며, 매일 출퇴근길 국민의 발이 되고, 때로는 여행의 동반자로 함께 하고 있다.

코레일 한국철도공사는 최고의 철도경영 전문기업으로서 고객이 안심하고 열차를 탈 수 있도록 최선을 다하고 있다.

또한, 코레일 한국철도공사는 더 많은 사람이 편하게 여행할 수 있는 서비스와 상품을 만들고 첨단 기술로 국민과 직원 안전에 힘을 쏟고 있다.

02 ▶ 미션

사람 · 세상 · 미래를 잇는 대한민국 철도

03 ▶ 비전

새로 여는 미래교통 함께 하는 한국철도

04 ▶ 핵심가치

안전	혁신	소통	신뢰

05 ▶ 경영목표

모두가 안심하는 AX 철도안전 구축

레일의 가치로 미래성장 철도 구현

국민이 행복한 모빌리티 혁신 선도

함께 성장하는 지속가능경영 실현

신뢰받는 경영혁신체계 확립

06 ▶ 인재상

사람 중심의 사고와 행동을 하는 인성, 열린 마인드로 주변과 소통하고 협력하는 **사람지향 소통인**

고객만족을 위해 지속적으로 학습하고 노력하는 **고객지향 전문인**

한국철도의 글로벌 경쟁력을 높이고 미래의 발전을 끊임없이 추구하는 **미래지향 혁신인**

1권

특별부록

2025년
기출복원 모의고사

www.sdedu.co.kr

〈문항 및 시험시간〉

평가영역	문항 수	시험시간	모바일 OMR 답안채점 / 성적분석 서비스
[NCS] 의사소통능력+수리능력+문제해결능력 [전공] 경영학 [철도법령] 철도법령	70문항	70분	

※ 수록 기준

철도산업발전기본법 : 법률 제21065호(시행 26.1.2.), 철도산업발전기본법 시행령 : 대통령령 제35811호(시행 25.10.1.)

한국철도공사법 : 법률 제21065호(시행 26.1.2.), 한국철도공사법 시행령 : 대통령령 제35228호(시행 25.1.31.)

철도사업법 : 법률 제21065호(시행 26.1.2.), 철도사업법 시행령 : 대통령령 제33795호(시행 24.1.1.)

코레일 한국철도공사 사무직 신입사원 필기시험

2025년 기출복원 모의고사

문항 수 : 70문항
시험시간 : 70분

제1영역 NCS

| 2025년 하반기 / 의사소통능력

01 다음 글과 가장 관련 있는 한자성어는?

> 1929년 10월 미국의 과도한 주식 투자로 경제가 과열되면서 주가가 폭락하는 월스트리트 대폭락이 발생하였다. 이 사건으로 수많은 은행이 폐업하였고 신용 시스템 붕괴를 일으켜 소비 및 투자가 급감하면서 세계 무역도 크게 휘청거렸다. 그 여파로 세계 대공황이 시작되었다. 1930년대 중반까지 경제 침체가 이어지며 전 세계의 실업률은 역사상 최고치에 달했고, 수백만 명이 집을 잃고 거리로 내쫓겼다.
> 이는 그 당시 세계 어느 나라도 경험해 보지 못한 위기로, 많은 나라들이 다시 경제 위기가 닥쳤을 때, 보다 신속하게 대처할 수 있도록 여러 경제 시스템을 세우는 계기가 되었다.

① 각주구검(刻舟求劍)
② 반면교사(反面敎師)
③ 부화뇌동(附和雷同)
④ 수주대토(守株待兎)
⑤ 자중지란(自中之亂)

| 2025년 하반기 / 의사소통능력

02 다음 밑줄 친 단어 중 맞춤법이 옳은 것은?

① 그가 약속을 어긴 이유를 듣자 <u>어의가 없었다</u>.
② 행사가 끝난 자리에는 쓰레기가 <u>널부러져</u> 있었다.
③ 자기 전에 야식을 먹으면 다음날 아침에는 <u>더부룩하다</u>.
④ 처음 하는 여행이라 마음속에 <u>설레임</u>이 가득했다.
⑤ 사람들이 많은 장소를 <u>꺼려하는</u> 이유는 여러 가지이다.

03 다음 중 한글 표준발음법에 따라 표기상으로 사이시옷이 없더라도 합성어의 뒤 단어가 된소리로 발음되는 경우가 아닌 것은?

① 강가
② 창살
③ 솜이불
④ 물동이
⑤ 그믐달

04 다음 중 우리나라의 언어적 관습에 대한 설명으로 가장 적절한 것은?

> 우리나라의 언어는 단순히 말을 전달하는 데 그치는 것이 아니라, 사회적 관계와 문화적 가치를 담고 있다. 먼저, 우리나라는 말하는 대상에 따라 존댓말과 반말을 구분하여 사용한다. 대개 상대방이 나이가 많거나 혹은 사회적 지위가 높을 때는 존댓말을, 그 반대로 나이나 지위가 비슷하거나 적거나 낮은 사람에게는 반말을 쓴다. 하지만 처음 만난 사람에게는 나이나 지위에 관계없이 존댓말을 사용하여 예의를 차리고, 반대로 친분이 두터우면 나이 혹은 지위가 많거나 높아도 반말을 사용해 친밀감을 드러내기도 한다. 이처럼 존댓말과 반말은 상대방과의 사회적 거리, 친밀도, 예의를 모두 담고 있다.
> 또한, 우리나라는 상대방의 입장을 고려하고 다툼을 피하기 위해 직접적으로 말하기보다는 돌려 말하는 문화가 자리 잡고 있다. 예를 들어 거절이나 부정을 할 때에는 '못해요.' 또는 '안 해요.'가 아닌 '어려울 것 같아요.'라고 표현한다. 이는 우리나라의 언어적 관습이 말의 전달보다 상대방을 배려하는 데 초점을 맞추고 있기 때문이다.

① 완곡하게 표현하는 것이 내용 전달에 유리하다.
② 상대방과의 관계와 감정을 고려하는 것이 중요하다.
③ 친밀하지 않은 사이에서는 반드시 존댓말을 사용한다.
④ 직접적으로 말하는 것은 상대방과의 다툼을 발생시킨다.
⑤ 우리나라 언어는 말의 의미를 정확하게 전달하는 것이 가장 중요하다.

05 다음 글과 어울리지 않는 속담은?

> 말은 단순한 의사소통의 한 방식이 아니라, 사람과의 관계, 신뢰성, 자신의 사회적 이미지를 모두 담고 있는 강력한 도구이다. 특히 우리나라의 언어적 관습상 말을 하는 태도는 그 사람 자체를 결정한다고 해도 과언이 아닐 것이다.
> 또한, 한번 내뱉은 말은 주워 담을 수 없어 원하지 않아도 널리 퍼져 돌이킬 수 없는 결과를 가져오기도 한다. 따라서 말을 내뱉기 전에는 상대방과의 상황을 고려하여 한 번 더 생각하는 습관이 중요하다.

① 낫 놓고 기역자도 모른다.
② 발 없는 말이 천 리 간다.
③ 말 한마디에 천 냥 빚도 갚는다.
④ 가는 말이 고와야 오는 말이 곱다.
⑤ 낮말은 새가 듣고 밤말은 쥐가 듣는다.

06 다음 중 밑줄 친 단어에 해당하는 한자로 옳지 않은 것은?

① 그는 뛰어난 실력으로 세계적인 <u>명성(明星)</u>을 쌓았다.
② 오랜 시간 꾸준히 운동을 해 온 그의 <u>육체(肉體)</u>는 탄탄했다.
③ 힘든 시기에 서로를 도운 사람들은 서로에게 <u>영웅(英雄)</u>이다.
④ 물질적인 <u>소유(所有)</u>보다 내적 만족이 행복에 더 큰 영향을 준다.
⑤ 그는 뛰어난 외국어 구사 <u>능력(能力)</u> 덕분에 의사소통이 원활했다.

07 다음 중 시에 대한 해석으로 가장 적절한 것은?

> 이제 어디를 가나 아리바바의 참깨
> 주문 없이도 저절로 열리는
> 자동문 세상이다.
> 언제나 문 앞에 서기만 하면
> 어디선가 전자 감응 장치의 음흉한 혀끝이
> 날름날름 우리의 몸을 핥는다 순간
> 스르르 문이 열리고 스르르 우리들은 들어간다.
> 스르르 열리고 스르르 들어가고
> 스르르 열리고 스르르 나오고
> 그때마다 우리의 손은 조금씩 퇴화하여 간다.
> 하늘을 멀뚱멀뚱 쳐다만 봐야 하는
> 날개 없는 키위새
> 머지않아 우리들은 두 손을 잃고 말 것이다.
> 정작, 두 손으로 힘겹게 열어야 하는
> 그,
> 어떤, 문 앞에서는
> 키위키위 울고만 있을 것이다.
>
> – 유하, 「자동문 앞에서」

① 자동문의 편리함에 대해 이야기하고 있다.
② 자동문은 현대 문명의 긍정적 속성을 의미하는 상징어이다.
③ '날개 없는 키위새'는 스스로의 힘으로는 아무것도 할 수 없는 존재를 뜻한다.
④ '날름날름 우리의 몸을 핥는다.'는 의인법적 표현을 통해 기계화된 현대 문명을 생동감 있게 묘사한 것이다.
⑤ '우리의 손은 조금씩 퇴화하여 간다.'는 현대 문명의 발전으로 인간의 노동 없이도 편리하게 생활할 수 있음을 말한다.

※ 다음 글의 내용으로 적절하지 않은 것을 고르시오. [8~9]

| 2025년 상반기 / 의사소통능력

08

요즘은 콘텐츠 이용 편의를 위해 오디오북을 제공하는 책들을 종종 접할 수 있다. 하지만 모든 책들이 오디오북화되고 있는 것은 아닌데, 이는 제작 환경에서 발생하는 막대한 비용 때문이다.
10시간짜리 오디오북을 만들기 위해서는 그 이상의 실제 녹음 시간이 필요하다. 또한 편집 과정에 들어가는 시간과 비용, 전문 성우에게 지급하는 비용까지 고려하면 결국 제작비용의 한계에 부딪히게 된다.
이러한 현실에서 고안된 방법이 AI 음성 합성 기술이다. 이 기술을 통해 오디오북 제작비용과 시간은 줄이고, 오디오북 제작률은 높여 이용자의 편의를 높일 수 있게 된 것이다.
하지만 이 기술에도 한계는 존재하는데, 이는 현재 AI 음성 합성 기술이 사람의 감정까지 담아 표현할 수 없다는 것이다. 이에 따라 현재는 전문 성우가 반드시 필요하지는 않은 경제, 과학 등과 관련된 비문학 도서는 AI 음성 합성 기술로 제작하고, 소설, 동화 등 문학 도서는 전문 성우들이 낭독하는 방식으로 제작하고 있다.

① AI 음성 합성 기술이 전문 성우의 녹음보다 더 효율적이다.
② AI 음성 합성 기술이 오디오북 제작에서 전문 성우의 역할을 대체할 수 있다.
③ 문학보다는 비문학이 AI 음성 합성 기술을 통한 오디오북화에 더 유리하다.
④ 전문 성우들의 오디오북 녹음에는 많은 시간이 소요되어 제작에 어려움을 겪고 있다.
⑤ 전문 성우들의 오디오북 녹음에는 막대한 비용이 소요되어 현실적으로 제작이 어렵다.

09

> 민족의 대명절인 설날과 추석은 가족과 친지를 만나기 위해 전국 각지로 이동하는 사람들이 급증하는 시기다. 이때 코레일의 기차 이용률은 평소보다 훨씬 높아진다. 예매가 시작되면 몇 분 만에 전 노선의 승차권이 매진되고, 예매 경쟁률이 평소의 수십 배에 달하는 경우도 흔하다. 그만큼 명절 기간 기차는 국민들의 중요한 이동 수단으로 자리 잡았지만, 최근에는 '노쇼' 문제로 인해 심각한 어려움을 겪고 있다. 이 문제는 명절 기간에 더욱 두드러지며, 해마다 노쇼 비율이 증가하는 추세이다.
> 2024년 설 연휴 기간 코레일이 판매한 승차권은 약 408만 매에 이른다. 추석 연휴 역시 약 120만 매가 판매되어 명절에 기차 이용 수요가 얼마나 폭발적인지 알 수 있다. 하지만 이 중 상당수가 실제 탑승하지 않아 공석으로 남는 일이 반복되고 있다. 2024년 설날 노쇼 비율은 무려 46%에 달했으며, 이 중 약 19만 매 이상의 좌석이 재판매되지 못해 빈 좌석으로 운행되었다. 추석 연휴에도 비슷한 수준의 노쇼와 공석 운행 문제가 발생했다. 이는 단순히 좌석이 비어 있는 것 이상의 심각한 문제를 야기한다.
> 공석 운행은 여러 측면에서 부정적인 영향을 끼친다. 우선, 실제로 기차를 타고자 하는 실수요자들이 좌석을 구하지 못하는 상황이 발생한다. 예매 경쟁이 매우 치열한 명절 기간에 노쇼로 인해 좌석이 비어 있음에도 불구하고, 다른 승객들이 그 좌석을 이용하지 못하는 것은 매우 불합리하다. 결국 노쇼는 국민들의 이동권을 제한하는 결과를 낳는다. 두 번째로, 공석 운행은 철도 운영의 효율성을 떨어뜨린다. 빈 좌석을 채우지 못한 채 열차를 운행하는 것은 불필요한 에너지와 인력, 비용 낭비로 이어진다. 이는 코레일뿐 아니라 국가적으로도 큰 손실이다. 세 번째로, 노쇼 문제는 사회적 비용 증가로 연결된다. 노쇼를 줄이기 위한 정책 마련과 시스템 개선에 투입되는 비용, 그리고 이에 따른 환불 정책 변경 등은 모두 국민의 부담으로 돌아올 수밖에 없다.
> 이러한 문제를 해결하기 위해 코레일은 다양한 대책을 시행하고 있다. 2025년부터 명절 특별수송기간에 출발 후 20분까지의 위약금을 기존 15%에서 30%로 상향 조정하는 등 노쇼 억제에 나서고 있으며, 취소・반환 기준 시점을 앞당겨 승객들이 불필요한 예약을 조기에 취소할 수 있도록 유도하고 있다. 이와 함께 좌석 재판매율을 높이기 위한 시스템 개선 작업도 진행 중이다.
> 하지만 노쇼 문제는 단순히 코레일의 노력만으로 해결되기 어렵다. 근본적인 제도 개선과 국민 인식 변화가 함께 이루어져야 한다. 예매 시스템의 투명성 강화, 노쇼에 대한 법적 제재 강화, 그리고 국민들의 책임감 있는 예약 문화 정착이 필요하다. 또한, 실수요자 중심의 예약 정책과 더불어 노쇼 발생 시 불이익을 명확히 하는 제도적 장치도 마련되어야 한다. 이러한 종합적인 접근이 이루어질 때 비로소 명절 노쇼 문제를 효과적으로 줄이고, 국민 모두가 편리하고 공정하게 기차를 이용할 수 있을 것이다.

① 명절에는 승차권 예매 경쟁이 평소보다 수십 배에 달한다.
② 노쇼로 인해 발생하는 비용은 결국 국민의 부담으로 돌아온다.
③ 2024년 설날에 판매된 승차권 중 46%는 노쇼로 인해 공석으로 운행되었다.
④ 2025년부터 명절 특별수송기간에는 승차권 취소 위약금이 평소보다 높아진다.
⑤ 노쇼 문제를 해결하기 위해서는 코레일의 노력뿐만 아니라 국민의식 변화와 정부의 제도 개선이 필요하다.

10 다음 제시된 표현법에 대한 사례로 가장 적절한 것은?

> 관용의 격률이란 자신의 이익은 최소화하고 부담은 최대화하여 말하는 표현법이다. 관용의 격률에 따르면 자신의 부담이 커질수록 상대에게는 예의 있는 표현으로 여겨지기 때문에 어떠한 문제를 자신 탓으로 돌려 말하는 것이라고도 해석된다.

① 민재 : 조은씨는 좋겠네요. 아들이 훤칠한데 공부까지 잘해서요.
② 지우 : 설명이 너무 어려워서 이해가 되지 않아요. 더 쉽게 설명해 주시겠어요?
③ 다예 : 제가 다음 주에 발표가 있으니, 이번 주까지 자료 정리해서 보내줄 수 있나요?
④ 동현 : 짐을 옮겨야 되는데 너무 무거워서, 미안한데 잠깐 도와줄 수 있을까요?
⑤ 선주 : 제가 시력이 안 좋아서 잘 보이지가 않네요. 조금 더 크게 보여주실 수 있나요?

11 다음 수의 대소를 비교한 내용으로 옳은 것은?

> $A=2^{48}$, $B=3^{30}$, $C=17^{12}$

① A<B<C
② A<C<B
③ B<A<C
④ B<C<A
⑤ C<A<B

12 A와 B는 다음 〈조건〉에 따라 400m의 원형 운동장을 달렸다. 이때 A와 B가 두 번째로 마주친 곳은 출발 지점에서 시계방향 기준으로 몇 m인가?

〈조건〉

- A는 시계방향으로 달리며 4m/s의 속력으로 200m를 뛰고, 이후 2m/s의 속력으로 200m를 뛰는 것을 반복한다.
- B는 시계반대방향으로 달리며 3m/s의 속력으로 200m를 뛰고, 이후 1.5m/s의 속력으로 200m를 뛰는 것을 반복한다.

① $30\frac{6}{11}$m
② $50\frac{6}{11}$m
③ $54\frac{6}{11}$m
④ $60\frac{6}{11}$m
⑤ $62\frac{6}{11}$m

13 가로 108m, 세로 84m의 직사각형 운동장의 둘레에 동일한 간격으로 최소한의 깃발을 세우려고 한다. 운동장의 꼭짓점에 깃발이 1개씩 이미 꽂혀 있다면, 운동장의 둘레에는 몇 개의 깃발을 세울 수 있는가?

① 24개
② 28개
③ 32개
④ 36개
⑤ 40개

14 다음은 모두 같은 규칙을 가진 도형이다. 네 번째 삼각형의 ?에 들어갈 수로 옳은 것은?

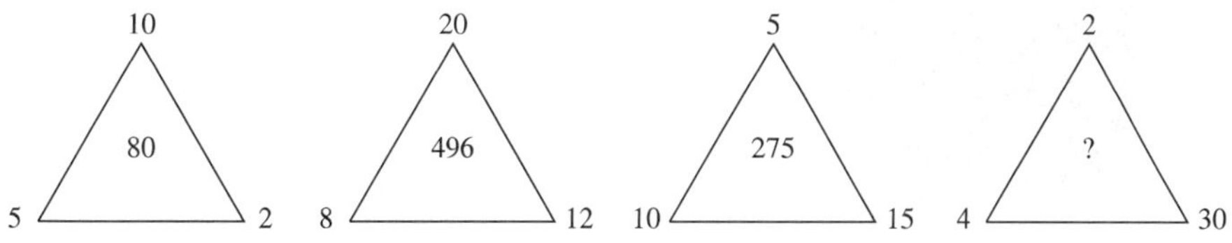

① 84
② 97
③ 112
④ 188
⑤ 192

15 다음은 2019년부터 2024년까지 K국에서 발생한 지진에 대한 정보이다. 이를 바탕으로 6년간 진도 3.0 이상 지진 발생 횟수를 파악하기 위한 그래프로 가장 적합한 것은?(단, 그래프 단위는 모두 '회'이다)

〈K국에서 발생한 지진 횟수〉

(단위 : 회)

구분	3.0 미만	3.0 이상 5.0 미만	5.0 이상 7.0 미만	7.0 이상	전체
2019년	73	32	13	5	123
2020년	65	27	18	4	114
2021년	61	30	15	6	112
2022년	69	33	20	5	127
2023년	59	19	19	4	101
2024년	72	25	18	3	118

①
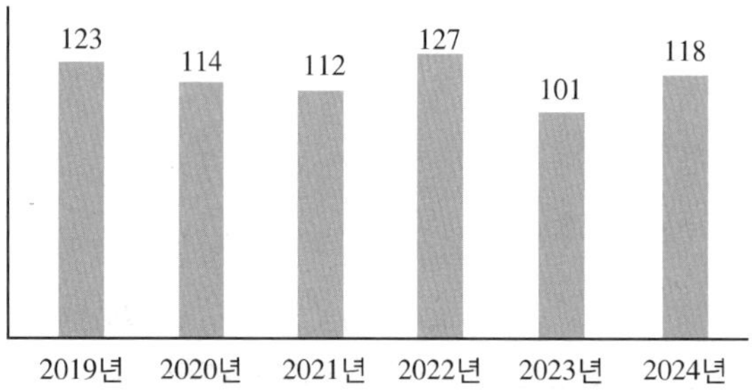

②
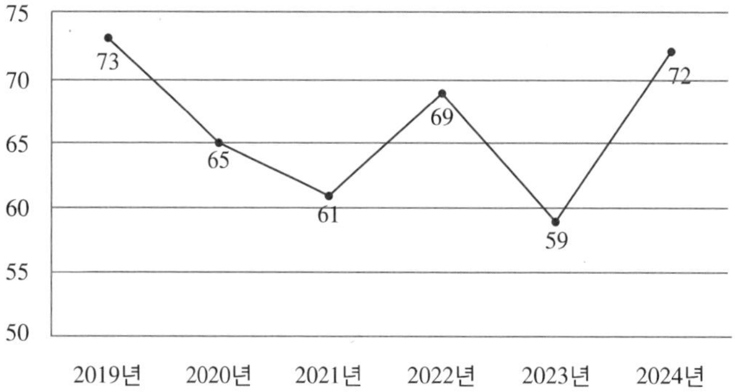

③
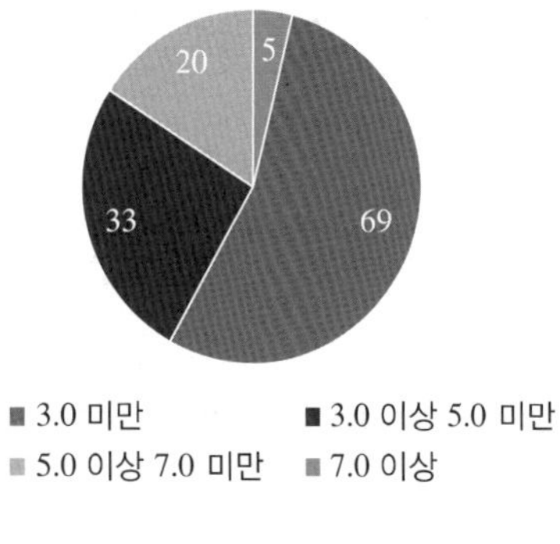

④

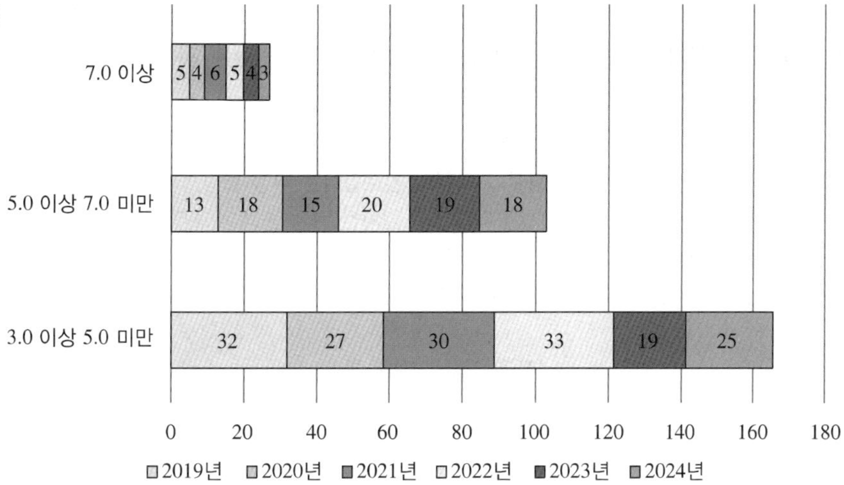

7.0 이상
5 4 6 5 4 3
5.0 이상 7.0 미만
13 18 15 20 19 18
3.0 이상 5.0 미만
32 27 30 33 19 25
0 20 40 60 80 100 120 140 160 180
2019년 2020년 2021년 2022년 2023년 2024년

⑤

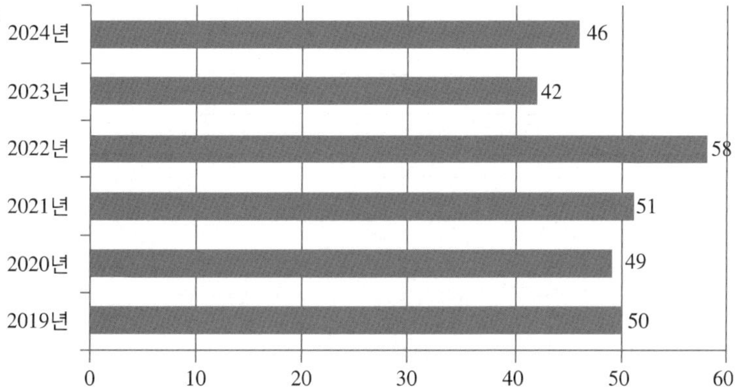

2024년 46
2023년 42
2022년 58
2021년 51
2020년 49
2019년 50
0 10 20 30 40 50 60

16 다음 정보를 바탕으로 할 때, 빈칸 ㉠~㉤에 들어갈 값이 바르게 연결된 것은?

〈전국 지하철 정보〉

- 서울 지하철의 선로길이는 가장 길고, 광주 지하철의 선로길이는 가장 짧다.
- 광주 지하철의 열차칸 수당 승객 수는 대전 지하철의 열차칸 수당 승객 수보다 많다.
- 선로길이 대비 운행 거리가 가장 긴 지역은 부산이다.
- 대전, 광주, 대구 지하철 승객 수의 합은 서울 지하철 승객 수보다 많다.

〈전국 지하철 주요 통계〉

(단위 : km, 명, 량)

구분	선로길이	승객 수	열차칸 수	운행 거리
서울	300	100,000	10	㉤
부산	200	㉡	8	640,000
대전	㉠	32,000	4	44,000
광주	30	34,000	㉣	36,000
대구	50	㉢	5	46,000

	㉠	㉡	㉢	㉣	㉤
①	66	92,000	50,000	5	600,000
②	66	80,000	50,000	5	750,000
③	44	84,000	45,000	3	840,000
④	44	60,000	30,000	3	900,000
⑤	22	64,000	38,000	3	990,000

17 다음은 20대와 30대 여성의 흡연율, 음주율, 고위험음주율에 대한 그래프이다. 이에 대한 설명으로 옳지 않은 것은?

〈20대 여성의 흡연율 및 음주율〉

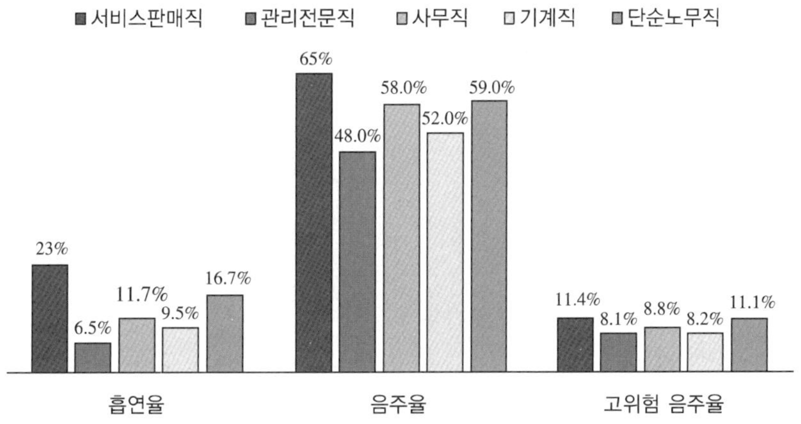

〈30대 여성의 흡연율 및 음주율〉

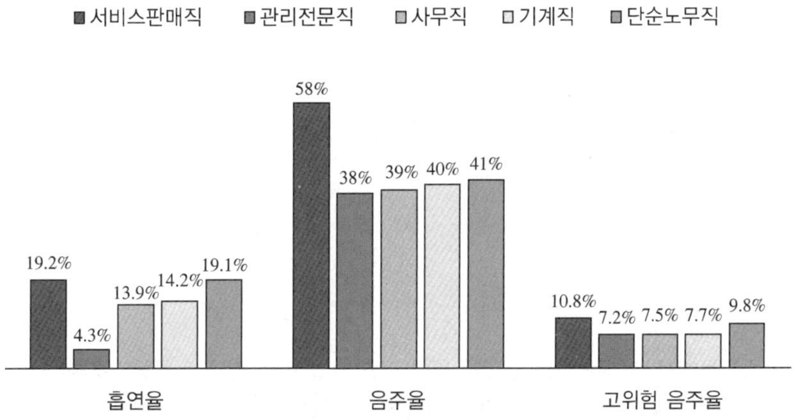

① 20대 여성의 경우 흡연율이 높은 직군일수록 음주율도 높다.

② 30대 여성의 경우 음주율이 높은 직군일수록 흡연율도 높다.

③ 20대 여성의 경우 음주율이 높은 직군일수록 고위험음주율도 높다.

④ 30대 여성의 경우 흡연율이 높은 직군일수록 고위험음주율도 높다.

⑤ 20대 여성의 고위험음주율이 높은 직군의 순서와 30대 여성의 흡연율이 높은 직군의 순서는 동일하다.

18 다음 수식을 계산한 결과는 $\frac{q}{p}$의 기약분수 형태로 나타낼 수 있으며, p와 q는 서로소이다. 이때, $q+p$의 값을 구하면?

$$\frac{18\times(15^2+12+3)}{90^2-2\times45\times4}+1$$

① 90
② 100
③ 110
④ 120
⑤ 130

19 다음은 K쇼핑몰에서 판매된 상품에 대한 월별 리뷰 수와 반품 및 환불율을 조사한 자료이다. 상품을 구매한 사람이 모두 1건씩 리뷰를 작성하였다고 가정할 때, 조사기간 동안 발생한 반품 건수와 환불 건수를 모두 합하면?

〈K쇼핑몰 월별 리뷰 수 및 반품·환불 비율〉

(단위 : 건, %)

구분	리뷰 수	반품율	환불율
1월	1,000	3	2
2월	1,200	2	3
3월	1,500	4	1
4월	1,300	3	2

① 240건
② 246건
③ 248건
④ 250건
⑤ 252건

20 다음은 2019년부터 2024년까지의 노인 취업자 수 추이를 나타낸 그래프이다. 이에 대한 설명으로 옳은 것은?

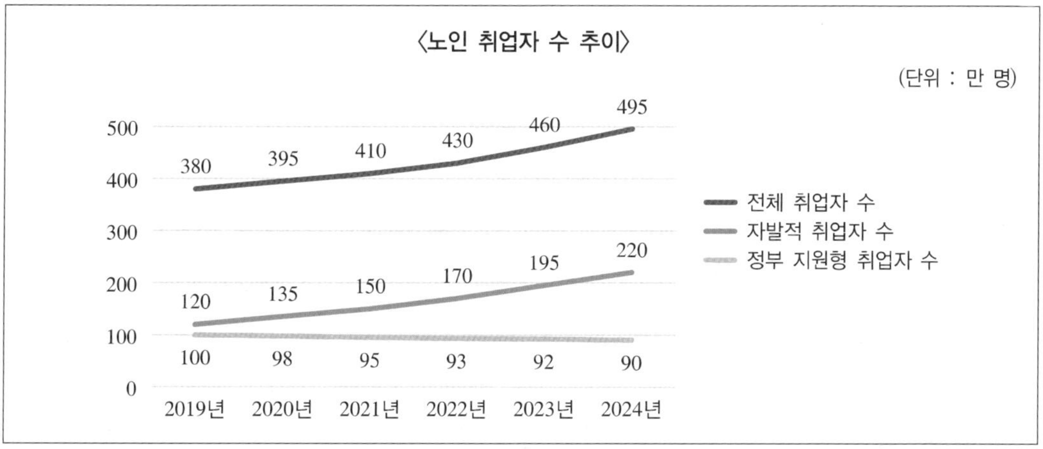

① 정부 지원형 취업자 수는 꾸준히 증가하고 있다.
② 노인 취업자의 증가는 전적으로 정부 일자리 확대에 의한 것이다.
③ 전체 노인 취업자 수는 감소하고 있지만 자발적 취업자는 증가하고 있다.
④ 자발적으로 취업하는 노인의 수는 정부 지원 취업자 수에 비해 점점 줄고 있다.
⑤ 자발적 취업자 수는 매년 증가하고 있으며, 이는 정부 지원 일자리 증가와는 별개의 흐름이다.

21 다음 중 브레인스토밍에 대한 설명으로 옳지 않은 것은?

① 진행할 주제를 명확하게 정한다.
② 상대방의 의견을 비판하지 않는다.
③ 원활하게 진행할 수 있도록 리더를 선출한다.
④ 발언은 누구나 자유롭게 하고 기록하지 않는다.
⑤ 참가자가 얼굴을 마주볼 수 있게 좌석을 배치한다.

※ 다음은 코레일 승차권 환불에 대한 안내사항이다. 이어지는 질문에 답하시오. **[22~23]**

〈코레일 승차권 환불 안내사항〉

- 승차권은 출발 1개월 전 7시부터 출발 20분 전까지(코레일톡은 열차출발 전까지) 구매할 수 있습니다.
- 승차권에 표기된 출발시각 이전까지 홈페이지(홈티켓), 코레일톡(모바일티켓), 역의 창구에서 승차권을 환불(취소·반환) 신청할 수 있습니다.
- 출발시각 이후에는 역의 창구에서 환불 신청해야 합니다.
- 승차권에 표기된 도착역 도착시각 이후에는 환불 신청할 수 없습니다.
- 최저위약금은 400원입니다.
- 태풍, 홍수 등 천재지변으로 열차에 승차하지 못한 경우 승차일로부터 1년 이내에, 승차권과 승차할 수 없었던 사유를 확인할 수 있는 증명서(선박결항증명서, 항공권 등)를 역에 제출하면 운임·요금의 50%에 해당하는 금액을 환불하여 드립니다.
- 구입한 승차권을 환불하고자 하는 경우 환불 신청 시점에 따라 다음의 위약금이 발생합니다(운임 기준).

〈일반승차권 환불 위약금〉

<table>
<tr><th rowspan="2">구분
(출발일)</th><th colspan="4">출발 전</th><th colspan="3">출발 후</th></tr>
<tr><th>1개월~
출발 2일 전</th><th>출발 1일 전</th><th>출발 당일~
출발 3시간 전</th><th>출발 3시간 전
~출발 전</th><th>출발 후
20분까지</th><th>출발 후 20~
60분까지</th><th>출발 후 60분
~도착까지</th></tr>
<tr><td>월~목</td><td colspan="3">무료</td><td>5%</td><td>15%</td><td rowspan="2">40%</td><td rowspan="2">70%</td></tr>
<tr><td>금~일,
설, 추석</td><td>최저위약금</td><td>5%</td><td>10%</td><td>20%</td><td>30%</td></tr>
</table>

〈단체승차권 환불 위약금〉

<table>
<tr><th rowspan="2">구분</th><th colspan="5">출발 전</th><th colspan="2">출발 후</th></tr>
<tr><th>출발 11일
전까지</th><th>10일 전~
6일 전</th><th>5일 전~
2일 전</th><th>1일 전</th><th>출발 당일~
출발시각 전</th><th>60분까지</th><th>60분 경과 후
~도착까지</th></tr>
<tr><td>단체
승차권</td><td>400원×(인원수)</td><td>5%</td><td>10%</td><td>20%</td><td>30%</td><td>40%</td><td>70%</td></tr>
</table>

※ 단체승차권은 11명 이상의 단체가 동일 구간을 여행할 경우 적용

22 다음 중 자료에 대한 설명으로 옳은 것은?

① 단체승차권의 최소 환불액은 4,000원이다.
② 목요일에 출발하는 기차의 모든 승차권은 한 달 전에 무료로 환불이 가능하다.
③ 토요일에 출발하는 기차의 일반승차권을 40일 전에 환불 신청했다면 최저위약금 400원이 부과된다.
④ 수요일 오후 12시에 출발하는 기차의 일반승차권을 당일 오전 8시에 환불 신청했다면 위약금이 부과되지 않는다.
⑤ 금요일 오전 9시에 출발하는 기차의 일반승차권을 당일 오전 9시 5분에 환불 신청한 경우 15%의 위약금이 부과된다.

| 2025년 하반기 / 문제해결능력

23 다음은 서울역에서 특정 시간에 출발하는 KTX 열차 정보이다. 이를 바탕으로 할 때 승차권 환불을 받지 못하는 사람은?(단, A～E 모두 열차의 일반승차권을 구매하였다)

〈9월 13일 서울역 출발 KTX 열차 정보〉

구분	출발일	출발시각	도착시각
서울역 → 부산역	9월 13일(토요일)	09:05	11:37
서울역 → 대전역	9월 13일(토요일)	09:20	10:24
서울역 → 평택역	9월 13일(토요일)	09:26	10:21
서울역 → 대구역	9월 13일(토요일)	09:42	13:02
서울역 → 전주역	9월 13일(토요일)	09:57	11:48

① 대구로 가는 A는 당일 오전 9시 정각에 서울역 창구에서 환불을 신청하였다.
② 대전으로 가는 B는 당일 오전 9시 30분에 서울역 창구에서 환불을 신청하였다.
③ 부산으로 가는 C는 당일 오전 11시 정각에 서울역 창구에서 환불을 신청하였다.
④ 평택으로 가는 D는 당일 오전 9시 30분에 코레일톡을 이용하여 환불을 신청하였다.
⑤ 전주로 가는 E는 당해 9월 20일에 승차권과 태풍으로 인한 항공기 결항증명서를 역에 제출하여 환불을 신청하였다.

24 대학생 A ~ E 5명은 다음 〈조건〉의 순서에 따라 과제를 시작하였다. 〈조건〉이 모두 참일 때, 절대 세 번째로 시작할 수 없는 사람은?(단, 과제를 동시에 시작한 사람은 없다)

〈조건〉

- A는 E보다 먼저 시작했다.
- B와 D 사이에 시작한 사람은 없다.
- C는 A보다 먼저 시작했다.

① A
② B
③ C
④ D
⑤ E

25 다음 사례에서 나타나는 논리적 오류로 가장 적절한 것은?

그 공연은 지난 세 달 동안 항상 매진이었으니, 다음 주말의 공연도 반드시 매진될 거야.

① 무지의 오류
② 애매성의 오류
③ 연역법의 오류
④ 과대 해석의 오류
⑤ 성급한 일반화의 오류

26 다음 사례와 같은 논리적 오류를 보이는 것은?

신고를 확인하지 않은 건 실수야? 아니면 고의야?

① 당신은 음주운전을 한 것이 나쁘다고 생각하지 않나요?
② 이 문제에 대한 비판은 근거가 없으니 아예 들을 가치가 없겠지?
③ 이 건물에 사용된 벽돌 하나는 가벼우니까 건물 전체도 가볍겠지?
④ 교통사고를 줄이자는 말은 옳지만, 자동차는 현대인의 필수품이잖아?
⑤ 우주에서 사람은 먼지에 불과하다니, 우리가 먼지로 이루어졌다고 하는 건가?

27 다음 사례에서 A직원이 실시한 문제해결 절차의 단계는?

> K역에서 근무하는 A직원은 최근 직장 내의 호흡기 질환에 걸린 직원이 증가했음을 파악하였다. 업무에 지장이 있을 정도로 병가를 낸 직원이 많아지자, A직원은 이를 해결하기 위하여 복귀한 직원들을 대상으로 질의응답을 실시하였다. 최종적으로 역사 내 공기질 저하가 직원들의 건강을 해쳤음을 파악하고, 역사 내 공기질 저하 문제를 해결하기로 하였다.

① 문제 인식
② 문제 도출
③ 원인 분석
④ 해결안 개발
⑤ 실행 및 평가

28 다음 사례에서 나타나는 창의적 사고 개발방법으로 가장 적절한 것은?

> 3개의 노선이 교차하는 환승역인 K역은 복잡한 역사 구조로 인해 승객들이 길을 헤매는 문제가 있다. A주임은 이러한 문제를 창의적으로 해결하기 위해 지하철역과 비슷하게 사람이 많고 구조가 복잡한 쇼핑센터의 사례를 탐색하였다. 탐색 결과 쇼핑센터에서 입점 가게 위치를 스마트폰 증강현실 지도로 보여주는 기술이 있음을 확인하고, 이를 바탕으로 K역에 적용하여 QR코드를 찍고, 환승구역이나 나가는 곳을 입력하면, 그 위치를 스마트폰 증강현실을 통해 안내하는 서비스를 기획하였다.

① NM법
② Synectics
③ 체크리스트
④ SCAMPER
⑤ 브레인스토밍

29 다음은 철도사업을 수행하는 K공사에 대한 SWOT 분석 결과이다. 기회(Opportunity)요인에 해당하는 사례를 〈보기〉에서 모두 고르면?

〈보기〉

ㄱ. 신재생 관련 법안 개정으로 인한 철도 이용객 수 증가
ㄴ. 높은 국내 철도망 운영 노하우
ㄷ. 도시철도에 대한 민간투자의 확대
ㄹ. 정부의 교통요금 동결 정책 지속
ㅁ. 직원 수 부족으로 인해 저조한 고객 만족도
ㅂ. 글로벌 공동 철도 프로젝트 참여

① ㄱ, ㄴ, ㅁ
② ㄱ, ㄷ, ㅂ
③ ㄴ, ㄷ, ㄹ
④ ㄴ, ㅁ, ㅂ
⑤ ㄷ, ㅁ, ㅂ

30 다음은 K철도공사의 문제해결 사례이다. 〈보기〉의 사례와 문제해결 방법을 바르게 연결한 것은?

〈보기〉

ㄱ. K철도공사는 65세 이상의 노인을 위한 복지 정책으로 노인 무임승차제도를 실시하고 있다. 그러나 K철도공사의 재정문제와 더불어 이용자 세대별 형평성 문제로 인해 무임승차혜택에 대해 이용자들의 갈등이 첨예해졌다. 이 문제를 해결하기 위해 A차장은 노인 이용자 대표를 K철도공사에 초청하여 노인 무임승차제도 혜택 축소를 목적으로 합의점을 찾기 위한 토론회를 개최하였다.

ㄴ. 최근 K철도공사의 고객센터에는 노인들이 매표 키오스크를 사용하기 불편하다는 불만이 자주 들어오고 있다. A센터장은 직원들에게 이 사실을 알리고, 노인 이용자가 편하게 키오스크를 사용할 수 있는 방법을 모색하기 위해 노인 역할극 및 브레인스토밍을 통해 아이디어를 모으도록 유도하였다. 그 결과 직원들의 아이디어를 결합하여 키오스크를 조작하는 동안 잠시 기대어 앉을 수 있는 간이 의자와 주요 기능을 크게 강조하는 방안이 채택되어 노인 이용자들이 편하게 이용할 수 있게 되었다.

ㄷ. 신입사원 B는 철도회사 업무에 익숙하지 않아 발생하는 실수로 팀 내부에서 갈등을 일으키고 있다. 이를 해결하기 위해 A팀장은 B사원에게 철도업무에서 실수가 있을 때, 어떤 상황이 일어날 수 있는지 넌지시 이야기하며 헷갈리는 일이 있을 때는 팀원들의 도움을 받는 것이 좋다고 조언하였고, 다른 팀원들에게는 신입사원 시절에는 모두가 실수가 많았다며 B사원이 업무에 빨리 적응할 수 있도록 도와달라고 격려하였다. 이후 B사원과 다른 팀원들의 노력으로 B사원은 빠르게 업무에 적응하게 되었다.

	ㄱ	ㄴ	ㄷ
①	소프트 어프로치	하드 어프로치	퍼실리테이션
②	소프트 어프로치	퍼실리테이션	하드 어프로치
③	하드 어프로치	소프트 어프로치	퍼실리테이션
④	하드 어프로치	퍼실리테이션	소프트 어프로치
⑤	퍼실리테이션	소프트 어프로치	하드 어프로치

| 2025년 하반기

31 다음 중 5 Forces 모델에서 기업 간 경쟁을 높이는 요소가 아닌 것은?

① 대체재가 많은 경우
② 진입장벽이 낮은 경우
③ 퇴출장벽이 높은 경우
④ 구매자가 많은 경우
⑤ 공급자가 적은 경우

| 2025년 하반기

32 다음 이론을 주장한 경제학자로 옳은 것은?

- 작업 과정을 과학적으로 분석하고 표준화하여 생산성을 극대화하는 것을 목표로 한다.
- 능률, 분업, 합리화를 강조하여 인간은 경제적 동기에 의해 움직인다고 본다.
- 조직관리의 합리화와 객관화를 추구할 수 있는 반면, 인간 소외 현상을 초래한 측면이 있다.

① 애덤 스미스
② 테일러
③ 페이욜
④ 베버
⑤ 맥그리거

| 2025년 하반기

33 다음 중 〈보기〉에서 설명하는 내용이 바르게 연결된 것은?

〈보기〉

ㄱ. 특정 직무를 수행하기 위해 필요한 지식, 기술, 학력 등 인적요건을 정리한 것이다.
ㄴ. 특정 직무에 대한 목적, 내용, 자격요건 등을 정리한 것이다.
ㄷ. 조직 내에서 각 직무의 상대적인 가치를 평가하는 것이다.
ㄹ. 특정 직무가 수행하는 업무내용, 필요지식 등 직무와 관련된 정보를 분석하는 것이다.

	ㄱ	ㄴ	ㄷ	ㄹ
①	직무명세서	직무기술서	직무평가	직무분석
②	직무명세서	직무평가	직무기술서	직무분석
③	직무명세서	직무분석	직무평가	직무기술서
④	직무기술서	직무명세서	직무평가	직무분석
⑤	직무기술서	직무평가	직무명세서	직무분석

| 2025년 하반기

34 다음 중 유통 커버리지 전략에 해당하는 것끼리 바르게 짝지어진 것은?

① 집약적 유통, 전속적 유통, 적극적 유통
② 집약적 유통, 선택적 유통, 효율적 유통
③ 집약적 유통, 전속적 유통, 선택적 유통
④ 전속적 유통, 선택적 유통, 통제적 유통
⑤ 전속적 유통, 통제적 유통, 대중적 유통

| 2025년 하반기

35 다음 설명에 해당하는 업무 훈련법으로 옳은 것은?

- 다양한 형태의 업무서류, 메모, 이메일, 보고서 등을 정해진 시간 내에 처리하도록 하는 훈련이다.
- 참가자는 주어진 상황을 분석하고, 메모를 작성하거나 다른 사람에게 위임하는 등 실제 업무와 유사한 방식으로 업무를 처리한다.
- 참가자의 의사결정 능력, 문제해결능력, 우선순위 설정 능력, 위임 및 조직화 능력 등을 종합적으로 평가한다.

① 구조적 피드백
② 직무순환
③ OJT
④ 인바스켓 기법
⑤ 시뮬레이션

| 2025년 하반기

36 다음 설명에 해당하는 가격전략으로 옳은 것은?

- 제품이나 서비스의 가격을 소비자가 인지하는 경제적 가치와 일치시킨다.
- 가격 이외의 제품 품질, 브랜드 이미지, 유통 채널 등 다른 마케팅 요소들에 주력한다.
- 가격에 대한 소비자의 심리적 저항을 최소화한다.

① 탄력가격제
② 중립가격
③ 침투가격
④ 종속가격
⑤ 유인가격

| 2025년 하반기

37 **다음 중 앤소프의 다각화 전략에 대한 설명으로 옳지 않은 것은?**

① 기존의 사업 영역이나 제품을 벗어나 새로운 시장에 새로운 제품으로 진출하는 것이다.
② 성공 시 높은 수익을 기대할 수 있지만 실패 시 위험도 크다.
③ 기존 시장이나 사업에 대한 의존도를 낮추고 다양한 사업 포트폴리오를 구축할 수 있다.
④ 동심형 다각화 전략은 기존 제품과 다른 제품을 기존 고객에게 판매하는 전략이다.
⑤ 비관련 다각화 전략은 기존 사업과 직접적인 연관이 없는 완전히 새로운 사업 분야에 진출하는 전략이다.

| 2025년 하반기

38 **다음 SWOT 분석에 대한 설명으로 옳지 않은 것은?**

① 기업이나 개인의 강점, 약점, 기회, 위협을 분석하여 효과적인 전략을 수립하는 기법이다.
② 내부환경 분석은 경쟁사보다 우월한 점 또는 개선이 필요한 점을 다양한 측면에서 분석한다.
③ SO전략은 내부강점을 활용해 외부기회를 포착하는 전략이다.
④ WT전략은 외부기회를 활용하기 위해 내부약점을 보완하는 전략이다.
⑤ 기업의 내부와 외부환경을 한 번에 파악하여 종합적으로 분석할 수 있다.

| 2025년 하반기

39 **다음 〈보기〉에서 포디즘에 대한 설명으로 옳은 것은 모두 몇 개인가?**

〈보기〉

㉠ 표준화된 대량생산을 통해 제품 생산속도와 효율성을 높인다.
㉡ 노동자들에게 높은 임금을 지급하여 구매력을 높인다.
㉢ 생산제품을 대량으로 소비하도록 유도한다.
㉣ 생산과정의 각 단계를 단순화하여 분업화한다.
㉤ 고객의 다양한 기호변화에 적응하기 유용하다.

① 1개
② 2개
③ 3개
④ 4개
⑤ 5개

| 2025년 하반기

40 다음 설명에 해당하는 인사평가 오류로 옳은 것은?

> • 시간적으로 가까운 사건 또는 성과에 과도하게 영향을 받는 오류이다.
> • 평소 피평가자의 행위 또는 성과를 기록해 두면 오류해결에 도움이 될 수 있다.

① 후광효과
② 스테레오타이핑
③ 중심화경향
④ 투사오류
⑤ 최근오류

| 2025년 하반기

41 다음 중 경영참가제도에 해당하지 않는 것은?

① 조합원상조제도
② 종업원지주제도
③ 노사협의제
④ 성과배분제도
⑤ 이익분배제도

| 2025년 하반기

42 다음 중 인적자원관리의 주요 요소에 해당하지 않는 것은?

① 노사관계 관리
② 인적자원 유지
③ 인적자원 개발
④ 평가관리
⑤ 보상관리

| 2025년 하반기

43 다음 중 제품의 성능은 동일하나 색상, 디자인만 다르게 하는 마케팅 전략은?

① 리브랜딩
② 제품다양화
③ 제품변형
④ 상품개발
⑤ 가격결정

| 2025년 하반기

44 다음 중 팝업스토어는 어느 마케팅 기법에 해당하는가?

① 판매촉진
② 홍보
③ 광고
④ 직접마케팅
⑤ 인적판매

| 2025년 하반기

45 다음 중 마케팅 전략의 핵심요소인 4P에서 Place에 해당하는 것은?

① 디자인
② 브랜드
③ 할인
④ 유통채널
⑤ 광고

| 2025년 상반기

46 다음 중 주식회사에 대한 설명으로 옳은 것을 〈보기〉에서 모두 고르면?

〈보기〉

ㄱ. 주식회사의 최고 의사결정기구는 이사회가 담당한다.
ㄴ. 주식회사를 설립할 때 정관 작성은 발기인이 한다.
ㄷ. 주식회사의 채무가 과다할 경우 주주가 회사의 채권자에게 변제할 의무가 발생한다.
ㄹ. 우리나라에서 주식회사에 대한 사무업무는 금융감독원과 한국예탁결제원에서 맡고 있다.

① ㄱ, ㄴ
② ㄱ, ㄷ
③ ㄱ, ㄹ
④ ㄴ, ㄷ
⑤ ㄴ, ㄹ

| 2025년 상반기

47 **다음 경영관리 순환과정에 대한 설명으로 옳지 않은 것은?**

① 계획 : 미래에 기업에 발생할 문제를 사전에 예측하여 해결방안을 결정하는 과정이다.
② 조직 : 수립된 계획을 실천하는 데 필요한 자원들을 필요에 맞게 배분하는 과정이다.
③ 지휘 : 구체적인 업무수행을 위해 지시하는 과정이다.
④ 조정 : 지휘가 잘 이뤄질 수 있도록 업무, 조직 등을 수정하는 과정이다.
⑤ 통제 : 계획과 결과를 비교하여 발생한 차이를 수정하고 다음 계획에 반영하는 과정이다.

| 2025년 상반기

48 **다음 중 매슬로의 욕구 단계 중 관계 욕구 이하에 해당하는 것은?**

① 자아실현 욕구, 존경 욕구
② 자아실현 욕구, 안전 욕구
③ 자아실현 욕구, 생리적 욕구
④ 생리적 욕구, 존경 욕구
⑤ 생리적 욕구, 안전 욕구

| 2025년 상반기

49 **다음 중 고객 페르소나에 대한 설명으로 옳지 않은 것은?**

① 기업의 제품 또는 서비스를 구매할 가능성이 높은 고객을 가상의 인물로 설정한다.
② 유사한 특징을 가진 고객을 그룹으로 분류한다.
③ 인구통계, 행동패턴, 라이프스타일 등 다양한 데이터로 전략을 수립한다.
④ 설문조사, 인터뷰 등을 통해 고객 정보를 파악한다.
⑤ 설정된 고객 페르소나와 실제 고객이 얼마나 일치하는지 검증이 필요하다.

| 2025년 상반기

50 **다음 중 제품 수명주기에서 매출이 점점 하락하고 판매량이 빠르게 감소하는 시기는?**

① 개발기
② 도입기
③ 성장기
④ 성숙기
⑤ 쇠퇴기

| 2025년 상반기

51 다음 중 문자 등 짧은 메시지를 고객에게 지속적으로 보내는 마케팅 방법은?

① 드립 마케팅
② 뉴로 마케팅
③ 애드네트워크
④ SMS 마케팅
⑤ PPL 마케팅

| 2025년 상반기

52 다음 중 명목집단법에 대한 설명으로 옳지 않은 것은?

① 참여자들이 서로 문제나 이슈 등을 분석하고 순위를 정하는 가중서열화 방법이다.
② 참여자 간 대화를 통한 의사소통을 금지하고 서면으로 아이디어를 작성한다.
③ 참여자의 다양한 생각을 제약조건 없이 짧은 시간에 이끌어 낼 수 있다.
④ 최종 아이디어 선정은 투표를 통하여 결정한다.
⑤ 자유분방하게 다양한 아이디어를 비판 없이 제시하는 자유연상법이다.

| 2025년 상반기

53 다음 중 고객이 먼저 관심을 가지고 오도록 끌어당기는 것을 의미하는 마케팅 개념은?

① 인바운드 마케팅
② 아웃바운드 마케팅
③ 프로모션 마케팅
④ 소셜미디어 마케팅
⑤ 콘텐츠 마케팅

| 2025년 상반기

54 다음 중 호손실험에 대한 설명으로 옳지 않은 것은?

① 총 4단계로 실험을 나누어 진행하였다.
② 테일러의 과학적 관리론을 근거로 하여 실험이 진행되었다.
③ 비공식 집단의 중요성이 대두된 계기를 마련했다.
④ 노동자들이 해당 실험 사실을 알게 됨에 따라 발생한 심리학 효과를 호손효과라 한다.
⑤ 좋은 근무조건 등의 물질적 요인이 노동자의 생산성 증대에 가장 큰 영향을 미친다는 것을 규명하였다.

| 2025년 상반기

55 다음 중 빈칸에 들어갈 단어로 옳은 것은?

> 마이클 포터는 __________ 모형을 통해 기업의 경쟁전략을 가장 잘 적용할 수 있고, 정보시스템이 가장 효과적으로 운영될 수 있는 특정 활동을 찾아낼 수 있다고 제시하였다.

① 생산관리
② 조직관리
③ 가치전략
④ 가치사슬
⑤ 벤치마킹

| 2025년 상반기

56 다음 중 트러스트에 대한 설명으로 옳은 것은?

① 동종 상품을 생산하는 기업이 시장통제를 위해 가격, 생산량 등을 담합하여 이익을 확보한다.
② 각 기업 간 합의된 생산량과 가격을 정확히 지켜야 효과가 크다.
③ 동일시장 내 여러 기업이 출자하여 공동판매회사를 설립하고 판매채널을 일원화한다.
④ 강력한 동종 산업 기업집중 형태로, 시장 독점을 위하여 각 기업이 독립성을 상실하고 합동한다.
⑤ 법률적으로 독립되어 있는 몇 개의 기업이 출자 등을 통해 지배, 종속 관계를 형성한다.

| 2025년 상반기

57 다음 중 블레이크 & 머튼의 관리격자모형에 대한 설명으로 옳지 않은 것은?

① 리더의 유형을 5가지(인기형, 이상형, 관리형, 무관심형, 과업형)로 분류하였다.
② 인기형 리더는 직원들의 사기 및 조직목표를 이상적으로 조합하여 성과를 추구하는 리더이다.
③ 생산 중심적 리더는 공식적인 권한에 의존하여 생산 및 절차 등에 관심을 갖는다.
④ 인간 중심적 리더는 팀워크와 직원 만족도 등에 관심을 갖는다.
⑤ 팀워크를 중시하는 경영방식에 적합한 모형으로 활용할 수 있다.

| 2025년 상반기

58 다음 중 변혁적 리더십의 특징으로 옳지 않은 것은?

① 리더는 구성원들에게 명확한 비전을 제시하여 존경과 신뢰를 형성한다.
② 각 구성원의 개인적인 성장을 도와 긍정적인 관계를 형성한다.
③ 리더로서 각 구성원의 의사결정에 적극 참여하여 신속한 결정을 이끌어 낸다.
④ 구성원의 변화를 끊임없이 지원하여 새로운 도전을 제공한다.
⑤ 구성원이 창의성을 발휘하여 새로운 아이디어를 적극적으로 받아들이도록 장려한다.

| 2025년 상반기

59 다음 중 최고경영자, 중간경영자, 일선관리자에 대한 설명으로 옳지 않은 것은?

① 본부장, 팀장, 부서장 등이 중간경영자에 해당한다.
② 대표이사, 사장, 부사장 등이 최고경영자에 해당한다.
③ 중간경영자는 현장에서 직접 업무를 감독 및 조정하고, 생산성을 높이는 역할을 한다.
④ 최고경영자는 기업의 비전과 전략을 설정하고, 조직의 전체적인 방향을 제시한다.
⑤ 일선관리자는 직원들과 직접 소통을 통해 업무를 지시하고, 피드백을 통해 업무를 돕는다.

| 2025년 상반기

60 다음 중 B2C에 대한 설명으로 옳지 않은 것은?

① 폭넓은 개인 소비자들을 대상으로 하는 비즈니스 모델이다.
② 기업이 다른 기업에게 제품이나 서비스를 판매하는 개념을 포함한다.
③ 기업과 최종소비자 간 직접적인 거래가 이루어진다.
④ 사용자의 편의성 제고를 위해 고객 데이터를 활용한 사용자 경험을 개선하는 것이 중요하다.
⑤ 고객에 대한 감정적인 호소와 브랜드 인지도 제고에 초점을 맞춰 마케팅을 진행한다.

61 다음 중 철도산업발전기본법의 목적에 해당하지 않는 것은?

① 철도산업의 효율성 향상
② 철도산업의 전문성 향상
③ 철도산업의 경쟁력 향상
④ 철도산업의 공익성 향상
⑤ 국민경제 발전에 이바지

62 다음 중 철도사업법령에서 정하는 철도관계법령이 아닌 것은?

① 도시철도법
② 철도안전법
③ 국가철도공단법
④ 철도산업발전기본법
⑤ 철도의 건설 및 철도시설 유지관리에 관한 법률

63 다음 중 열차를 이용하는 여객이 정당한 운임·요금을 지급하지 아니하고 열차를 이용한 경우에 부가되는 최대 부가 운임은 승차 구간에 해당하는 운임의 몇 배인가?

① 10배
② 20배
③ 30배
④ 40배
⑤ 50배

64 다음 중 철도산업발전기본법령에 따라 철도산업정보의 수집·분석·보급 및 홍보와 철도산업의 국제동향 파악 및 국제협력사업의 지원 업무를 수행하는 곳은?

① 철도산업정보센터
② 철도산업관제센터
③ 철도산업데이터센터
④ 철도정보화관리센터
⑤ 철도데이터관제센터

| 2025년 하반기

65 다음 중 철도사업법에 따라 전용철도운영자가 그 운영의 전부 또는 일부를 휴업 또는 폐업한 경우 국토교통부장관에게 신고해야 하는 기한으로 옳은 것은?

① 7일
② 15일
③ 1개월
④ 2개월
⑤ 3개월

| 2025년 하반기

66 다음은 한국철도공사법에 따른 공사의 사채 발행에 대한 설명이다. 빈칸에 들어갈 내용으로 옳은 것은?

> 공사는 이사회의 의결을 거쳐 사채를 발행할 수 있으며, 사채의 발행액은 공사의 자본금과 적립금을 합한 금액의 ______를 초과하지 못한다.

① 2배
② 3배
③ 4배
④ 5배
⑤ 10배

| 2025년 하반기

67 다음 중 국토교통부장관이 공공복리의 증진과 철도서비스 이용자의 권익보호를 위하여 철도사업자가 제공하는 철도서비스의 품질을 평가하여 공표할 때, 포함하여야 하는 사항이 아닌 것은?

① 평가지표별 평가결과
② 수지전망에 관한 서류
③ 철도사업자별 평가순위
④ 철도서비스의 품질 향상도
⑤ 국토교통부장관이 공표가 필요하다고 인정하는 사항

| 2025년 상반기

68 다음 중 한국철도공사법령에서 정하는 설립등기에 필요한 사항이 아닌 것은?

① 명칭
② 자본금
③ 소재지
④ 임원의 주소
⑤ 공익 서비스 비용 서류

69 다음 중 빈칸에 들어갈 용어로 옳은 것은?

> ____________란 한국철도공사법에 따라 설립된 한국철도공사 및 제5조에 따라 철도사업 면허를 받은 자를 말한다.

① 철도사업자
② 철도운영관리자
③ 철도면허소지자
④ 전용철도운영자
⑤ 철도운수종사자

70 다음 중 철도운영자가 국가부담비용의 지급을 신청할 때, 국가부담비용지급신청서에 첨부할 서류가 아닌 것은?

① 원가계산서
② 현금흐름표
③ 당해 연도의 예상수입·지출명세서
④ 국가부담비용지급신청액 및 산정내역서
⑤ 최근 2년간 지급받은 국가부담비용내역서

2권

제1회
코레일 한국철도공사 사무직

NCS + 전공 + 철도법령

〈문항 및 시험시간〉

평가영역	문항 수	시험시간	모바일 OMR 답안채점 / 성적분석 서비스
[NCS] 의사소통능력+수리능력+문제해결능력 [전공] 경영학 [철도법령] 철도법령	70문항	70분	

※ 수록 기준

철도산업발전기본법 : 법률 제21065호(시행 26.1.2.), 철도산업발전기본법 시행령 : 대통령령 제35811호(시행 25.10.1.)

한국철도공사법 : 법률 제21065호(시행 26.1.2.), 한국철도공사법 시행령 : 대통령령 제35228호(시행 25.1.31.)

철도사업법 : 법률 제21065호(시행 26.1.2.), 철도사업법 시행령 : 대통령령 제33795호(시행 24.1.1.)

코레일 한국철도공사 사무직 신입사원 필기시험

제1회 모의고사

문항 수 : 70문항
시험시간 : 70분

제 1 영역 NCS

01 다음 글의 주제로 가장 적절한 것은?

동양 사상이라 해서 언어와 개념을 무조건 무시하는 것은 결코 아니다. 만약 그렇다면 동양 사상은 경전이나 저술을 통해 언어화되지 않고 순전히 침묵 속에서 전수되어 왔을 것이다. 물론 이것은 사실이 아니다. 동양 사상도 끊임없이 언어적으로 다듬어져 왔으며 논리적으로 전개되어 왔다. 흔히 동양 사상은 신비주의적이라고 말하지만, 이것은 동양 사상의 한 면을 특정하는 것이지 결코 동양의 철인(哲人)들이 사상을 전개함에 있어 논리를 무시했다거나 항시 어떤 신비적인 체험에 호소해서 자신의 주장들을 폈다는 것을 뜻하지는 않는다.
그러나 역시 동양 사상은 신비주의적임에 틀림없다. 거기서는 지고(至高)의 진리란 언제나 언어화될 수 없는 어떤 신비한 체험의 경지임이 늘 강조되어 왔기 때문이다. 최고의 진리는 언어 이전, 혹은 언어 이후의 무언(無言)의 진리이다. 엉뚱하게 들리겠지만, 동양 사상의 정수(精髓)는 말로써 말이 필요 없는 경지를 가리키려는 데에 있다고 해도 과언이 아니다. 말이 스스로를 부정하고 초월하는 경지를 나타내도록 사용된 것이다. 언어로써 언어를 초월하는 경지를 나타내고자 하는 것이야말로 동양 철학이 지닌 가장 특징적인 정신이다.
동양에서는 인식의 주체를 심(心)이라는 매우 애매하면서도 포괄적인 말로 이해해 왔다. 심(心)은 물(物)과 항시 자연스러운 교류를 하고 있으며, 이성은 단지 심(心)의 일면일 뿐인 것이다. 동양은 이성의 오만이라는 것을 모른다. 지고의 진리, 인간을 살리고 자유롭게 하는 생동적 진리는 언어적 지성을 넘어선다는 의식이 있었기 때문일 것이다. 언어는 언제나 마음을 못 따르며 둘 사이에는 항시 괴리가 있다는 생각이 동양인들의 의식 저변에 깔려 있는 것이다.

① 동양 사상은 신비주의적인 요소가 많다.
② 언어와 개념을 무시하면 동양 사상을 이해할 수 없다.
③ 동양 사상은 언어적 지식을 초월하는 진리를 추구한다.
④ 인식의 주체를 심(心)으로 표현하는 동양 사상은 이성적이라 할 수 없다.
⑤ 동양 사상에서는 언어는 마음을 따르므로 진리는 마음속에 있다고 주장한다.

02 다음 상황과 가장 관련 있는 한자성어는?

> A씨는 어릴 때부터 능력이 뛰어났다. 학교를 다니며 전교 1등을 놓친 적이 없고, 운동도 잘해서 여러 운동부에서 가입을 권유받기도 하였다. 그런 A씨는 주변 사람들을 무시하면서 살았고, 시간이 지나자 그의 곁에는 아무도 없게 되었다. 어느 날 A씨는 곤경에 처해 도움을 청해 보려 했지만 연락을 해도 아무도 도와주지 않았다. A씨는 이 상황에 처해서야 지난날의 자신의 삶을 반성하며 돌아보게 되었다. 이후 A씨는 더 이상 주변 사람을 무시하거나 우쭐대지 않고, 자신의 재능을 다른 사람을 위해 사용하기 시작했다.

① 새옹지마(塞翁之馬)
② 개과천선(改過遷善)
③ 전화위복(轉禍爲福)
④ 사필귀정(事必歸正)
⑤ 자과부지(自過不知)

03 다음 빈칸에 들어갈 내용으로 가장 적절한 것은?

> 질병(疾病)이란 유기체의 신체적, 정신적 기능이 비정상으로 된 상태를 일컫는다. 인간에게 있어 질병이란 넓은 의미에서는 극도의 고통을 비롯하여 스트레스, 사회적인 문제, 신체기관의 기능 장애와 죽음까지를 포괄하며, 넓게는 개인에서 벗어나 사회적으로 큰 맥락에서 이해되기도 한다.
> 하지만 다분히 진화 생물학적 관점에서 질병은 인간의 몸 안에서 일어나는 정교하고도 합리적인 자기조절 과정이다. 질병은 정상적인 기능을 할 수 없는 상태임과 동시에, 진화의 역사 속에서 획득한 자기 치료 과정이 __________이기도 하다. 가령, 기침을 하고, 열이 나고, 통증을 느끼고, 염증이 생기는 것 따위는 자기 조절과 방어 시스템이 작동하는 과정인 것이다.

① 문제를 일으킨 상태
② 비일상적인 특이 상태
③ 정상적으로 가동하고 있는 상태
④ 인구의 개체 변이를 도모하는 상태
⑤ 보다 새로운 정보를 습득하려는 상태

※ 다음 기사를 읽고 이어지는 질문에 답하시오. [4~5]

(가) 개별 서비스를 살펴보면, 112센터 긴급영상 지원은 납치・강도・폭행 등 112센터에 신고 접수 시 도시통합운영센터에서 해당 위치의 CCTV영상을 현장 경찰관에게 실시간 제공하여 현장 대응을 지원하는 서비스이다. 112센터 긴급출동 지원은 도시통합운영센터에서 경찰관에게 현장 사진 및 범인 도주경로 등에 대한 정보를 제공하여 현장 도착 전 사전 정보 취득 및 신속한 현장 조치를 가능케 하는 서비스이며, 119센터 긴급출동 지원은 화재・구조・구급 등 상황발생 시 소방관들이 현장에 대한 실시간 영상, 소방차량 진입 관련 교통정보 등을 제공받아 골든타임 확보를 가능케 하는 서비스이다.

(나) 특히 오산시는 안전 마을 가꾸기, 안전한 어린이 등하굣길 조성 등 시민안전 제고를 위한 다양한 정책을 추진 중이며, 이번 '5대 안전서비스 제공을 통한 스마트도시 시민안전망 구축'으로 시민이 마음 놓고 살 수 있는 안전한 도시 조성에 앞장서고 있다. K공사가 오산시에 구축 예정인 시민안전망 서비스는 112센터 긴급영상 지원, 112센터 긴급출동 지원, 119센터 긴급출동 지원, 사회적 약자 지원 및 재난안전상황 긴급대응 지원 총 5가지 서비스로 구성된다.

(다) K공사는 지난해 7월 20일 국토부 주관으로 국토부 및 지자체 등 6개 기관과 사회적 약자의 긴급 구호를 위해 필요한 정보시스템 구축에 대해 상호 협력을 위한 업무협약을 체결했다. 업무협약의 후속조치로 작년 11월 오산시, 화성동부경찰서, 오산소방서 및 SK텔레콤(주)과 별도의 업무협약을 체결하여 시민안전망 도입을 추진해 왔다.

(라) K공사는 오산세교2지구 스마트도시 정보통신 인프라 구축 설계용역을 통해 5대 안전서비스 시민안전망 구축을 위한 설계를 완료하고 스마트시티 통합플랫폼 입찰을 시행하고 있다. 시민 안전망 구축을 통해 도시통합운영센터 및 유관기관에 스마트도시 통합플랫폼 등 관련 인프라를 설치하고, 오산시, 112, 119 등 유관기관과의 연계를 통해 시민안전망 서비스 인프라 기반을 마련할 예정이다. K공사 스마트도시개발처장은 "이번 시행하는 5대 안전서비스는 개별적으로 운영되던 기존 안전 체계의 문제점을 ________한 체계적인 시민안전망 구축으로 국민의 생명과 재산보호를 위한 골든타임 확보가 가능하다."라며, "시범사업 결과분석 및 피드백을 통한 제도 개선, 지자체와의 상호협의를 통해 향후 K공사가 추진하는 스마트도시를 대상으로 5대 안전서비스 시민안전망 구축을 계속 확대하겠다."라고 말했다.

(마) 사회적 약자 지원은 아동・여성・치매환자 등 위급상황 발생 시, 도시통합운영센터에서 통신사로부터 위치정보 등을 제공받아 해당 현장 주변 CCTV영상을 경찰서・소방서에 제공하여 대응케 하는 서비스이며, 재난안전상황 긴급대응 지원은 국가 대형 재난・재해 발생 시 도시통합운영센터에서 재난상황실에 실시간 현장 CCTV 영상 등을 제공하여 신속한 상황파악, 상황 전파 및 피해복구에 대응하는 서비스이다.

04 다음 중 윗글의 문단을 논리적 순서대로 바르게 나열한 것은?

① (다) – (가) – (마) – (라) – (나)
② (다) – (나) – (가) – (마) – (라)
③ (다) – (나) – (마) – (라) – (가)
④ (라) – (나) – (가) – (다) – (마)
⑤ (라) – (마) – (가) – (다) – (나)

05 다음 중 윗글의 빈칸에 들어갈 단어로 가장 적절한 것은?

① 보안
② 보존
③ 보완
④ 보전
⑤ 보충

06 다음 글에서 乙의 주장 방식으로 가장 적절한 것은?

> 甲 : 정의는 지배자의 이익이다. 법률을 제정함에 있어서 독재 정치는 독재 체제의 법률을, 민주 정치는 민주 체제의 법률을 제정한다. 이때 법률은 지배자들이 결정하는 것이므로 지배자들의 입맛에 맞게 제정된다. 법률이 제정되면 지배자들은 법에 해당하는 행위를 정의로운 것으로 간주하고 이에 어긋나는 행동을 하는 사람을 정의롭지 못한 사람으로 판단하고 처벌한다. 따라서 정의는 수립된 정권의 이익 이외에 다른 것이 아니다.
>
> 乙 : 지배자가 제정하는 법률이 반드시 지배자의 이익에 맞도록 제정된다고 할 수 없다. 의술은 환자의 이익을 위해 존재하는 것이나 의사가 의술을 올바르게 사용함으로써 부산물로 돈을 얻는 것처럼, 지배자 또한 자신이 다스리는 사람들의 이익을 위해 일함으로써 자신이 명예와 재산을 얻게 되는 것이다. 따라서 정의는 강자의 이익이 아니라 피지배자의 이익이다.

① 甲의 주장을 현실적 사례를 통해 비판하고 있다.
② 甲의 주장이 감정에 호소하는 오류를 저지르고 있다고 비판하고 있다.
③ 비슷한 관계의 다른 사례를 통해 자신의 주장을 정당화하고 있다.
④ '정의'라는 단어를 새롭게 해석하여 자신의 주장의 근거로 사용하고 있다.
⑤ 비유를 통해 지배자들을 비판하고 있다.

07 다음 글의 내용으로 가장 적절한 것은?

> 한국, 중국 등 동아시아 사회에서 오랫동안 유지되었던 과거제는 세습적 권리와 무관하게 능력주의적인 시험을 통해 관료를 선발하는 제도라는 점에서 합리성을 갖추고 있었다. 정부의 관직을 두고 정기적으로 시행되는 공개 시험인 과거제를 통해 높은 지위를 얻기 위해서는 신분이나 추천보다 시험 성적이 더욱 중요해졌다.
> 과거제는 명확하고 합리적인 기준에 따른 관료 선발 제도라는 공정성을 바탕으로 보다 많은 사람들에게 사회적 지위 획득의 기회를 줌으로써 개방성을 제고하여 사회적 유동성 역시 증대시켰다. 응시 자격에 일부 제한이 있었다 하더라도, 비교적 공정한 제도였음은 부정하기 어렵다. 시험 과정에서 익명성의 확보를 위한 여러 가지 장치를 도입한 것도 공정성 강화를 위한 노력을 보여 준다.
> 과거제는 여러 가지 사회적 효과를 가져왔는데, 특히 학습에 강력한 동기를 제공함으로써 교육의 확대와 지식의 보급에 크게 기여했다. 그 결과 통치에 참여할 능력을 갖춘 지식인 집단이 폭넓게 형성되었다. 시험에 필요한 고전과 유교 경전이 주가 되는 학습의 내용은 도덕적인 가치 기준에 대한 광범위한 공유를 이끌어 냈다. 또한 최종 단계까지 통과하지 못한 사람들에게도 국가가 여러 특권을 부여하고, 그들이 지방 사회에 기여하도록 하여 경쟁적 선발 제도가 가져올 수 있는 부작용을 완화하고자 노력했다.
> 동아시아에서 과거제가 천 년이 넘게 시행된 것은 과거제의 합리성이 사회적 안정에 기여했음을 보여 준다. 과거제는 왕조의 교체와 같은 변화에도 불구하고 동질적인 엘리트층의 연속성을 가져왔다. 그리고 이러한 연속성은 관료 선발 과정뿐 아니라 관료제에 기초한 통치의 안정성에도 기여했다.
> 과거제를 장기간 유지한 것은 세계적으로 드문 현상이었다. 과거제에 대한 정보는 선교사들을 통해 유럽에 전해져 그들에게 많은 관심을 불러일으켰다. 일군의 유럽 계몽사상가들은 학자의 지식이 귀족의 세습적 지위보다 우위에 있는 체제를 정치적인 합리성을 갖춘 것으로 보았다. 이러한 관심은 사상적 동향뿐 아니라 실질적인 사회 제도에까지 영향을 미쳐서, 관료 선발을 위해서 시험을 바탕으로 한 경쟁이 도입되기도 했다.

① 계몽사상가들은 귀족의 지위가 학자의 지식보다 우위에 있는 체제가 합리적이라고 여겼다.
② 시험을 통한 관료 선발 제도는 동아시아에만 있었던 제도이다.
③ 과거제는 몇몇 상위 지식인 집단을 만들어 통치에 기여하도록 했다.
④ 과거 시험의 최종 단계까지 통과하지 못하면 국가로부터 어떤 특권도 받을 수 없었다.
⑤ 국가는 경쟁을 바탕으로 한 과거제의 부작용을 완화하고자 노력하였다.

※ 다음 글을 읽고 이어지는 질문에 답하시오. [8~9]

계약서란 계약의 당사자 간의 의사표시에 따른 법률행위인 계약 내용을 문서화한 것으로 권리와 의무 등 법률관계를 규율하고 의사표시 내용을 항목별로 구분한 후, 구체적으로 명시하여 어떠한 법률 행위를 어떻게 ㉠ 하려고 하는지 등의 내용을 특정한 문서이다. 계약서의 작성은 미래에 계약에 관한 분쟁 발생 시 중요한 증빙자료가 된다.
계약서의 종류를 살펴보면, 먼저 임대차계약서는 임대인 소유의 부동산을 임차인에게 임대하고, 임차인은 이에 대한 약정을 합의하는 내용을 담고 있다. 임대차는 당사자의 한쪽이 상대방에게 목적물을 사용·수익하게 할 수 있도록 약정하고, 상대방이 이에 대하여 차임을 지급할 것을 ㉡ 약정함으로써 그 효력이 생긴다. 부동산 임대차의 경우 목적 부동산의 전세, 월세에 대한 임차보증금 및 월세를 지급할 것을 내용으로 하는 계약이 여기에 해당하며, 임대차계약서는 주택 등 집합건물의 임대차계약을 작성하는 경우에 사용되는 계약서이다. 주택 또는 상가의 임대차계약은 민법에 대한 특례를 규정한 주택임대차보호법 및 상가건물 임대차보호법의 적용을 받으며, 이 법의 적용을 받지 않은 임대차에 관하여는 민법상의 임대차 규정을 적용하고 있다.
다음으로 근로계약서는 근로자가 회사(근로기준법에서는 '사용자'라고 함)의 지시 또는 관리에 따라 일을 하고 이에 대한 ㉢ 댓가로 회사가 임금을 지급하기로 한 내용의 계약서로 유상·쌍무계약을 말한다. 근로자와 사용자의 근로관계는 서로 동등한 지위에서 자유의사에 의하여 결정한 계약에 의하여 성립한다. 이러한 근로관계의 성립은 구술에 의하여 약정되기도 하지만 통상적으로 근로계약서 작성에 의하여 행해지고 있다.
마지막으로 부동산 매매계약서는 당사자가 계약 목적물을 매매할 것을 합의하고, 매수인이 매도인에게 매매 대금을 지급할 것을 약정함으로 인해 그 효력이 발생한다. 부동산 매매계약서는 부동산을 사고, 팔기 위하여 매도인과 매수인이 약정하는 계약서로 매매대금 및 지급시기, 소유권 이전, 제한권 소멸, 제세공과금, 부동산의 인도, 계약의 해제에 관한 사항 등을 약정하여 교환하는 문서이다. 부동산 거래는 상황에 따라 다양한 매매조건이 ㉣ 수반되기 때문에 획일적인 계약 내용 외에 별도 사항을 기재하는 수가 많으므로 계약서에 서명하기 전에 계약 내용을 잘 확인하여야 한다.
이처럼 계약서는 계약의 권리와 의무의 발생, 변경, 소멸 등을 도모하는 중요한 문서로 계약서를 작성할 때에는 신중하고 냉철하게 판단한 후, 권리자와 의무자의 관계, 목적물이나 권리의 행사방법 등을 명확하게 전달할 수 있도록 육하원칙에 따라 간결하고 명료하게 그리고 정확하고 ㉤ 평이하게 작성해야 한다.

08 다음 중 윗글의 내용으로 적절하지 않은 것은?

① 계약 체결 이후 관련 분쟁이 발생할 경우 계약서가 중요한 증빙자료가 될 수 있다.
② 주택 또는 상가의 임대차계약은 민법상의 임대차 규정의 적용을 받는다.
③ 근로계약을 통해 근로자와 사용자가 동등한 지위의 근로관계를 성립한다.
④ 부동산 매매계약서는 획일적인 계약 내용 외에 별도 사항을 기재하기도 한다.
⑤ 계약서를 작성할 때는 간결·명료하고 정확한 표현을 사용하여야 한다.

09 다음 ㉠~㉤ 중 맞춤법이 옳지 않은 것은?

① ㉠
② ㉡
③ ㉢
④ ㉣
⑤ ㉤

10 다음 글에 대한 비판으로 가장 적절한 것은?

"향후 은행 서비스(Banking)는 필요하지만 은행(Bank)은 필요 없을 것이다." 최근 4차 산업혁명으로 대변되는 빅데이터, 사물인터넷, AI, 블록체인 등 신기술이 금융업을 강타하면서 빌 게이츠의 20년 전 예언이 화두로 부상했다. 모든 분야에서 초연결화, 초지능화가 진행되고 있는 4차 산업혁명이 데이터 주도 경제를 열어가면서 데이터에 기반을 둔 금융업에도 변화의 물결이 밀려들고 있다. 이미 전통적인 은행, 증권, 보험, 카드업 등 전 분야에서 금융기술기업인 소위 '핀테크(Fintech)'가 출현하면서 금융서비스의 가치 사슬이 해체되기 시작한 것이다. 이전에는 상상조차 하지 못했던 IT 등 이종 업종의 금융업 진출도 활발하게 이루어지면서 현재의 전통 금융회사들을 위협하고 있다.
빅데이터, 사물인터넷, 인공지능, 블록체인 등 새로운 기술로 무장한 4차 산업혁명으로 인해 온라인 플랫폼을 통한 크라우드 펀딩 등 P2P 금융의 출현, 로보 어드바이저에 의한 저렴한 자산관리서비스의 등장, 블록체인 기술기반의 송금 등 다양한 가치 거래의 탈중계화가 진행되면서 금융 중계, 재산 관리, 위험 관리, 지급결제 등 금융의 본질적인 요소들이 변화하고 있는 것은 아닌지 의구심이 일어나고 있는 것이다. 혹자는 이들 변화의 종점에 금융의 정체성(Identity) 상실이 기다리고 있다며 금융업 종사자의 입장에서 보면 우울한 전망마저 내놓고 있다. 금융도 디지털카메라의 등장으로 사라진 필름회사 코닥과 같은 비운을 피하기 어렵다며 미디어의 전면에서는 금융의 종말(The Demise of Banking), 은행의 해체 (Unbundling the Banks), 탈중계화, 플랫폼 혁명(Platform Revolution) 등 다양한 화두가 등장하고 있다.

① 가치 거래의 탈중계화는 금융 거래의 보안성에 심각한 위협 요인으로 작용할 것이다.
② 금융 발전의 미래를 위해 금융업에 있어 인공지능의 도입을 막아야 한다.
③ 기술 발전은 금융업에 있어 효율성 향상이라는 제한적인 틀에서 크게 벗어나지 못했다.
④ 로보어드바이저에 의한 자산관리서비스는 범죄에 악용될 위험이 크다.
⑤ 금융의 종말을 방지하기 위해서라도 핀테크 도입의 법적인 제도 마련이 필요하다.

11 P사원은 지하철을 타고 출근하는데, 속력이 60km/h인 지하철에 갑자기 이상이 생겨 평소 속력의 0.4배로 운행하게 되었다. 지하철이 평소보다 45분 늦게 도착하였다면, P사원이 출발하는 역부터 도착하는 역까지 지하철의 이동거리는 얼마인가?

① 20km
② 25km
③ 30km
④ 35km
⑤ 40km

12 다음과 같이 일정한 규칙으로 수를 나열할 때 빈칸에 들어갈 수로 옳은 것은?

$$\frac{1}{2} \quad \frac{2}{3} \quad \frac{3}{4} \quad \frac{1}{2} \quad 1 \quad \frac{1}{3} \quad \frac{5}{4} \quad \frac{1}{6} \quad (\quad)$$

① $\frac{9}{2}$
② $\frac{7}{2}$
③ $\frac{5}{2}$
④ $\frac{3}{2}$
④ $\frac{1}{2}$

13 사내 체육대회의 응원단장 투표를 홈페이지에서 진행하려고 한다. 부서별로 1명씩 총 8명의 후보 중 3명을 선출하는 경우는 몇 가지인가?

① 56가지
② 58가지
③ 60가지
④ 62가지
⑤ 64가지

14 다음은 지역별 초·중·고등학교 개수에 대한 자료이다. 이를 나타낸 그래프로 옳지 않은 것은?(단, 모든 그래프의 단위는 '개'이다)

〈지역별 초·중·고등학교 현황〉

(단위 : 개)

구분	초등학교	중학교	고등학교
서울	680	660	590
인천	880	820	850
경기	580	520	490
강원	220	180	190
대전	180	150	140
충청	320	290	250
경상	380	250	280
전라	420	390	350
광주	190	130	120
대구	210	160	140
울산	150	120	110
부산	260	220	230
제주	110	100	100
합계	4,580	3,990	3,840

※ 수도권은 서울, 인천, 경기 지역임

① 수도권 지역 초·중·고등학교 수

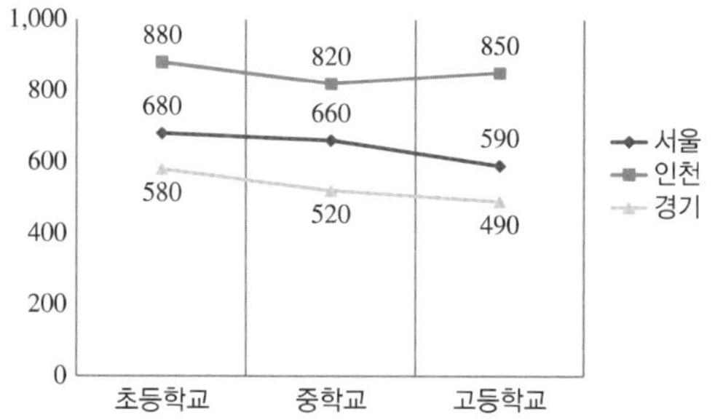

② 광주, 울산, 제주 지역별 초·중·고등학교 수

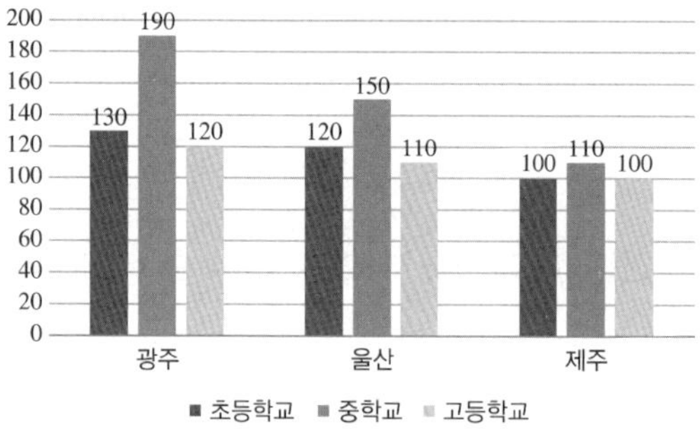

③ 수도권 외 지역 초・중・고등학교 수

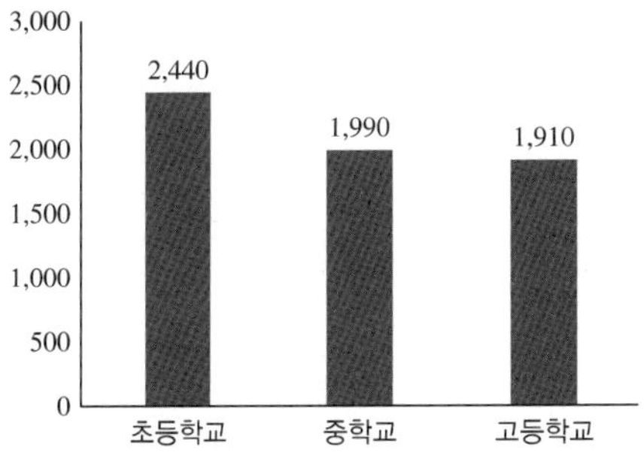

④ 국내 초・중・고등학교 수

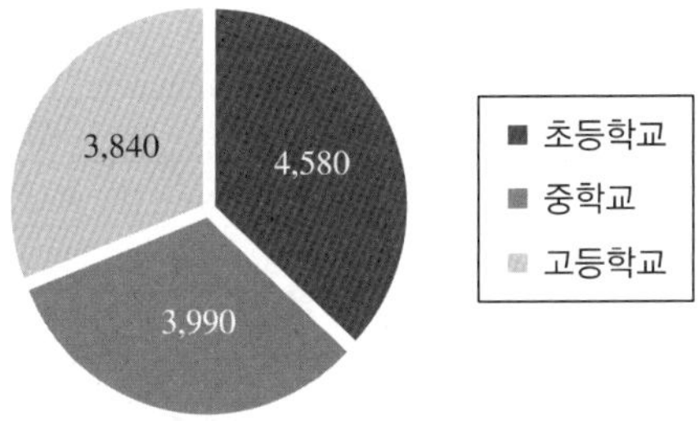

⑤ 인천 지역 초・중・고등학교 수

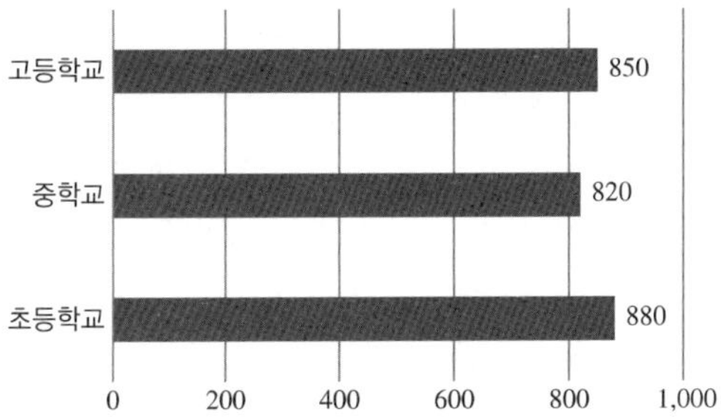

15 다음은 갑국의 10대 미래산업 현황에 대한 자료이다. 〈조건〉을 토대로 B, C, E에 해당하는 산업을 바르게 나열한 것은?

〈갑국의 10대 미래산업 현황〉

(단위 : 개, 명, 억 원, %)

산업	업체 수	종사자 수	부가가치액	부가가치율
A	403	7,500	788	33.4
기계	345	3,600	2,487	48.3
B	302	22,500	8,949	41.4
조선	103	1,100	282	37.0
에너지	51	2,300	887	27.7
C	48	2,900	4,002	42.4
안전	15	2,100	1,801	35.2
D	4	2,800	4,268	40.5
E	2	300	113	36.3
F	2	100	61	39.1
전체	1,275	45,200	23,638	40.3

※ $[\text{부가가치율(\%)}]=\frac{(\text{부가가치액})}{(\text{매출액})}\times 100$

〈조건〉

- 의료 종사자 수는 IT 종사자 수의 3배이다.
- 의료와 석유화학의 부가가치액 합은 10대 미래산업 전체 부가가치액의 50% 이상이다.
- 매출액이 가장 낮은 산업은 항공우주이다.
- 철강 업체 수는 지식서비스 업체 수의 2배이다.

	B	C	E
①	의료	철강	지식서비스
②	의료	석유화학	지식서비스
③	의료	철강	항공우주
④	지식서비스	석유화학	의료
⑤	지식서비스	철강	의료

16 다음은 K동 우편취급국의 우편매출액에 대한 자료이다. 이에 대한 설명으로 옳지 않은 것은?

〈우편매출액〉

(단위 : 만 원)

구분	2020년	2021년	2022년	2023년	2024년				
					소계	1분기	2분기	3분기	4분기
일반통상	11,373	11,152	10,793	11,107	10,899	2,665	2,581	2,641	3,012
특수통상	5,418	5,766	6,081	6,023	5,946	1,406	1,556	1,461	1,523
소포우편	3,390	3,869	4,254	4,592	5,017	1,283	1,070	1,292	1,372
합계	20,181	20,787	21,128	21,722	21,862	5,354	5,207	5,394	5,907

① 매년 매출액이 가장 높은 분야는 일반통상 분야이다.
② 1년 집계를 기준으로 매년 매출액이 꾸준히 증가하고 있는 분야는 소포우편 분야뿐이다.
③ 2024년 1분기 특수통상 분야의 매출액이 차지하고 있는 비율은 20% 이상이다.
④ 2020년 대비 2024년 소포우편 분야의 매출액 증가율은 50% 이상이다.
⑤ 2023년에는 일반통상 분야의 매출액이 전체의 50% 이상을 차지하고 있다.

17 다음 숫자들의 배열규칙에 따라 ?에 들어갈 수로 옳은 것은?

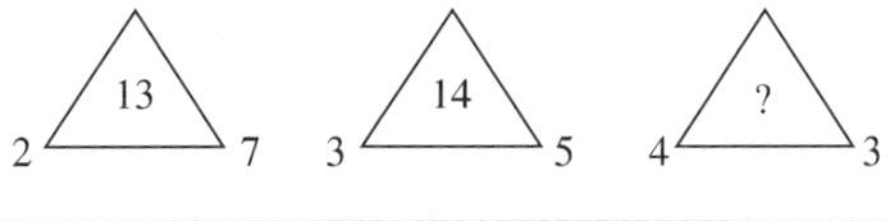

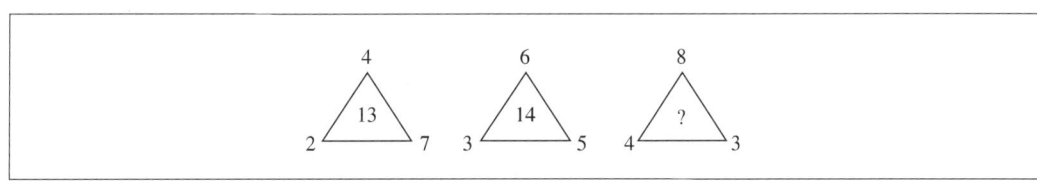

① 11
② 13
③ 15
④ 17
⑤ 19

※ 다음은 2020 ~ 2024년 우리나라의 예산분야별 재정지출 추이에 대한 자료이다. 이어지는 질문에 답하시오. [18~19]

〈우리나라의 예산분야별 재정지출 추이〉

(단위 : 조 원, %)

구분	2020년	2021년	2022년	2023년	2024년	연평균 증가율
예산	137.3	147.5	153.7	165.5	182.8	7.4
기금	59.0	61.2	70.4	72.9	74.5	6.0
교육	24.5	27.6	28.8	31.4	35.7	9.9
사회복지·보건	32.4	49.6	56.0	61.4	67.5	20.1
R&D	7.1	7.8	8.9	9.8	10.9	11.3
SOC	27.1	18.3	18.4	18.4	18.9	−8.6
농림·해양·수산	12.3	14.1	15.5	15.9	16.5	7.6
산업·중소기업	11.4	11.9	12.4	12.6	12.6	2.5
환경	3.5	3.6	3.8	4.0	4.4	5.9
국방비	18.1	21.1	22.5	24.5	26.7	10.2
통일·외교	1.4	2.0	2.6	2.4	2.6	16.7
문화·관광	2.3	2.6	2.8	2.9	3.1	7.7
공공질서·안전	7.6	9.4	11.0	10.9	11.6	11.2
균형발전	5.1	5.5	6.3	7.2	8.1	12.8
기타	43.5	35.2	35.1	37.0	38.7	−2.9
총 지출	196.3	208.7	224.1	238.4	257.3	7.0

※ (총 지출)=(예산)+(기금)

18 다음 중 자료에 대한 설명으로 옳은 것은?(단, 비율은 소수점 둘째 자리에서 반올림한다)

① 교육 분야의 전년 대비 재정지출 증가율이 가장 높은 해는 2021년이다.
② 전년 대비 재정지출액이 증가하지 않은 해가 있는 분야는 5개이다.
③ 사회복지·보건 분야가 예산에서 차지하고 있는 비율은 항상 가장 높다.
④ 기금의 연평균 증가율보다 낮은 연평균 증가율을 보이는 분야는 3개이다.
⑤ 통일·외교 분야와 기타 분야의 2020 ~ 2024년 재정지출 증감추이는 동일하다.

19 다음 중 2022년 대비 2023년 사회복지·보건 분야의 재정지출 증감률과 공공질서·안전 분야의 재정지출 증감률 차이는 얼마인가?(단, 소수점 둘째 자리에서 반올림한다)

① 9.4%p
② 10.5%p
③ 11.2%p
④ 12.6%p
⑤ 13.2%p

20 다음은 2024년 연령별 인구수 현황을 나타낸 그래프이다. 이를 통해 각 연령대를 기준으로 남성 인구가 40% 이하인 연령대 ㉠과 여성 인구가 50% 초과 60% 이하인 연령대 ㉡을 순서대로 바르게 나열한 것은?

〈2024년 연령별 인구수〉

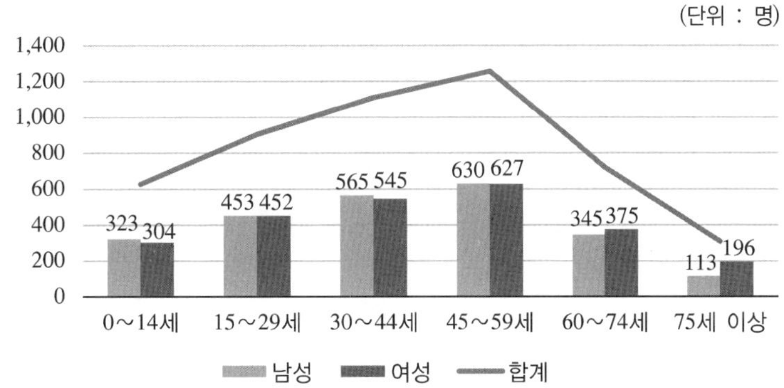

	㉠	㉡
①	0 ~ 14세	15 ~ 29세
②	30 ~ 44세	15 ~ 29세
③	45 ~ 59세	60 ~ 74세
④	75세 이상	60 ~ 74세
⑤	75세 이상	45 ~ 59세

21 다음은 중국에 진출한 프렌차이즈 커피전문점에 대한 SWOT 분석 결과이다. (가) ~ (라)에 들어갈 전략을 순서대로 바르게 나열한 것은?

〈프렌차이즈 커피전문점의 SWOT 분석 결과〉

강점(Strength)	약점(Weakness)
• 풍부한 원두커피의 맛 • 독특한 인테리어 • 브랜드 파워 • 높은 고객 충성도	• 낮은 중국 내 인지도 • 높은 시설비 • 비싼 임대료
기회(Opportunity)	**위협(Threat)**
• 중국 경제 급성장 • 서구문화에 대한 관심 • 외국인 집중 • 경쟁업체 진출 미비	• 중국의 차 문화 • 유명 상표 위조 • 커피 구매 인구의 감소

(가)	(나)
• 브랜드가 가진 미국 고유문화 고수 • 독특하고 차별화된 인테리어 유지 • 공격적 점포 확장	• 외국인 많은 곳에 점포 개설 • 본사 직영으로 인테리어
(다)	**(라)**
• 고품질 커피로 상위 소수고객에 집중	• 녹차 향 커피 • 개발 상표 도용 감시

	(가)	(나)	(다)	(라)
①	SO전략	ST전략	WO전략	WT전략
②	WT전략	ST전략	WO전략	SO전략
③	SO전략	WO전략	ST전략	WT전략
④	ST전략	WO전략	SO전략	WT전략
⑤	WT전략	WO전략	ST전략	SO전략

22 **다음 대화에서 민철이가 범한 논리적 오류로 가장 적절한 것은?**

> 상호 : 어제 무슨 일 있었어?
> 민철 : 어제 새로 개장한 놀이공원으로 여자친구와 데이트를 하러 갔는데 사람이 너무 많아서 놀이기구는 거의 타지도 못하고 기다리다 걷기만 했어. 모든 놀이공원은 이렇게 사람만 많고 정작 놀거리는 없는 곳이야. 앞으로 데이트할 때는 놀이공원 말고 다른 곳을 가야겠어.

① 인신공격의 오류
② 복합 질문의 오류
③ 순환 논증의 오류
④ 허수아비 공격의 오류
⑤ 성급한 일반화의 오류

23 **다음 중 브레인스토밍 진행에 대한 설명으로 적절하지 않은 것은?**

① 아이디어가 많을수록 질적으로 우수한 아이디어가 나온다.
② 다수의 의견을 도출해 낼 수 있는 사람을 회의의 리더로 선출한다.
③ 논의하고자 하는 주제를 구체적이고 명확하게 정한다.
④ 다른 사람의 의견을 듣고 자유롭게 비판한다.
⑤ 자유롭게 의견을 공유하고 모든 의견을 기록한다.

24 다음 대화에서 김대리가 제안할 수 있는 보완 방법으로 가장 적절한 것은?

최팀장 : 오늘 발표 내용 정말 좋았어. 준비를 열심히 한 것 같더군.
김대리 : 감사합니다.
최팀장 : 그런데 고객 맞춤형 서비스 실행방안이 조금 약한 것 같아. 보완할 수 있는 방안을 찾아서 추가해 주게.
김대리 : 네, 팀장님. 보완 방법을 찾아본 후 다시 보고 드리도록 하겠습니다.

① 고객 접점에 있는 직원에게 고객상담 전용 휴대폰 지급
② 모바일용 고객지원센터 운영 서비스 제공
③ 고객지원센터 24시간 운영 확대
④ 빅데이터를 활용한 고객유형별 전문 상담사 사전 배정 서비스
⑤ 서비스 완료 후 고객지원센터 만족도 조사 실시

25 다음 〈조건〉에 따라 5층 건물에 A ~ E 5명이 살고 있을 때, 항상 옳지 않은 것은?(단, 지하에는 사람이 살지 않는다)

〈조건〉

- 각 층에는 최대 2명이 살 수 있다.
- 어느 한 층에는 사람이 살고 있지 않다.
- 짝수 층에는 1명씩만 살고 있다.
- A는 짝수 층에 살고, B는 홀수 층에 살고 있다.
- D는 C 바로 위층에 살고 있다.
- E는 1층에 살고 있다.
- D는 5층에 살지 않는다.

① A가 2층에 산다면 B와 같은 층에 사는 사람이 있다.
② B가 5층에 산다면 C는 4층에서 혼자 살고 있다.
③ C가 2층에 산다면 B와 E는 같은 층에서 살 수 있다.
④ D가 4층에 산다면 B와 C는 같은 층에서 살 수 있다.
⑤ E가 1층에 혼자 산다면 B와 D는 같은 층에서 살 수 있다.

26 어느 기업에서 A ~ E 다섯 명의 면접위원이 3명의 지원자에게 평가점수와 순위를 부여하였다. 비율점수법과 순위점수법을 적용한 결과가 다음과 같을 때, 이에 대한 설명으로 옳은 것은?

〈비율점수법 적용 결과〉

(단위 : 점)

지원자 \ 면접위원	A	B	C	D	E	전체합	중앙 3합
종현	7	8	6	6	1	28	19
유호	9	7	6	3	8	( )	( )
은진	5	8	7	2	6	( )	( )

※ 중앙 3합은 5명의 면접위원이 부여한 점수 중 최댓값과 최솟값을 제외한 3명의 점수를 합한 값임

〈순위점수법 적용 결과〉

(단위 : 순위, 점)

지원자 \ 면접위원	A	B	C	D	E	순위점수합
종현	2	1	2	1	3	11
유호	1	3	3	2	1	( )
은진	3	2	1	3	2	( )

※ 순위점수는 1순위에 3점, 2순위에 2점, 3순위에 1점을 부여함

① 순위점수합이 가장 큰 지원자는 종현이다.
② 비율점수법 중 중앙 3합이 가장 큰 지원자는 순위점수합도 가장 크다.
③ 비율점수법 적용 결과에서 중앙 3합이 높은 값부터 등수를 정하면 2등은 유호이다.
④ 비율점수법 적용 결과에서 평가점수의 전체합이 가장 큰 지원자는 은진이다.
⑤ 비율점수법 적용 결과에서 평가점수의 전체합과 중앙 3합이 큰 값부터 등수를 정하면 지원자의 등수는 각각 같다.

※ 다음은 K사의 냉장고에 사용되는 기호와 주문된 상품이다. 이어지는 질문에 답하시오. **[27~29]**

〈상품 기호〉

기능		설치형태		용량(L)		도어	
김치보관	RC	프리 스탠딩	F	840	84	4도어	TE
독립냉각	EF	키친 핏	C	605	60	2도어	DA
가변형	RQ	빌트인	B	584	58	1도어	DE
메탈쿨링	AX	–	–	486	48	–	–
다용도	ED	–	–	313	31	–	–

AXRQB58DA	
AX, RQ	기능(복수선택 가능) → 메탈쿨링, 가변형 기능
B	설치형태 → 빌트인
58	용량 → 584L
DA	도어 → 2도어

〈주문된 상품〉

RCF84TE	EDC60DE	RQB31DA	AXEFC48TE
AXF31DE	EFB60DE	RQEDF84TE	EDC58DA
EFRQB60TE	AXF31DA	EFC48DA	RCEDB84TE

27 다음 고객이 주문한 상품은 무엇인가?

> 안녕하세요? 냉장고를 주문하려고 합니다. 커버는 온도의 변화가 적은 메탈쿨링이 유행하던데 저도 그거 사용하려고요. 기존 냉장고를 교체할 예정이라 프리 스탠딩 형태가 맞을 것 같아요. 또 저 혼자 사니까 가장 작은 용량으로 문도 1개면 될 것 같은데 혹시 이번 주 안에 배달이 가능할까요?

① EDC60DE
② AXF31DE
③ AXEFC48TE
④ AXF31DA
⑤ RCEDB84TE

28 배달이 밀려서 주문된 상품 중 가변형 기능과 키친 핏 형태의 상품은 배송이 늦어진다고 할 때, 배송이 늦어지는 상품은 몇 개인가?

① 5개
② 6개
③ 7개
④ 8개
⑤ 9개

29 K사는 독립냉각 기능에 문제가 발견되어 주문된 상품 중 해당상품을 대상으로 무상수리를 진행하려 한다. 무상수리 대상이 되는 상품은 몇 개인가?

① 3개
② 4개
③ 5개
④ 6개
⑤ 7개

30 K공사에서는 매주 수요일 오전에 주간 회의가 열린다. 주거복지기획부, 공유재산관리부, 공유재산개발부, 인재관리부, 노사협력부, 산업경제사업부 중 이번 주 주간 회의에 참여할 부서에 대한 〈조건〉이 다음과 같을 때, 이번 주 주간 회의에 참석할 부서의 최대 수는?

〈조건〉

- 주거복지기획부는 반드시 참석해야 한다.
- 공유재산관리부가 참석하면 공유재산개발부도 참석한다.
- 인재관리부가 참석하면 노사협력부는 참석하지 않는다.
- 산업경제사업부가 참석하면 주거복지기획부는 참석하지 않는다.
- 노사협력부와 공유재산관리부 중 한 부서만 참석한다.

① 2개
② 3개
③ 4개
④ 5개
⑤ 6개

31 다음 중 목표관리(MBO)에 대한 설명으로 옳지 않은 것은?

① 유연성이 높고 환경변화에 적응이 쉽다.
② 효과적으로 목표를 관리한다.
③ 목표를 명확하게 한다.
④ 상급자와 하급자가 참여하여 목표를 세운다.
⑤ 계획적 수행을 위해 피드백 역할을 한다.

32 다음 중 재고유형에 대한 설명으로 옳지 않은 것은?

① 안전재고 : 생산이나 부품 조달 등의 불확실성에 대비하는 재고이다.
② 완충재고 : 품질불량, 미납주문 등에 대비하는 재고이다.
③ 예비재고 : 계절적 수요나 일시적인 공장 가동 중지 등에 대비하는 재고이다.
④ 로트사이즈재고 : 경제적 생산량을 확보하기 위한 재고이다.
⑤ 운송재고 : 수송 중에 있어 상당한 조달기간을 요하며, 대금을 지급하기 전 재고이다.

33 다음 중 직무평가의 직접적 요소에 해당하지 않는 것은?

① 지식
② 경험
③ 육체적 노력
④ 정신적 노력
⑤ 대인적 책임

34 다음 중 마이클 포터의 산업구조 분석기법(5 Forces Model)에 대한 설명으로 옳지 않은 것을 모두 고르면?

〈보기〉

가. 현재 산업 내의 경쟁이 약할수록 높은 수익률이 기대된다.
나. 진입장벽이 낮을수록 높은 수익률이 기대된다.
다. 대체재의 위협이 낮을수록 낮은 수익률이 기대된다.
라. 공급자의 교섭력이 낮을수록 높은 수익률이 기대된다.
마. 구매자의 교섭력이 낮을수록 높은 수익률이 기대된다.

① 가, 나
② 나, 다
③ 다, 라
④ 다, 마
⑤ 라, 마

35 다음 중 고관여 소비자 의사결정에 대한 설명으로 옳지 않은 것은?

① 다수의 상표, 제품 속성에 대해 적극적인 탐색이 이루어진다.
② 소비자는 모순되는 정보를 배제하고, 자기주장을 합리화하고자 한다.
③ 제품 상표에 대한 충성도가 높다.
④ 광고 내용보다 광고 횟수가 더 중요하다.
⑤ 제품 구매 후 인지부조화 현상이 종종 나타난다.

36 다음 중 기업합병에 대한 설명으로 옳지 않은 것은?

① 기업합병이란 두 독립된 기업이 법률적, 실질적으로 하나의 기업실체로 통합되는 것이다.
② 기업인수는 한 기업이 다른 기업의 지배권을 획득하기 위하여 주식이나 자산을 취득하는 것이다.
③ 기업매각은 사업부문 중의 일부를 분할한 후 매각하는 것으로, 기업의 구조를 재편성하는 것이다.
④ 기업합병에는 흡수합병과 신설합병이 있으며, 흡수합병의 경우 한 회사는 존속하고 다른 회사의 주식은 소멸한다.
⑤ 수평적 합병은 기업의 생산이나 판매과정 전후에 있는 기업 간의 합병으로, 주로 원자재 공급의 안정성 등을 목적으로 한다.

37 다음 〈보기〉 중 맥그리거의 XY이론에서 X이론적 인간관과 동기부여 전략에 해당하는 것을 모두 고르면?

〈보기〉

ㄱ. 천성적 나태
ㄴ. 변화지향적
ㄷ. 자율적 활동
ㄹ. 민주적 관리
ㅁ. 어리석은 존재
ㅂ. 타율적 관리
ㅅ. 변화에 저항적
ㅇ. 높은 책임감

① ㄱ, ㄴ, ㄷ, ㄹ
② ㄱ, ㄴ, ㄹ, ㅁ
③ ㄱ, ㅁ, ㅂ, ㅅ
④ ㄴ, ㄷ, ㄹ, ㅇ
⑤ ㄴ, ㅁ, ㅂ, ㅅ

38 다음 중 포드 시스템에 대한 설명으로 옳지 않은 것은?

① 제품을 대량생산하여 고객들의 요구에 부응해 생산원가는 낮추고 임금은 올릴 수 있는 생산방법이다.
② 대량생산방식으로 자동차의 이동조립법을 확립한 시스템이다.
③ 포드 시스템의 주요한 수단은 이동식조립법과 생산 표준화 3S이다.
④ 작업시스템 유동화로 인한 작업속도 강제화로 작업자의 인간성이 무시된다는 결점이 존재한다.
⑤ 설비투자비가 낮아져 제품생산 단가를 낮출 수 있었으며, 조업도는 숙련된 노동자 중심으로 생산 표준화 3S를 실현하였다.

39 다음 중 행동기준고과법(BARS)에 대한 설명으로 옳지 않은 것은?

① 전통적인 인사평가 방법에 비해 평가의 공정성이 증가하는 장점이 있다.
② 어떤 행동이 목표달성과 관련이 있는지 인식하여 목표관리의 일환으로 사용이 가능하다.
③ 다양하고 구체적인 직무에 적용이 가능하다는 장점이 있다.
④ 평정척도법과 중요사건기록법을 혼용하여 평가직무에 직접 적용되는 행동패턴을 척도화하여 평가하는 방법이다.
⑤ 점수를 통해 등급화하기보다는 개별행위를 빈도를 나눠서 측정하기 때문에 풍부한 정보를 얻을 수 있지만 종업원의 행동 변화를 유도하기 어렵다는 단점이 있다.

40 다음 중 인적자원관리(HRM)에 대한 설명으로 옳지 않은 것은?

① 직무분석이란 적재적소에 인적자원을 배치하기 위하여 직무 관련 정보를 수집하는 절차이다.
② 직무분석 방법으로는 면접법, 관찰법, 중요사건기록법 등이 있다.
③ 직무분석의 결과로 직무기술서와 직무명세서가 만들어진다.
④ '동일노동 동일임금'의 원칙을 실현하는 직무급을 도입하기 위한 기초 작업으로 직무평가가 실시된다.
⑤ 직무평가 방법으로는 서열법, 요소비교법, 질문지법 등이 있다.

41 다음 중 인간의 감각이 느끼지 못할 정도의 자극을 주어 잠재의식에 호소하는 광고는?

① 애드버커시 광고
② 서브리미널 광고
③ 리스폰스 광고
④ 키치 광고
⑤ 티저 광고

42 다음 상황에서 나타난 프랑스 맥도날드사의 마케팅 기법은?

> 프랑스 맥도날드에서는 "어린이들은 일주일에 한 번만 오세요!"라는 어린이들의 방문을 줄이기 위한 광고 카피를 선보였다. 맥도날드는 시민들에게 '맥도날드는 소비자의 건강을 생각하는 회사'라는 긍정적인 이미지를 심어주기 위해 이러한 광고를 내보낸 것으로 밝혔다. 결과는 어땠을까. 놀랍게도 성공적이었다. 광고 카피와는 반대로 소비자들의 맥도날드 방문 횟수가 더욱 늘어났고, 광고가 반영된 그해 유럽지사 중 가장 높은 실적을 이루는 놀라운 결과를 얻었다.

① PPL 마케팅
② 노이즈 마케팅
③ 퍼포먼스 마케팅
④ 집중적 마케팅
⑤ 디마케팅

43 다음 중 전사적 자원관리(ERP)의 주요 기능으로 옳지 않은 것은?

① 다양한 구성요소 및 소프트웨어 간 원활한 작동을 지원한다.
② 실시간으로 데이터를 모니터링하고 처리할 수 있게 한다.
③ 다른 모델과의 호환성을 통해 다양한 옵션을 사용할 수 있게 한다.
④ 반복적인 수동업무를 자동화할 수 있게 한다.
⑤ 사용자 인터페이스의 디자인, 기능 등을 세분화·다양화하여 진입장벽을 높인다.

44 다음 중 원가우위 전략에 대한 설명으로 옳지 않은 것은?

① 원가우위에 영향을 미치는 여러 가지 요소를 활용하여 경쟁우위를 획득한다.
② 경쟁사보다 더 낮은 가격으로 제품이나 서비스를 생산하는 전략이다.
③ 가격, 디자인, 브랜드 충성도, 성능 등으로 우위를 점하는 전략이다.
④ 시장에 더 저렴한 제품이 출시되면 기존 고객의 충성도를 기대할 수 없다.
⑤ 시장점유율 확보에 유리하다.

45 다음 설명에 해당하는 집단의사결정 방법은?

- 익명성을 보장하고, 반복적인 피드백을 통계화하여 의사결정을 한다.
- 단계별로 의사결정을 진행하므로 의사결정 진행의 상황 추적이 용이하다.
- 대면하거나 한 자리에 모일 필요 없이 비교적 자유롭게 의견평가를 할 수 있다.

① 지명 반론자 기법　　② 명목 집단 기법
③ 델파이 기법　　④ 브레인스토밍 기법
⑤ 변증법적 질의법

46 다음 〈보기〉 중 서비스의 특성에 해당되는 것을 모두 고르면?

〈보기〉

ㄱ. 무형성 : 서비스는 보거나 만질 수 없다.
ㄴ. 비분리성 : 서비스는 생산과 소비가 동시에 발생한다.
ㄷ. 소멸성 : 서비스는 재고로 보관될 수 없다.
ㄹ. 변동성 : 서비스의 품질은 표준화가 어렵다.

① ㄱ, ㄴ, ㄷ
② ㄱ, ㄴ, ㄹ
③ ㄱ, ㄷ, ㄹ
④ ㄴ, ㄷ, ㄹ
⑤ ㄱ, ㄴ, ㄷ, ㄹ

47 다음 중 직무명세서에 기록되는 항목으로 옳지 않은 것은?

① 소속
② 직무 명칭
③ 직무 내용
④ 교육 수준
⑤ 업무 경험

48 다음 중 연속생산과 단속생산을 비교한 내용으로 옳은 것은?

구분	연속생산	단속생산
생산시기	주문생산	계획생산
생산량	대량생산	소량생산
생산속도	느림	빠름
생산원가	높음	낮음
생산설비	범용설비	전용설비

① 생산시기
② 생산량
③ 생산속도
④ 생산원가
⑤ 생산설비

49 다음 중 E－비즈니스 유형과 관련하여 정부와 기업 간의 상거래로, 기업이 국가사업에 입찰하는 등 전자적으로 참여하는 전자정부 시스템과 관련이 있는 것은?

① B2G
② B2C
③ B2B
④ C2C
⑤ C2B

50 다음 중 수직적 통합의 이유로 옳은 것은?

① 대기업이 시장점유율을 높여 가격선도자 역할을 하기 위해
② 중소기업이 생산규모를 확대하고, 판매망을 강화하기 위해
③ 원료부터 제품까지의 기술적 일관성을 위해
④ 대규모 구조조정을 통한 경영혁신을 위해
⑤ 규모의 경제 확보를 위해

51 다음 중 마케팅믹스 4P와 로터본(Lauterborn)의 4C의 대응 관계가 옳지 않은 것은?

	4P	4C
①	기업 관점	소비자 관점
②	제품	고객 솔루션
③	가격	고객 부담 비용
④	유통	편의성
⑤	촉진	제품 접근성

52 다음 중 소비자 행동을 분석할 때 행동적 요인에 해당하는 것은?

① 지각
② 기억
③ 학습
④ 태도
⑤ 가족

53 다음 〈보기〉 중 가격책정 방법에 대한 설명으로 옳은 것을 모두 고르면?

〈보기〉

㉠ 준거가격이란 구매자가 어떤 상품에 대해 지불할 용의가 있는 최고가격을 의미한다.
㉡ 명성가격이란 가격 – 품질 연상관계를 이용한 가격책정 방법이다.
㉢ 단수가격이란 판매가격을 단수로 표시하여 가격이 저렴하다는 인상을 소비자에게 심어주어 판매를 증대시키는 방법이다.
㉣ 최저수용가격이란 심리적으로 적당하다고 생각하는 가격 수준을 의미한다.

① ㉠, ㉡
② ㉠, ㉢
③ ㉡, ㉢
④ ㉡, ㉣
⑤ ㉢, ㉣

54 다음 중 GE / 맥킨지 매트릭스에서 시장 지위를 유지하며 집중 투자를 고려해야 하는 위치는?

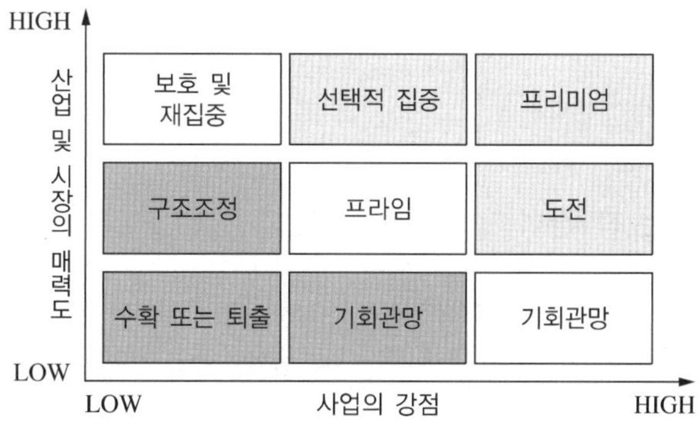

① 보호 및 재집중
② 구조조정
③ 선택적 집중
④ 수확 또는 퇴출
⑤ 프리미엄

55 **다음 중 기업의 경쟁력 강화와 비전달성을 목표로 미래 사업구조를 근본적으로 구체화하는 기업혁신방안은?**

① 벤치마킹(Benchmarking)
② 학습조직(Learning Organization)
③ 리엔지니어링(Re – Engineering)
④ 리스트럭처링(Restructuring)
⑤ 기업 아이덴티티(企業 Identity)

56 **다음 중 기능별 조직에 대한 설명으로 옳지 않은 것은?**

① 조직의 목표를 위해 기본적인 기능을 중심으로 나눈 조직을 의미한다.
② 유사한 업무를 수행하는 구성원으로 조직을 구성하여 규모의 경제를 실현할 수 있다.
③ 원가우위 전략을 중요시하는 기업 또는 사업부에 유리한 조직구조이다.
④ 부서 간 경쟁이 치열하고 부서 운영 비용이 많이 든다.
⑤ 부서 간 협업이나 시너지 효과를 기대하기 어렵다.

57 **다음 설명에 해당하는 직무분석 기법은 무엇인가?**

직무행동 중에서 보다 중요한 점에 대해 정보를 수집하는 것을 말한다. 주로 감독자에 의해 수행되며, 중요사건이 포착되고 전체로서 직무에 대한 난이도, 빈도, 중요성 또는 기여도가 평가된다. 또한, 체크리스트의 기초가 되기도 한다.

① 면접법
② 관찰법
③ 중요사건기록법
④ 워크샘플링법
⑤ 질문지법

58 다음 중 기업 내에서 비누나 샴푸와 같이 물리적 특성이나 용도가 비슷한 것을 지칭하는 용어는?

① 소비재
② 제품계열
③ 제품믹스
④ 제품집단
⑤ 브랜드집단

59 다음 사례에서 소비자의 구매행동에 영향을 끼친 요인은?

> 최근 카메라에 관심이 생긴 철수는 얼마 전 같은 동네에 카메라 관련 동호회에 가입할 만큼 열정이 생겼다. 동호회원들과 촬영을 다니고 기술도 배우다 보니 점점 회원들과의 만남도 잦아졌다. 그러던 중 자신의 카메라 장비를 업그레이드해야 할 필요성을 느꼈고, 이곳저곳 비교해 볼 것 없이 주변 동호회원들과 같은 장비로 구매하게 되었다.

① 태도
② 라이프스타일
③ 사회계층
④ 준거집단
⑤ 인구통계적 특성

60 다음은 민츠버그(Mintzberg)의 5P 전략 중 하나에 대한 설명이다. 이 전략은 무엇인가?

> 기존의 패러다임, 사업의 방식을 변형하는 것을 말한다. 예를 들어 환자가 내원하는 것이 병원의 주된 사업 논리라고 한다면, 환자가 원할 때 내원하지 않고 병원의 의사가 직접 방문하여 의료서비스를 제공하는 것이다.

① Ploy
② Plan
③ Pattern
④ Position
⑤ Perspective

61 다음 중 철도사업법상 다른 사람의 수요에 따른 영업을 목적으로 하지 아니하고 자신의 수요에 따라 특수 목적을 수행하기 위하여 운영하는 철도는?

① 전용철도
② 운영용철도
③ 사업용철도
④ 기관용철도
⑤ 설치용철도

62 다음은 철도산업발전기본법상 벌칙에 대한 설명이다. 빈칸 ㉠, ㉡에 들어갈 숫자의 합은 얼마인가?

> 철도산업발전기본법 제34조의 규정을 위반하여 국토교통부장관의 승인을 얻지 아니하고 특정 노선 및 역을 폐지하거나 철도서비스를 제한 또는 중지한 자는 ___㉠___ 년 이하의 징역 또는 ___㉡___ 만 원 이하의 벌금에 처한다.

① 2,002
② 2,003
③ 3,005
④ 5,002
⑤ 5,003

63 다음 중 철도산업발전기본법상 철도자산에 대한 설명으로 옳은 것은?

① 철도자산 중 기타자산은 운영자산과 시설자산을 포함한 자산이다.
② 국토교통부장관은 철도자산처리계획을 위원회의 심의를 거쳐 수립해야 한다.
③ 국토교통부장관은 현물출자받은 운영자산과 관련된 권리와 의무를 포괄하여 승계한다.
④ 철도청이 건설 중인 시설자산은 철도자산이 완공된 때에 철도시설관리자에게 귀속된다.
⑤ 철도청은 철도자산처리계획에 의하여 철도공사에 운영자산을 현물출자한다.

64 다음은 한국철도공사법의 일부이다. 빈칸에 들어갈 내용을 순서대로 바르게 나열한 것은?

• 공사의 자본금은 22조 원으로 하고, 그 전부를 ________이/가 출자한다. • 자본금의 납입 시기와 방법은 ________이 정하는 바에 따른다.

① 철도청, 국토건설부장관
② 정부, 재정경제부장관
③ 한국철도공사, 대통령령
④ 시설관리자, 행정안정부장관
⑤ 국가철도공사, 산업통상부장관

65 다음은 한국철도공사법령상 하부조직의 설치등기에 대한 설명이다. 빈칸에 들어갈 내용을 순서대로 바르게 나열한 것은?

한국철도공사는 하부조직을 설치한 경우에는 설치 후 2주일 이내에 ________의 소재지에서 설치된 하부조직의 명칭, 소재지 및 ________을 등기해야 한다.

① 주된 사무소, 설치 연월일
② 주된 사무소, 설립목표
③ 주된 사무소, 설립기준
④ 하부조직, 설치 연월일
⑤ 하부조직, 투자금

66 다음 중 한국철도공사법의 목적으로 옳은 것은?

① 한국철도공사의 경쟁력 향상
② 철도시설기반의 전문성 향상
③ 철도공사의 공익성·효율성 추구
④ 여객 및 화물의 유기적인 운송체계
⑤ 철도산업과 국민경제의 발전에 이바지함

67 다음 중 철도사업법령상 사업정지처분에 갈음하여 과징금 처분을 통지를 받은 철도사업자가 수납기관에 납부해야 하는 기간은?

① 7일 이내
② 10일 이내
③ 15일 이내
④ 20일 이내
⑤ 30일 이내

68 다음 중 철도사업법령상 국가가 소유 · 관리하는 철도시설에 대한 점용허가를 하고자 할 때, 정해진 시설물의 종류와 기간으로 옳은 것은?

① 철골조 건물의 축조를 목적으로 하는 경우 : 30년
② 건물 외 공작물의 축조를 목적으로 하는 경우 : 10년
③ 철근콘크리트조 건물의 축조를 목적으로 하는 경우 : 40년
④ 석조와 유사한 견고한 건물의 축조를 목적으로 하는 경우 : 50년
⑤ 철골조 · 철근콘크리트조 · 석조 외의 건물의 축조를 목적으로 하는 경우 : 30년

69 다음 중 철도산업발전기본법상 철도의 관리청은?

① 국가철도공단
② 한국철도공사
③ 국토교통부장관
④ 철도시설관리자
⑤ 고속철도건설공사

70 **다음 중 철도산업발전기본법령상 선로배분지침의 포함 사항이 아닌 것은?**

① 철도차량의 안전운행에 관한 사항
② 여객열차와 화물열차에 대한 선로용량의 배분
③ 선로의 유지보수·개량 및 건설을 위한 작업시간
④ 지역 간 열차와 지역 내 열차에 대한 선로용량의 배분
⑤ 그 밖에 철도차량의 효율적 활용을 위하여 필요한 사항

3권

제2회
코레일 한국철도공사
사무직

NCS + 전공 + 철도법령

〈문항 및 시험시간〉

평가영역	문항 수	시험시간	모바일 OMR 답안채점 / 성적분석 서비스
[NCS] 의사소통능력+수리능력+ 문제해결능력 [전공] 경영학 [철도법령] 철도법령	70문항	70분	

※ 수록 기준

철도산업발전기본법 : 법률 제21065호(시행 26.1.2.), 철도산업발전기본법 시행령 : 대통령령 제35811호(시행 25.10.1.)

한국철도공사법 : 법률 제21065호(시행 26.1.2.), 한국철도공사법 시행령 : 대통령령 제35228호(시행 25.1.31.)

철도사업법 : 법률 제21065호(시행 26.1.2.), 철도사업법 시행령 : 대통령령 제33795호(시행 24.1.1.)

코레일 한국철도공사 사무직 신입사원 필기시험	
# 제2회 모의고사	문항 수 : 70문항 시험시간 : 70분

제 1 영역 NCS

01 다음 문단을 논리적 순서대로 바르게 나열한 것은?

(가) 결국 이를 다시 생각하면, 과거와 현재의 문화 체계와 당시 사람들의 의식 구조, 생활상 등을 역추적할 수 있다는 말이 된다. 즉, 동물의 상징적 의미가 문화를 푸는 또 하나의 열쇠이자 암호가 되는 것이다. 그리고 동물의 상징적 의미를 통해 인류의 총체인 문화의 실타래를 푸는 것은 우리는 어떤 존재인가라는 정체성에 대한 답을 하는 과정이 될 수 있다.

(나) 인류는 선사시대부터 생존을 위한 원초적 본능에서 동굴이나 바위에 그림을 그리는 일종의 신앙 미술을 창조했다. 신앙 미술은 동물에게 여러 의미를 부여하기 시작했고, 동물의 상징적 의미는 현재까지도 이어지고 있다. 1억 원 이상 복권 당첨자의 23%가 돼지꿈을 꿨다거나, 황금돼지해에 태어난 아이는 만복을 타고난다는 속설 때문에 결혼과 출산이 줄을 이었고, 대통령 선거에서 '두 돼지가 나타나 두 뱀을 잡아먹는다.'라는 식으로 후보들이 홍보를 하기도 했다. 이렇게 동물의 상징적 의미는 우리 시대에도 여전히 유효한 관념으로 남아 있는 것이다.

(다) 동물의 상징적 의미는 시대나 나라에 따라 변하고 새로운 역사성을 담기도 했다. 예를 들면, 뱀은 다산의 상징이자 불사의 존재이기도 했지만, 사악하고 차가운 간사한 동물로 여겨지기도 했다. 하지만 그리스에서 뱀은 지혜의 신이자 아테네의 상징물이었고, 논리학의 상징이었다. 그리고 과거에 용은 숭배의 대상이었으나, 상상의 동물일 뿐이라는 현대의 과학적 사고는 지금의 용에 대한 믿음을 약화시키고 있다.

(라) 동물의 상징적 의미가 이렇게 다양하게 변하는 것은 문화가 살아 움직이기 때문이다. 문화는 인류의 지식, 신념, 행위의 총체로, 동물의 상징적 의미 또한 문화에 속한다. 문화는 항상 현재 진행형이기 때문에 현재의 생활이 바로 문화이며, 이것은 미래의 문화로 전이된다. 문화는 과거, 현재, 미래가 따로 떨어진 게 아니라 뫼비우스의 띠처럼 연결되어 있는 것이다. 다시 말하면 그 속에 포함된 동물의 상징적 의미 또한 거미줄처럼 얽히고설켜 형성된 것으로, 그 시대의 관념과 종교, 사회・정치적 상황에 따라 의미가 달라질 수밖에 없다는 말이다.

① (나) – (가) – (라) – (다)
② (나) – (다) – (라) – (가)
③ (나) – (라) – (다) – (가)
④ (다) – (나) – (라) – (가)
⑤ (다) – (라) – (가) – (나)

02 다음 중 복수 표준어가 아닌 것은?

① 무우 – 무
② 토담 – 흙담
③ 넝쿨 – 덩굴
④ 쇠고기 – 소고기
⑤ 가엾다 – 가엽다

03 다음 글을 읽고 속담을 활용하여 이해한 내용으로 가장 적절한 것은?

> 우리가 처한 현실이 어렵다는 것은 사실입니다. 그러나 이런 때일수록 우리가 할 수 있는 일이 무엇인가를 냉철히 생각해 보아야겠지요. 급한 마음에 표면적으로 나타나는 문제만 해결하려 했다가는 문제를 더 나쁘게 만들 수도 있는 일이니까요. 가령 우리나라에 닥친 경제 위기가 외환 위기라 하여 무조건 외제 상품을 배척하는 일은 옳지 않다는 겁니다. 물론 무분별한 외제 선호 경향은 이 기회에 우리가 뿌리 뽑아야겠지요. 그렇게 함으로써 불필요한 외화 유출을 막고, 우리의 외환 부족 사태를 해소할 수도 있을 테니까요.
> 그러나 우리나라는 경제 여건상 무역에 의존할 수밖에 없는 나라입니다. 다시 말해 수출을 하지 않으면 우리의 경제를 원활히 운영하기가 어려운 나라입니다. 그런데 우리가 무조건 외제 상품을 구매하지 않는다면, 다른 나라의 반발을 초래할 수가 있습니다. 즉, 그들도 우리의 상품을 구매하지 않는다는 것이죠. 그렇게 된다면 우리의 경제가 더욱 열악한 상황으로 빠져 들게 된다는 것은 불을 보듯 뻔한 일입니다. 냉철하게 생각해서 건전한 소비를 이끌어 내는 것이 필요한 때라고 봅니다.

① 소 잃고 외양간 고치는 일은 없어야 한다.
② 언 발에 오줌 누기 식의 대응은 곤란하다.
③ 우물에서 숭늉 찾는 일은 어리석은 일이다.
④ 호랑이에게 잡혀가도 정신만 차리면 살 수 있다.
⑤ 일찍 일어나는 새가 벌레를 잡는다는 것을 잊어서는 안 된다.

04 다음 글을 〈보기〉의 입장에서 비판하는 내용으로 가장 적절한 것은?

> 로봇의 발달로 일자리가 줄어들 것이라는 사람들의 불안이 커지면서 최근 로봇세(Robot稅) 도입에 대한 논의가 활발하다. 로봇세는 로봇을 사용해 이익을 얻는 기업이나 개인에 부과하는 세금이다. 로봇으로 인해 일자리를 잃은 사람들을 지원하거나 사회 안전망을 구축하기 위한 예산을 마련하자는 것이 로봇세 도입의 목적이다. 이처럼 로봇의 사용으로 일자리가 감소할 것이라는 이유로 로봇세의 필요성이 제기되었지만, 역사적으로 볼 때 새로운 기술로 인해 전체 일자리는 줄지 않았다. 산업 혁명을 거치면서 새로운 기술에 대한 걱정은 늘 존재했지만, 산업 전반에서 일자리는 오히려 증가해 왔다는 점이 이를 뒷받침한다. 따라서 로봇의 사용으로 일자리가 줄어들 가능성은 낮다.
>
> 우리는 로봇 덕분에 어렵고 위험한 일이나 반복적인 일로부터 벗어나고 있다. 로봇 사용의 증가 추세에서 알 수 있듯이 로봇 기술이 인간의 삶을 편하게 만들어 주는 것은 틀림없다. 로봇세의 도입으로 이러한 편안한 삶이 지연되지 않기를 바란다.

〈보기〉

> 로봇 기술의 발전에 따라 로봇의 생산 능력이 비약적으로 향상되고 있다. 이는 로봇 하나당 대체할 수 있는 인간 노동자의 수도 지속적으로 증가함을 의미한다. 로봇 사용이 사회 전반에 빠르게 확산되는 현실을 고려할 때, 로봇 사용으로 인한 일자리 대체 규모가 기하급수적으로 커질 것이다.

① 산업 혁명의 경우와 같이 로봇의 생산성 증가는 인간의 새로운 일자리를 만드는 데 기여할 것이다.

② 로봇세를 도입해 기업이 로봇의 생산성 향상에 기여하도록 해야 인간의 일자리 감소를 막을 수 있다.

③ 로봇 사용으로 밀려날 수 있는 인간 노동자의 생산 능력을 향상시킬 수 있는 제도적 지원 방안을 마련해야 한다.

④ 로봇의 생산 능력에 대한 고려 없이 과거 사례만으로 일자리가 감소하지 않을 것이라고 보는 것은 성급한 판단이다.

⑤ 로봇 기술의 발달을 통해 일자리를 늘리려면 지속적으로 일자리가 늘었던 산업 혁명의 경험에서 대안을 찾아야 한다.

05 다음 글에서 ㉠에 대한 반박으로 가장 적절한 것은?

> 인간은 사회 속에서만 자신을 더 나은 존재로 느낄 수 있기 때문에 자신을 사회화하고자 한다. 인간은 사회 속에서만 자신의 자연적 소질을 실현할 수 있는 것이다. 그러나 인간은 자신을 개별화하거나 고립시키려는 강한 성향도 있다. 이는 자신의 의도에 따라서만 행동하려는 반사회적인 특성을 의미한다. 그리고 저항하려는 성향이 자신뿐만 아니라 다른 사람에게도 있다는 사실을 알기 때문에, 그 자신도 곳곳에서 저항에 부딪히게 되리라 예상한다.
> 이러한 저항을 통하여 인간은 모든 능력을 일깨우고, 나태해지려는 성향을 극복하며, 명예욕이나 지배욕·소유욕 등에 따라 행동하게 된다. 그리하여 동시대인들 가운데에서 자신의 위치를 확보하게 된다. 이렇게 하여 인간은 야만의 상태에서 벗어나 문화를 이룩하기 위한 진정한 진보의 첫걸음을 내딛게 된다. 이때부터 모든 능력이 점차 계발되고 아름다움을 판정하는 능력도 형성된다. 나아가 자연적 소질에 의해 도덕성을 어렴풋하게 느끼기만 하던 상태에서 벗어나, 지속적인 계몽을 통하여 구체적인 실천 원리를 명료하게 인식할 수 있는 성숙한 단계로 접어든다. 그 결과 자연적인 감정을 기반으로 결합된 사회를 도덕적인 전체로 바꿀 수 있는 사유 방식이 확립된다.
> ㉠ <u>인간에게 이러한 반사회성이 없다면, 인간의 모든 재능은 꽃피지 못하고 만족감과 사랑으로 가득 찬 목가적인 삶 속에서 영원히 묻혀 버리고 말 것이다</u>. 그리고 양처럼 선량한 기질의 사람들은 가축 이상의 가치를 자신의 삶에 부여하기 힘들 것이다. 자연 상태에 머물지 않고 스스로의 목적을 성취하기 위해 자연적 소질을 계발하여 창조의 공백을 메울 때, 인간의 가치는 상승되기 때문이다.
> 불화와 시기와 경쟁을 일삼는 허영심, 막힐 줄 모르는 소유욕과 지배욕을 있게 한 자연에 감사하라! 인간은 조화를 원한다. 그러나 자연은 불화를 원한다. 자연은 무엇이 인간을 위해 좋은 것인지를 더 잘 알고 있기 때문이다. 인간은 안락하고 만족스럽게 살고자 한다. 그러나 자연은 인간이 나태와 수동적인 만족감으로부터 벗어나 노동과 고난 속으로 돌진하기를 원한다. 그렇게 함으로써 자연은 인간이 노동과 고난으로부터 현명하게 벗어날 수 있는 방법을 발견하게 한다.

① 인간의 본성은 변할 수 없다.
② 동물도 사회성을 키울 수 있다.
③ 사회성만으로도 재능이 계발될 수 있다.
④ 반사회성만으로도 재능이 계발될 수 있다.
⑤ 목가적인 삶 속에서도 반사회성이 생겨날 수 있다.

06 다음 글을 읽고 추론할 수 있는 내용으로 가장 적절한 것은?

> 어떤 시점에 당신만이 느끼는 어떤 감각을 지시하여 'W'라는 용어의 의미로 삼는다고 해 보자. 그 이후에 가끔 그 감각을 느끼게 되면, "'W'라고 불리는 그 감각이 나타났다."고 당신은 말할 것이다. 그렇지만 그 경우에 당신이 그 용어를 바르게 사용했는지 그렇지 않은지를 어떻게 결정할 수 있는가? 만에 하나 첫 번째 감각을 잘못 기억할 수도 있는 것이고, 혹은 실제로는 단지 희미하고 어렴풋한 유사성밖에 없는데도 첫 번째 감각과 두 번째 감각 사이에 밀접한 유사성이 있는 것으로 착각할 수도 있다. 더구나 그것이 착각인지 아닌지를 판단할 근거가 없다. 만약 'W'라는 용어의 의미가 당신만이 느끼는 그 감각에만 해당한다면, 'W'라는 용어의 올바른 사용과 잘못된 사용을 구분할 방법은 어디에도 없게 될 것이다. 올바른 적용에 관해 결정을 내릴 수 없는 용어는 아무런 의미도 갖지 않는다.

① 본인만이 느끼는 감각을 지시하는 용어는 아무 의미도 없다.
② 어떤 용어도 구체적 사례를 통해서 의미를 얻게 될 수 없다.
③ 감각을 지시하는 용어는 사용하는 사람에 따라 상대적인 의미를 갖는다.
④ 감각을 지시하는 용어의 의미는 그것이 무엇을 지시하는가와 아무 상관이 없다.
⑤ 감각을 지시하는 용어의 의미는 다른 사람들과 공유하는 의미로 확장될 수 있다.

07 다음 글의 서술방식에 대한 설명으로 가장 적절한 것은?

> 이튿날 옥단춘은 혈룡에게 뜻밖의 말을 하였다. "오늘은 평양 감사가 봄놀이로 연광정에서 잔치를 한다는 명을 내렸습니다. 내 아직 기생의 몸으로서 감사의 명을 거역하고 안 나갈 수 없으니 서방님은 잠시 용서하시고 집에 계시면 속히 돌아오겠습니다." 말을 하고 난 후에 옥단춘은 연광정으로 나갔다. 그 뒤에 이혈룡도 집을 나와서 비밀 수배한 역졸을 단속하고 연광정의 광경을 보려고 내려갔다. 이때 평양 감사 김진희는 도내 각 읍의 수령을 모두 청하여 큰 잔치를 벌였는데, 그 기구가 호화찬란하고 진수성찬의 배반(杯盤)이 낭자하였다. 이때는 춘삼월 호시절이었다. 좌우산천을 둘러보니 꽃이 피어 온통 꽃산이 되었고 나뭇잎은 피어서 온통 청산으로 변해 있었다.
>
> –『옥단춘전』

① 배경을 세밀하게 묘사하여 사건의 분위기를 조성하고 있다.
② 등장인물의 성격 변화를 통해 갈등과 긴장감을 극대화하고 있다.
③ 서술자가 직접 개입하여 인물의 행동과 심리를 드러내고 있다.
④ 과장과 희화화 수법을 활용하여 등장인물의 성격을 부각시키고 있다.
⑤ 과거와 현재를 오가며 이야기가 진행되고 있다.

08 다음 글의 문맥상 빈칸 (가) ~ (라)에 들어갈 말을 〈보기〉에서 골라 순서대로 바르게 나열한 것은?

> 심각한 수준의 멸종 위기에 처한 생태계를 보호하기 위해 생물다양성 관련 정책이 시행되고 있다. 먼저 보호지역 지정은 생물다양성을 보존하는 데 반드시 필요한 정책 수단이다. 이 정책 수단은 각국에 의해 빈번히 사용되었다. 그러나 보호지역의 숫자는 생물다양성의 보존과 지속가능한 이용 정책의 성공 여부를 피상적으로 알려주는 지표에 지나지 않으며, ____(가)____ 없이는 생물다양성의 감소를 막을 수 없다. 세계자연보전연맹에 따르면, 보호지역으로 지정되었음에도 실제로는 최소한의 것도 실시되지 않는 곳이 많다. 보호지역 관리에 충분한 인력을 투입하는 것은 보호지역 수를 늘리는 것만큼이나 필요하다.
> ____(나)____은/는 민간시장에서 '생물다양성 관련 제품과 서비스'가 갖는 가치와 사회 전체 내에서 그것이 갖는 가치 간의 격차를 해소하기 위해 도입된다. 이를 통해 생태계 훼손에 대한 비용 부담은 높이고 생물다양성의 보존, 강화, 복구 노력에 대해서는 보상을 한다. 상품으로서의 가치와 공공재로서의 가치 간의 격차를 좁히는 데에 원칙적으로 이 제도만큼 적합한 것이 없다.
> 생물다양성을 증가시키는 유인책 중에서 ____(다)____의 효과가 큰 편이다. 시장 형성이 마땅치 않아 이전에는 무료로 이용할 수 있었던 것에 대해 요금을 부과함으로써 생태계의 무분별한 이용을 억제하는 것이 이 제도의 골자이다. 최근 이 제도의 도입 사례가 증가하고 있으며 앞으로도 늘어날 전망이다.
> 생물다양성 친화적 제품 시장에 대한 전망에는 관련 정보를 지닌 소비자들이 ____(라)____을/를 선택할 것이라는 가정이 전제되어야 한다. 친환경 농산물, 무공해 비누, 생태 관광 등에 대한 인기가 증대되고 있는 현상은 소비자들이 친환경 제품이나 서비스에 더 비싼 값을 지불할 수도 있다는 사실을 보여주는 사례이다.

〈보기〉

ㄱ. 생태계 사용료	ㄴ. 경제적인 유인책
ㄷ. 생물다양성 보호 제품	ㄹ. 보호조치

	(가)	(나)	(다)	(라)
①	ㄱ	ㄴ	ㄹ	ㄷ
②	ㄴ	ㄱ	ㄷ	ㄹ
③	ㄴ	ㄹ	ㄷ	ㄱ
④	ㄹ	ㄱ	ㄷ	ㄴ
⑤	ㄹ	ㄴ	ㄱ	ㄷ

09 다음 ㉠~㉤ 중 단어의 쓰임이 적절하지 않은 것은?

> 보건복지부는 포용적 사회보장의 기반 마련을 위해 복지 대상자를 중심에 두고 필요한 정보를 연계·통합한 '차세대 사회보장 정보시스템' ㉠ 창안(創案) 계획을 발표했다. 이에 포괄적 사회보장 지원을 원하는 국민은 누구나 '복지 멤버십'의 회원으로 등록할 수 있다. 등록 시 조사에 동의한 가구·소득·재산 정보를 토대로 사회보장급여·서비스의 지원기준에 맞춰 정보시스템이 우선 대상자를 ㉡ 판정(判定)한다. 임신·출산·입학·실직·퇴직·중대 질병·장애 발생·입원 등 경제 상황 변동에 따른 사회보장 정보를 제공한다. 보건복지부 관계자는 "안내를 받은 국민이 사회보장급여와 서비스를 편리하게 신청할 수 있도록 하여 복지 ㉢ 사각(四角)지대를 해소하고, 정책개선 체감도를 높이고자 한다."라고 말했다.
> 빅데이터를 활용한 시스템도 도입한다. 기존에 단전·단수 정보나 건강 보험료 체납정보 등의 빅데이터 정보를 활용했지만, 앞으로는 단순 빈곤을 넘어 고립·관계단절·정신적·인지적 문제가 있는 경우까지 발굴할 수 있는 방안을 연구하고, 이에 대한 사회적 논의를 신중히 진행할 예정이다. 이를 위해 정부는 보건복지콜센터 상담사나 민간 복지기관 ㉣ 종사(從事)자 등 다양한 인적 안전망을 통해 들어오는 위기 정보를 체계적으로 관리하여 빅데이터 분석에 활용할 계획이다. 또한 고용 위기 등 기초자치단체에서 지역 특성을 고려해 자체적으로 위기가구를 분석하고, 원룸·고시원·판자촌 등 주민 등록 정보 관리가 어려운 지역은 위기 징표가 ㉤ 밀집(密集)된 곳의 위치정보를 제공할 계획이다.

① ㉠ 창안(創案)
② ㉡ 판정(判定)
③ ㉢ 사각(四脚)
④ ㉣ 종사(從事)
⑤ ㉤ 밀집(密集)

10 다음 글에서 ㉠ ~ ㉤의 수정 방안으로 적절하지 않은 것은?

> 심폐소생술은 심장과 폐의 활동이 갑자기 멈췄을 때 실시하는 응급조치를 말합니다. 심폐소생술은 크게 '의식 확인 및 119 신고 단계', '가슴 압박 단계', '인공호흡 단계'로 나눌 수 있습니다. 먼저 '의식 확인 및 119 신고 단계'에서는 환자를 바로 ㉠ 누운 후 어깨를 가볍게 치면서 상태를 확인합니다. 만약 의식이나 호흡이 없거나 자발적인 움직임이 없고 헐떡이는 등의 상태가 ㉡ 나타나지 않는다면, 즉시 주변 사람들 중 한 명을 지목해서 119에 신고하도록 하고 주변에 자동제세동기가 있다면 가져올 것을 요청합니다.
> 다음은 '가슴 압박 단계'입니다. 이 단계에서는 환자의 양쪽 젖꼭지 부위를 잇는 선의 정중앙 부분을 깍지 낀 손의 손바닥으로 힘껏 누릅니다. 이때, 팔꿈치는 ㉢ 폐고 팔은 환자의 가슴과 수직이 되어야 합니다. 가슴 압박 깊이는 적어도 5cm 이상으로 하고, 압박 속도는 분당 100회 이상 실시해야 합니다.
> 마지막으로 '인공호흡 단계'에서는 한 손으로는 환자의 이마를 뒤로 젖히고 다른 한 손으로는 턱을 들어 올려 ㉣ 열어줍니다. 그리고 이마를 젖힌 손의 엄지와 검지로 코를 막은 뒤 환자의 입에 숨을 2회 불어 넣습니다. 이때 곁눈질로 환자의 가슴이 상승하는지를 잘 살펴보아야 합니다. ㉤ 119 구급대나 자동제세동기가 도착할 때까지 가슴 압박과 인공호흡을 30 : 2의 비율로 반복합니다. 이후 환자가 스스로 숨을 쉬거나 움직임이 명확하게 나타난다면 심폐소생술을 중단할 수 있습니다.

① ㉠ : 목적어와 서술어의 호응 관계를 고려하여 '눕힌'으로 고친다.

② ㉡ : 문맥의 흐름을 고려하여 '나타나면'으로 고친다.

③ ㉢ : 맞춤법에 어긋나므로 '피고'로 고친다.

④ ㉣ : 필요한 문장 성분이 생략되었으므로 목적어 '기도를'을 앞에 추가한다.

⑤ ㉤ : 문장을 자연스럽게 연결하기 위해 문장 앞에 '그리고'를 추가한다.

11 농도가 서로 다른 소금물 A, B가 있다. 소금물 A를 200g, 소금물 B를 300g 섞으면 농도가 9%인 소금물이 되고, 소금물 A를 300g, 소금물 B를 200g 섞으면 농도 10%인 소금물이 될 때, 소금물 B의 농도는?

① 7%
② 10%
③ 13%
④ 20%
⑤ 25%

12 다음은 2018년부터 2024년까지 인구 10만 명당 사망자 수에 대한 자료이다. 이를 참고하여 작성한 그래프로 옳은 것은?(단, 모든 그래프의 단위는 '명'이다)

〈연도별 인구 10만 명당 사망자 수〉

(단위 : 명)

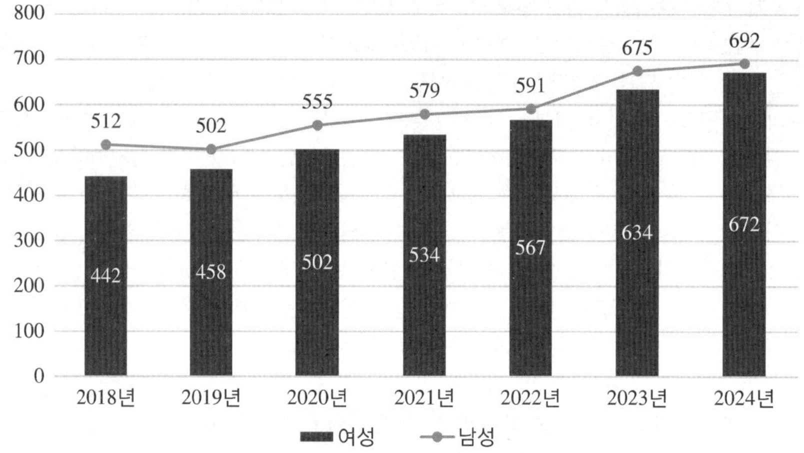

①

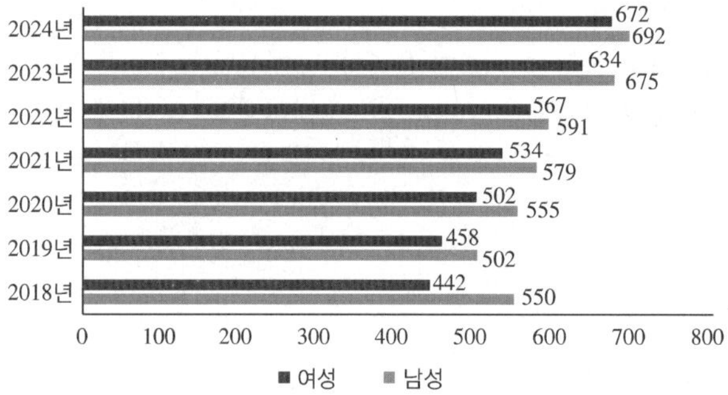

②

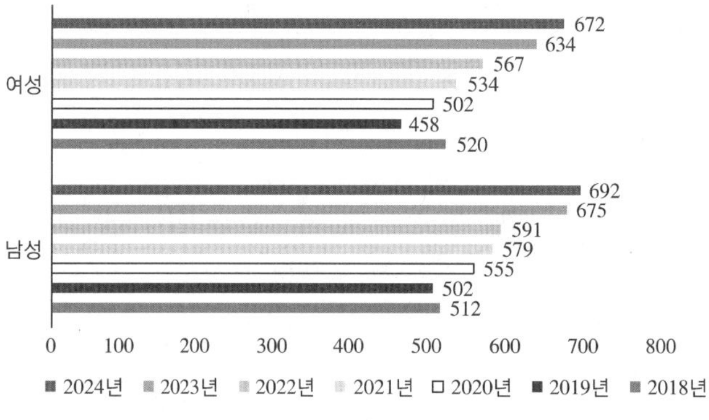

③

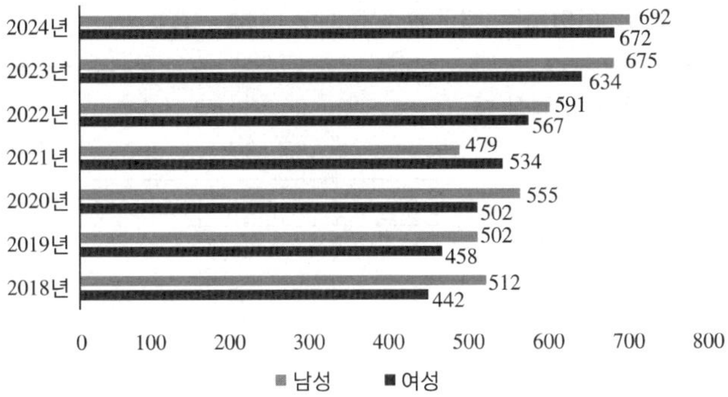

④

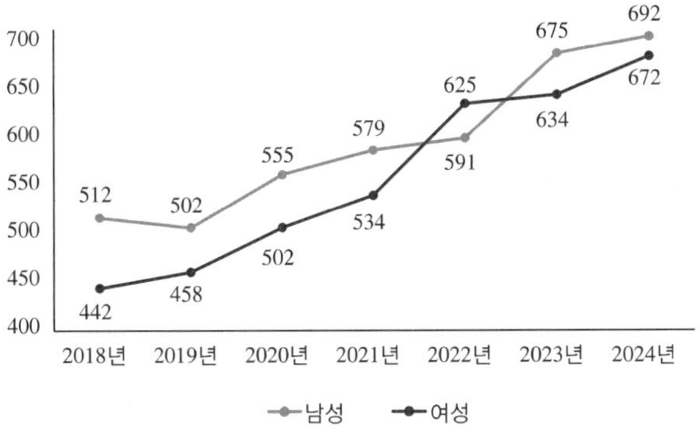

⑤

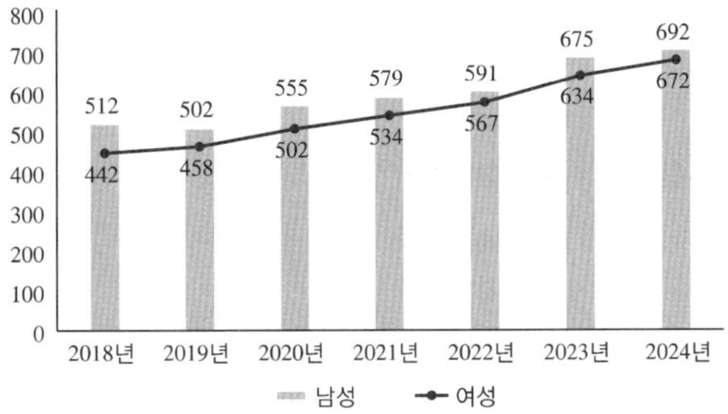

13 다음과 같은 일정한 규칙으로 수를 나열할 때 빈칸에 들어갈 수로 옳은 것은?

88　132　176　264　352　528　(　)

① 649
② 704
③ 715
④ 722
⑤ 743

※ 다음은 인구 고령화 추이를 나타낸 자료이다. 이어지는 질문에 답하시오. **[14~16]**

〈인구 고령화 추이〉

(단위 : %)

구분	2004년	2009년	2014년	2019년	2024년
노인부양비	5.2	7.0	11.3	15.6	22.1
고령화지수	19.7	27.6	43.1	69.9	107.1

※ [노인부양비(%)] $=\frac{(65\text{세 이상 인구})}{(15\sim64\text{세 인구})}\times100$

※ [고령화지수(%)] $=\frac{(65\text{세 이상 인구})}{(0\sim14\text{세 인구})}\times100$

14 다음 중 2004년 0 ~ 14세 인구가 50,000명이었을 때, 2004년 65세 이상 인구는 몇 명인가?

① 8,650명
② 8,750명
③ 9,850명
④ 9,950명
⑤ 10,650명

15 다음 중 2024년 고령화지수는 2019년 대비 몇 % 증가하였는가?(단, 소수점 첫째 자리에서 반올림한다)

① 31%
② 42%
③ 53%
④ 64%
⑤ 75%

16 다음 〈보기〉 중 자료에 대한 설명으로 옳은 것을 모두 고르면?

〈보기〉

㉠ 노인부양비 추이는 5년 단위로 계속 증가하고 있다.
㉡ 고령화지수 추이는 5년 단위로 같은 비율로 증가하고 있다.
㉢ 2009년 대비 2014년의 노인부양비 증가폭은 4.3%p이다.
㉣ 5년 단위의 고령화지수 증가폭은 2019년 대비 2024년의 증가폭이 가장 크다.

① ㉠, ㉡
② ㉠, ㉢
③ ㉠, ㉡, ㉢
④ ㉠, ㉢, ㉣
⑤ ㉠, ㉡, ㉢, ㉣

17 다음은 2019 ~ 2024년의 소유자별 국토 면적을 나타낸 자료이다. 이에 대한 설명으로 옳지 않은 것은?

〈소유자별 국토 면적〉

(단위 : km^2)

구분	2019년	2020년	2021년	2022년	2023년	2024년
전체	99,646	99,679	99,720	99,828	99,897	100,033
민유지	56,457	55,789	54,991	54,217	53,767	53,357
국유지	23,033	23,275	23,460	23,705	23,891	24,087
도유지	2,451	2,479	2,534	2,580	2,618	2,631
군유지	4,741	4,788	4,799	4,838	4,917	4,971
법인	5,207	5,464	5,734	5,926	6,105	6,287
비법인	7,377	7,495	7,828	8,197	8,251	8,283
기타	380	389	374	365	348	417

① 국유지 면적은 매년 증가하였고, 민유지 면적은 매년 감소하였다.
② 전년 대비 2020 ~ 2024년 군유지 면적의 증가량은 2023년에 가장 크다.
③ 2019년과 2024년을 비교했을 때 법인보다 국유지 면적의 차이가 크다.
④ 전체 국토 면적은 매년 조금씩 증가하고 있다.
⑤ 전년 대비 2024년 전체 국토 면적의 증가율은 1% 미만이다.

18 K공사에서 근무 중인 A사원은 거래처에 계약서를 전달해야 한다. K공사에서 거래처까지 갈 때는 국도를 이용하여 속력 80km/h로, K공사로 복귀할 때는 고속도로를 이용하여 속력 120km/h로 복귀하였다. A사원이 K공사에서 거래처까지 1시간 이내로 왕복했다면, 거래처와 K공사의 거리는 최대 몇 km인가?

① 44km
② 46km
③ 48km
④ 50km
⑤ 52km

19 철수는 서로 무게가 다른 5개의 상자 A ~ E의 무게를 비교하려고 한다. 다음 〈조건〉을 만족할 때, 상자를 무게 순서대로 바르게 나열한 것은?

〈조건〉

- $C+D<A$
- $A+C<E$
- $A+B>C+E$
- $B=C+D$

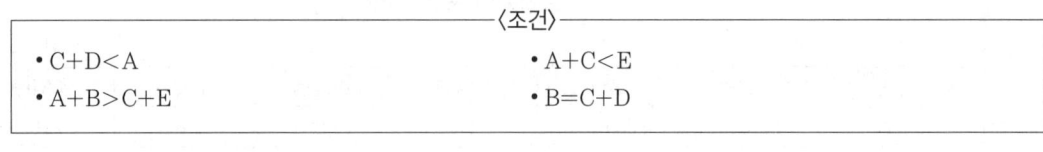

① $C<B<D<A<E$
② $C<D<B<A<E$
③ $C<D<E<B<A$
④ $D<A<B<C<E$
⑤ $D<C<B<A<E$

20 다음은 연도별 와이파이 공유기의 전체 판매량과 수출량의 변화 추이를 나타낸 자료이다. 이에 대한 설명으로 옳은 것은?

〈와이파이 공유기의 전체 판매량과 수출량의 변화 추이〉

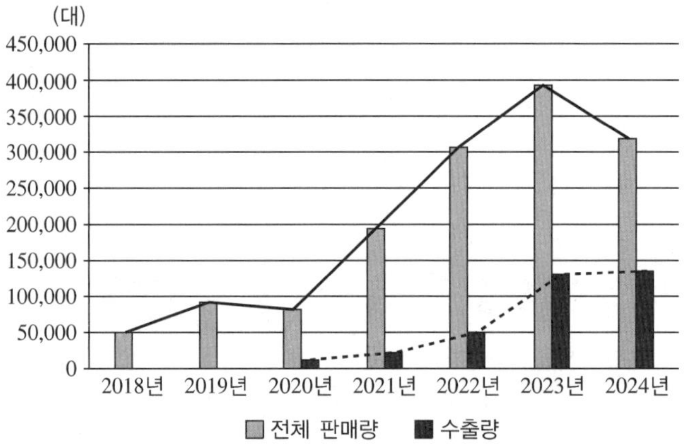

① 전체 판매량 중 수출량은 2020년에서 2023년까지 매년 증가하였다.
② 전체 판매량은 2020년에서 2024년까지 매년 증가하였다.
③ 2022 ~ 2023년 사이 수출량의 증가폭이 가장 크다.
④ 전체 판매량이 가장 많은 해는 2024년이다.
⑤ 수출량은 2018년부터 계속 증가하였다.

※ 다음 글을 읽고 이어지는 질문에 답하시오. [21~22]

〈상황〉

인스턴트 커피를 제조하고 판매하는 K사 기획팀에서 설탕과 프림을 넣지 않은 고급 인스턴트 블랙커피를 커피믹스와 같은 스틱 형태로 선보이겠다는 아이디어를 제시하였지만, 경영진의 반응은 차가웠다. K사의 커피믹스가 성황리에 판매되고 있었기 때문이었다.

〈회의 내용〉

기획팀 부장 : 신제품 개발과 관련된 회의를 진행하도록 하겠습니다. 이 자리는 누구에게 책임이 있는지를 묻는 회의가 아닙니다. 신제품 개발에 대한 서로의 상황을 인지하고 문제 상황을 해결하자는 데 그 의미가 있습니다. 먼저 신제품 개발과 관련하여 마케팅팀 의견을 제시해 주십시오.

마케팅 부장 : A제품이 생산될 수 있도록 연구소 자체 공장에 파일럿 라인을 만들어 샘플을 생산하였으면 합니다.

연구소 소장 : 성공 여부가 불투명한 신제품을 위한 파일럿 라인을 만들기는 어렵습니다.

기획팀 부장 : 조금이라도 신제품 개발을 위해 생산현장에서 무언가 협력할 방안은 없을까요?

마케팅 부장 : 고급 인스턴트 커피의 생산이 가능한지를 먼저 알아본 후 한 단계씩 전진하면 어떨까요?

기획팀 부장 : 좋은 의견인 것 같습니다. 소장님은 어떻게 생각하십니까?

연구소 소장 : 커피 전문점 수준의 고급 인스턴트 커피를 만들기 위해서는 최대한 커피 전문점이 만드는 커피와 비슷한 과정을 거쳐야 할 것 같습니다.

마케팅 부장 : 그렇습니다. 하지만 100% 커피전문점 원두커피를 만드는 것이 아닙니다. 전문점 커피를 100%로 봤을 때, 80 ~ 90% 정도 수준이면 됩니다.

연구소 소장 : 퀄리티는 높이고 일회용 스틱 형태의 제품인 믹스의 사용 편리성은 그대로 두자는 말씀이죠?

마케팅 부장 : 그렇습니다. 우선 커피를 추출하는 장비가 필요합니다. 또한 액체인 커피를 봉지에 담지 못하니 동결건조방식을 활용해야 할 것 같습니다.

연구소 소장 : 보통 믹스커피는 하루 1t 분량의 커피를 만들 수 있는데, 이야기한 방법으로는 하루에 100kg도 못 만듭니다.

마케팅 부장 : 예, 잘 알겠습니다. 그 부분에 대해서는 조금 더 논의가 필요할 것 같습니다. 검토해 보겠습니다.

21 다음 중 마케팅 부장이 취하고 있는 문제해결 방법은?

① 창의적 사고
② 비판적 사고
③ 퍼실리테이션
④ 하드 어프로치
⑤ 소프트 어프로치

22 다음 중 K사의 신제품 개발과 관련하여 가장 필요했던 것은?

① 전략적 사고
② 분석적 사고
③ 발상의 전환
④ 성과지향 사고
⑤ 내・외부자원의 효과적 활용

23 갑은 효율적인 월급 관리를 위해 펀드에 가입하고자 한다. A ~ D펀드 중에 하나를 골라 가입하려고 하는데, 안정적이고 우수한 펀드에 가입하기 위해 〈조건〉에 따라 비교하여 다음과 같은 결과를 얻었다. 〈보기〉 중 옳은 것을 모두 고르면?

〈조건〉

- 둘을 비교하여 우열을 가릴 수 있으면 우수한 쪽에는 5점, 아닌 쪽에는 2점을 부여한다.
- 둘을 비교하여 어느 한 쪽이 우수하다고 말할 수 없는 경우에는 둘 다 0점을 부여한다.
- 각 펀드는 다른 펀드 중 두 개를 골라 총 4번의 비교를 했다.
- 총합의 점수로는 우열을 가릴 수 없으며, 각 펀드와의 비교를 통해서만 우열을 가릴 수 있다.

〈결과〉

A펀드	B펀드	C펀드	D펀드
7점	7점	4점	10점

〈보기〉

ㄱ. D펀드는 C펀드보다 우수하다.
ㄴ. B펀드가 D펀드보다 우수하다고 말할 수 없다.
ㄷ. A펀드와 B펀드의 우열을 가릴 수 있으면 A ~ D까지의 우열 순위를 매길 수 있다.

① ㄱ
② ㄱ, ㄴ
③ ㄱ, ㄷ
④ ㄴ, ㄷ
⑤ ㄱ, ㄴ, ㄷ

24 다음 글과 상황을 근거로 판단할 때, 갑이 납부해야 하는 송달료의 합계는?

송달이란 소송의 당사자와 그 밖의 이해관계인에게 소송상의 서류의 내용을 알 수 있는 기회를 주기 위해 법에서 정한 방식에 따라 하는 통지행위를 말하며, 송달에 드는 비용을 송달료라고 한다. 소 또는 상소를 제기하려는 사람은 소장이나 상소장을 제출할 때 당사자 수에 따른 계산방식으로 산출된 송달료를 수납은행(대부분 법원구내 은행)에 납부하고, 그 은행으로부터 교부받은 송달료납부서를 소장이나 상소장에 첨부하여야 한다. 송달료 납부의 기준은 아래와 같다.

- 소 또는 상소 제기 시 납부해야 할 송달료
  가. 민사 제1심 소액사건 : (당사자 수)×(송달료 10회분)
  나. 민사 제1심 소액사건 이외의 사건 : (당사자 수)×(송달료 15회분)
  다. 민사 항소사건 : (당사자 수)×(송달료 12회분)
  라. 민사 상고사건 : (당사자 수)×(송달료 8회분)
- 송달료 1회분 : 3,200원
- 당사자 : 원고, 피고
- 사건의 구별
  가. 소액사건 : 소가 2,000만 원 이하의 사건
  나. 소액사건 이외의 사건 : 소가 2,000만 원을 초과하는 사건
  ※ 소가(訴價)는 원고가 승소하면 얻게 될 경제적 이익을 화폐단위로 평가한 금액을 말함

〈상황〉

갑은 보행로에서 자전거를 타다가 을의 상품진열대에 부딪쳐서 부상을 당하였고, 이 상황을 병이 목격하였다. 갑은 을에게 자신의 병원치료비와 위자료를 요구하였다. 그러나 을은 갑의 잘못으로 부상당했고 자신에게는 책임이 없으며, 오히려 갑 때문에 진열대가 파손되어 손해가 발생했으므로 갑이 손해를 배상해야 한다고 주장하였다. 갑은 자신을 원고로, 을을 피고로 하여 병원치료비와 위자료로 2,000만 원을 요구하는 소를 제기하였다. 제1심 법원은 증인 병의 증언을 바탕으로 갑에게 책임이 있다는 을의 주장이 옳다고 인정하여, 갑의 청구를 기각하는 판결을 선고하였다. 이 판결에 대해서 갑은 항소를 제기하였다.

① 76,800원
② 104,800원
③ 124,800원
④ 140,800원
⑤ 172,800원

25 다음 SWOT 분석 결과를 바탕으로 국내 섬유 산업이 발전할 수 있는 방안으로 적절한 것을 〈보기〉에서 모두 고르면?

〈섬유 산업의 SWOT 분석 결과〉

강점(Strength)	약점(Weakness)
• 빠른 제품 개발 시스템	• 기능 인력 부족 심화 • 인건비 상승
기회(Opportunity)	**위협(Threat)**
• 한류의 영향으로 한국 제품 선호 • 국내 기업의 첨단 소재 개발 성공	• 외국산 저가 제품 공세 강화 • 선진국의 기술 보호주의

〈보기〉

ㄱ. 한류 배우를 모델로 브랜드 홍보 전략을 추진한다.
ㄴ. 단순 노동 집약적인 소품종 대량생산 체제를 갖춘다.
ㄷ. 소비자 기호를 빠르게 분석하여 제품 생산에 반영한다.
ㄹ. 선진국의 원천 기술을 이용한 기능성 섬유를 생산한다.

① ㄱ, ㄴ
② ㄱ, ㄷ
③ ㄴ, ㄷ
④ ㄴ, ㄹ
⑤ ㄷ, ㄹ

26 A ~ D 네 사람은 한 아파트에 살고 있고, 이 아파트는 1층과 2층, 층별로 1호, 2호로 구성되어 있다. 다음 〈조건〉을 참고할 때, 〈보기〉 중 옳은 것을 모두 고르면?

〈조건〉

• 각 집에는 한 명씩만 산다.
• D는 2호에 살고, A는 C보다 위층에 산다.
• B와 C는 서로 다른 호수에 산다.
• A와 B는 이웃해 있다.

〈보기〉

㉠ 1층 1호 – C
㉡ 1층 2호 – B
㉢ 2층 1호 – A
㉣ 2층 2호 – D

① ㉠, ㉡
② ㉠, ㉢
③ ㉡, ㉢
④ ㉡, ㉣
⑤ ㉠, ㉡, ㉢, ㉣

27 K공사는 사무실 배치를 새롭게 바꾸기로 하였다. 다음 고려사항을 참고하여 배치하려고 할 때 (가로) 3,000mm×(세로) 3,400mm인 직사각형의 사무실에 가능한 가구 배치는?

〈배치 시 고려사항〉

- 사무실 문을 여닫는 데 1,000mm의 간격이 필요함
- 서랍장의 서랍(• 로 표시하며, 가로면 전체에 위치)을 열려면 400mm의 간격이 필요(회의 탁자, 책상, 캐비닛은 서랍 없음)하며, 반드시 여닫을 수 있어야 함
- 붙박이 수납장 문을 열려면 앞면 전체에 550mm의 간격이 필요하며, 반드시 여닫을 수 있어야 함
- 가구들은 쌓을 수 없음
- 각각의 가구는 사무실에 넣을 수 있는 것으로 가정함
  - 회의 탁자 : (가로) 1,500mm×(세로) 2,110mm
  - 책상 : (가로) 450mm×(세로) 450mm
  - 서랍장 : (가로) 1,100mm×(세로) 500mm
  - 캐비닛 : (가로) 1,000mm×(세로) 300mm
  - 붙박이 수납장은 벽 한 면 전체를 남김없이 차지함(깊이 650mm)

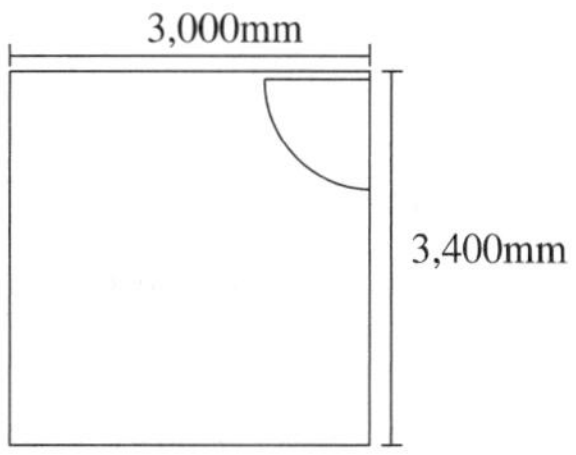

①

②
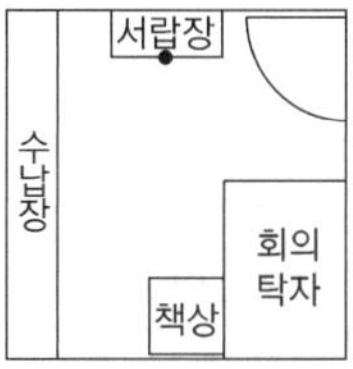

③

④
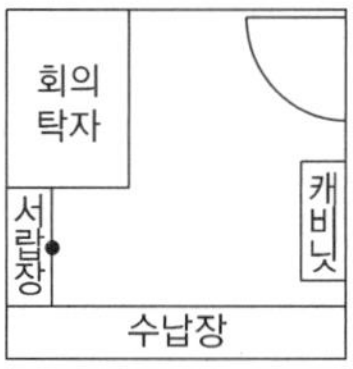

⑤

28 다음 글과 〈조건〉을 토대로 바르게 추론한 것을 〈보기〉에서 모두 고르면?

(가)~(마)팀이 현재 수행하고 있는 과제의 수는 다음과 같다.
- (가)팀 : 0개
- (나)팀 : 1개
- (다)팀 : 2개
- (라)팀 : 2개
- (마)팀 : 3개

이 과제에 추가하여 8개의 새로운 과제 a~h를 다음 〈조건〉에 따라 (가)~(마)팀에 배정한다.

〈조건〉

- 어느 팀이든 새로운 과제를 적어도 하나는 맡아야 한다.
- 기존에 수행하던 과제를 포함해서 한 팀이 맡을 수 있는 과제는 최대 4개이다.
- 기존에 수행하던 과제를 포함해서 4개 과제를 맡는 팀은 둘이다.
- a, b는 한 팀이 맡아야 한다.
- c, d, e는 한 팀이 맡아야 한다.

〈보기〉

ㄱ. a를 (나)팀이 맡을 수 없다.
ㄴ. f를 (가)팀이 맡을 수 있다.
ㄷ. 기존에 수행하던 과제를 포함해서 2개 과제를 맡는 팀이 반드시 있다.

① ㄱ
② ㄴ
③ ㄱ, ㄷ
④ ㄴ, ㄷ
⑤ ㄱ, ㄴ, ㄷ

29 다음은 업무 수행 과정에서 발생하는 문제의 유형 3가지를 소개한 자료이다. 〈보기〉의 사례와 문제의 유형을 바르게 연결한 것은?

〈문제의 유형〉

발생형 문제	현재 직면한 문제로, 어떤 기준에 대하여 이탈 또는 미달함으로써 발생하는 문제이다.
탐색형 문제	탐색하지 않으면 나타나지 않는 문제로, 현재 상황을 개선하거나 효율을 더 높이기 위해 발생하는 문제이다.
설정형 문제	미래지향적인 새로운 과제 또는 목표를 설정하면서 발생하는 문제이다.

〈보기〉

(가) A회사는 초콜릿 과자에서 애벌레로 보이는 곤충 사체가 발견되어 과자 제조과정에 대해 고민하고 있다.
(나) B회사는 점차 다가오는 초고령사회에 대비하여 노인들을 위한 애플리케이션을 개발하기로 했다.
(다) C회사는 현재의 충전지보다 더 많은 전압을 회복시킬 수 있는 충전지를 연구하고 있다.
(라) D회사는 발전하고 있는 드론시대를 위해 드론센터를 건립하기로 결정했다.
(마) E회사는 업무 효율을 높이기 위해 근로시간을 단축하기로 결정했다.
(바) F회사는 올해 개발한 침대에 방사능이 검출되어 안전기준에 부적합 판정을 받았다.

	발생형 문제	탐색형 문제	설정형 문제
①	(가), (바)	(다), (마)	(나), (라)
②	(가), (바)	(마), (라)	(다), (나)
③	(나), (다)	(가), (바)	(라), (마)
④	(나), (다)	(마), (바)	(가), (라)
⑤	(다), (바)	(가), (나)	(라), (마)

30 형준, 연재, 영호, 소정이가 언어영역, 수리영역, 외국어영역으로 구성된 시험을 본 뒤 채점을 해보니 다음 〈조건〉과 같은 결과가 나타났다고 할 때, 항상 참인 것은?

〈조건〉

㉠ 형준이는 언어영역에서 1위이고, 수리영역에서는 연재보다 잘했다.
㉡ 연재는 수리영역 4위가 아니다.
㉢ 소정이는 외국어영역에서 형준이보다 못했다.
㉣ 형준이는 외국어영역에서 영호와 연재에게만 뒤처졌다.
㉤ 영호는 언어영역에서 4위를 했고, 수리영역은 연재보다 못했다.
㉥ 동점자는 존재하지 않는다.
㉦ 형준이는 수리영역에서 소정이보다 못했다.
㉧ 소정이의 외국어영역 순위는 연재의 수리영역 순위에 1을 더한 것과 같다.
㉨ 평소에 소정이의 언어영역 점수는 연재의 언어영역 점수보다 좋지 않은 편이었다.

① 언어영역 2위는 연재이다.
② 외국어영역 3위는 형준이다.
③ 영호는 세 과목에서 모두 4위이다.
④ 연재의 언어영역 순위에 1을 더한 값은 형준이의 외국어영역 순위와 같다.
⑤ 소정이는 영호보다 모든 과목에서 순위가 높다.

31 다음 중 편의품 등의 경우에서 많이 사용되는 유통경로 전략은?

① 집약적 유통
② 전속적 유통
③ 선택적 유통
④ 통합적 유통
⑤ 수직적 유통

32 다음 설명에 해당하는 인사고과의 오류는?

- 현혹 효과라고도 하며, 평가 항목을 줄이거나 다수의 평가자가 동시에 평가함에 따라 나타난다.
- 특정 분야에서의 인상이 다른 분야의 평가에 영향을 미친다.
- 특성에 도덕적 의미가 포함되어 있거나 행동적 표현이 불분명한 경우 많이 나타난다.

① 헤일로 효과
② 상동적 태도
③ 항상 오차
④ 논리 오차
⑤ 대비 오차

33 다음 중 기대이론에서 동기부여를 유발하는 요인에 대한 설명으로 옳지 않은 것은?

① 수단성이 높아야 동기부여가 된다.
② 기대가 높아야 동기부여가 된다.
③ 조직에 대한 신뢰가 클수록 수단성이 높아진다.
④ 가치관에 부합되는 보상이 주어질수록 유의성이 높아진다.
⑤ 종업원들은 주어진 보상에 대하여 동일한 유의성을 갖는다.

34 다음 중 동기부여 이론에 대한 설명으로 옳지 않은 것은?

① 로크(Locke)의 목표설정 이론은 추후 목표에 의한 관리(MBO)의 이론적인 기반이 되었다.
② 허즈버그(Herzberg)의 2요인 이론에 따르면 임금수준이 높아질수록 직무에 대한 만족도 또한 높아진다.
③ 애덤스(Adams)의 공정성 이론은 다른 사람과의 상대적인 관계에서 동기요인이 작용한다는 것을 강조한다.
④ 조직의 관점에서 동기부여는 목표 달성을 위한 종업원의 지속적 노력을 효과적으로 발생시키는 것을 의미한다.
⑤ 브룸(Vroom)의 기대이론에 따르면 유의성은 결과에 대한 개인의 선호도를 나타내는 것으로 동기를 유발시키는 힘 또는 가치를 뜻한다.

35 다음 중 보너스 산정 방식에서 스캔런 플랜(Scanlon Plan)에 대한 설명으로 옳은 것은?

① 보너스 산정 비율은 생산액에 있어서 재료 및 에너지 등을 포함하여 계산한다.
② 노동비용을 판매액에서 재료 및 에너지, 간접비용을 제외한 부가가치로 나누어 계산한다.
③ 종업원의 참여는 거의 고려되지 않고 산업공학기법을 이용한 공식을 활용하여 계산한다.
④ 성과측정의 기준으로서 노동비용이나 생산비용, 생산 이외에도 품질 향상, 소비자 만족 등 각 기업이 중요성을 부여하는 부분에 초점을 둔 새로운 지표를 사용하여 계산한다.
⑤ 생산단위당 표준노동시간을 기준으로 노동생산성 및 비용 등을 산정하여 조직의 효율성을 보다 직접적으로 측정하여 계산한다.

36 다음 중 교육훈련 방법에 해당하지 않는 것은?

① OJT(On – the – Job Training)
② 역할연기법(Role Playing)
③ 델파이법(Delphi Method)
④ 집단구축 기법(Team Building)
⑤ 인바스켓 훈련(In – Basket Training)

37 **다음 중 마케팅 전략에 영향을 미치는 거시적 환경으로 옳지 않은 것은?**

① 인구통계적 환경
② 기업내부 환경
③ 경제적 환경
④ 기술적 환경
⑤ 문화적 환경

38 **다음 중 브레인스토밍에서 지켜야 할 규칙으로 옳지 않은 것은?**

① 전문가, 일반인과 관계없이 참여 대상에 제한을 두지 않는다.
② 개인의 아이디어에 대해 비판이나 비난을 하지 않는다.
③ 최대한 많은 아이디어가 나오도록 유도한다.
④ 타인의 의견을 자신의 의견에 차용하여 보완하거나 발전시키도록 한다.
⑤ 참가자들의 익명성을 최대한 보장하여 자유롭게 이야기할 수 있게 한다.

39 **다음 중 집단성과 배분제도 도입 시 예상되는 효과로 옳지 않은 것은?**

① 근로자가 단기적 성과를 만들어내는 데 치중하여 업무 집중력이 떨어질 수 있다.
② 회사와 조직 간 수익 불일치가 발생하여 회사의 자본축적이 어려울 수 있다.
③ 임금의 안정성이 증가하여 근로자들의 파업이 줄어들게 된다.
④ 새로운 기계나 기술이 도입될 경우 보너스가 줄어들 수 있어 근로자들이 신기술 개발에 부정적일 수 있다.
⑤ 집단성과 배분제도 운영을 위한 자원 투입비용이 증가한다.

40 다음 중 ISO 26000에 대한 설명으로 옳지 않은 것은?

① 국제표준화기구(ISO)에서 개발한 기업의 사회적 책임에 대한 국제표준이다.
② 2010년에 제정 및 발표되었다.
③ 책임성, 투명성, 윤리적 행동 등 총 7개의 기본원칙으로 구성된다.
④ 기업의 사회적 책임을 위한 기존 방법이나 계획을 대체하는 역할을 한다.
⑤ 기업의 사회적 책임에 대한 공동의 이해를 증진시키는 것을 목표로 한다.

41 다음 중 자본집약도가 높은 사업에 해당하지 않는 것은?

① 자동차 생산공장
② 화학비료 생산공장
③ 신소재 생산공장
④ 반도체 생산공장
⑤ 의류 생산공장

42 다음 중 포드 시스템(Ford System)에 대한 설명으로 옳지 않은 것은?

① 동시 관리
② 차별적 성과급제
③ 이동조립법
④ 저가격 고임금
⑤ 연속생산공정

43 다음 중 조직 구성원이 공식적으로 주어진 임무 이외의 일을 기꺼이 자발적으로 수행하는 것은?

① 집단사고(Groupthink)
② 직무만족(Job Satisfaction)
③ 직무몰입(Job Involvement)
④ 감정노동(Emotional Labor)
⑤ 조직시민행동(Organizational Citizenship Behavior)

44 다음 중 논리 오차를 제거할 방법으로 옳지 않은 것은?

① 객관적으로 관찰이 가능한 사실만 평가한다.
② 평가 요소에 대한 충분한 설명을 실시한다.
③ 주관적 관점을 제거하고, 인사 평가 기준대로 평가한다.
④ 비슷한 유형의 평가 요소에 대해서는 시간 간격을 두고 평가한다.
⑤ 피평가자의 점수를 일정한 비율로 배분하여 평가한다.

45 다음 중 패널조사와 같이 다시점 조사 방법에 해당하는 것은?

① FGI 설문법
② 탐색조사
③ 서베이법
④ 종단조사
⑤ 횡단조사

46 다음 중 임금 산정 방법의 성격이 비슷한 유형으로 묶인 것은?

① 시간급, 변동급, 직무급
② 시간급, 고정급, 직무급
③ 성과급, 고정급, 연공급
④ 성과급, 연공급, 직무급
⑤ 성과급, 변동급, 직무급

47 다음 중 기업이 글로벌 전략을 수행하는 이유로 옳지 않은 것은?

① 규모의 경제를 달성하기 위해
② 세계 시장에서의 협력 강화를 위해
③ 현지 시장으로의 효과적인 진출을 위해
④ 기업구조를 개편하여 경영의 효율성을 높이고 리스크를 줄이기 위해
⑤ 저임금 노동력을 활용하여 생산단가를 낮추기 위해

48 다음 중 유통업자의 판매촉진에 해당하지 않는 것은?

① 판매량에 대한 콘테스트 실시
② 구매시점광고(Point – of – Purchase Advertising)의 지원
③ 자사 제품을 소비자에게 잘 보이는 곳에 배치했을 때 제공하는 진열보조금
④ 소비자에게 특정 제품을 소량으로 포장하여 무료로 제공하는 샘플
⑤ 소매업자의 광고비용을 보상해 주는 광고 공제

49 다음은 통계적 품질관리(SQC)에 대한 대화 내용이다. 바르게 설명한 사람은 모두 몇 명인가?

> 진영 : 원자재 불량, 공구 마모, 작업자의 부주의 등 특별한 원인으로 발생하는 변동을 우연변동이라고 해.
> 준호 : 우연변동은 통계적 공정관리에서는 제거의 대상으로 여기지 않지만, 이상변동은 반드시 그 원인을 찾아서 제거해야 하는 대상이야.
> 민영 : 관리한계선의 폭을 좁게 할수록 1종 오류가 커지고, 폭을 넓게 할수록 2종 오류가 커져.
> 아현 : 관리도의 독립성에서 데이터들 사이는 서로 부분 집단적이어야 해.

① 없음　　② 1명
③ 2명　　④ 3명
⑤ 4명

50 다음 중 GT(Group Technology)에 대한 설명으로 옳은 것은?

① 기업 전체의 경영자원을 최적으로 활용하기 위하여 업무 기능의 효율화를 추구한다.
② 설계와 관련된 엔지니어링 지식을 병렬적으로 통합한다.
③ 제품설계, 공정설계, 생산을 완전히 통합한다.
④ 원가절감과 기능개선을 목적으로 가치를 향상시킨다.
⑤ 다품종 소량생산에서 유사한 가공물들을 집약 · 가공할 수 있도록 부품설계, 작업표준, 가공 등을 계통화시켜 생산효율을 높인다.

51 다음 중 마일즈 & 스노우 전략(Miles & Snow Strategy)에서 방어형에 대한 설명으로 옳은 것은?

① 새로운 시도에 적극적이며 업계의 기술 · 제품 · 시장 트렌드를 선도하는 업체들이 주로 사용하는 전략이다.
② Fast Follower 전략으로, 리스크가 낮다는 장점이 있다.
③ 시장 상황에 맞추어 반응하고 아무런 전략을 취하지 않는 무전략 상태이다.
④ 새로운 기술에 관심도가 높으며 열린 마인드와 혁신적 마인드가 중요하다.
⑤ 기존 제품을 활용하여 기존 시장을 공략하는 전략이다.

52 다음 중 기업의 사회적 책임(CSR)의 내용으로 옳지 않은 것은?

① 기업의 유지 및 발전에 대한 책임
② 기업의 후계자 육성에 대한 책임
③ 기업 주주의 부(Wealth)의 극대화에 대한 책임
④ 기업의 다양한 이해 조정에 대한 책임
⑤ 정부에 대한 책임

53 다음 중 직무평가 방법에 대한 설명으로 옳지 않은 것은?

① 직무평가란 직무별 보상수준을 결정하기 위해 직무의 상대적인 가치를 비교·분석하는 일련의 평가 과정으로, 주로 서열법, 직무분류법, 점수법, 요소비교법을 활용한다.
② 서열법은 전체적이고 포괄적인 관점에서 각 직무를 상호 비교하여 순위를 결정하는 방법이다.
③ 직무분류법은 서로 다른 직무를 함께 묶어서 직무를 분류하고, 그 분류된 직무의 난이도와 책임 정도에 따라 등급을 매긴 후 그 등급에 맞는 급료를 정하는 것이다.
④ 요소비교법은 기준직무 가치를 합리적으로 설정해 놓으면 직무 간 평가를 객관적으로 비교하기 용이하다.
⑤ 점수법은 평가요소 종목의 선택과 각 항목에 점수를 배정하는 방법에서 중요도를 설정하는 데 어려움이 있다.

54 다음 중 기업 다각화의 목적으로 옳지 않은 것은?

① 새로운 성장동력 추구
② 사업 부문별 리스크 분산
③ 시장지배력 강화
④ 자본 및 인력 확보
⑤ 규모의 경제 추구

55 다음 중 소비자들에게 타사 제품과 비교하여 자사 제품에 대한 차별화된 이미지를 심어주기 위한 계획적인 전략접근법은?

① 포지셔닝 전략
② 시장세분화 전략
③ 가격차별화 전략
④ 제품차별화 전략
⑤ 비가격경쟁 전략

56 **다음 중 테일러의 과학적 관리법에 대한 설명으로 옳지 않은 것은?**

① 현대의 경영학과 산업공학의 근본 이론으로 볼 수 있다.
② 노동자와 관리자가 비슷한 수준의 분업과 책임감을 가지도록 한다.
③ 객관적인 지표에 따라 노동자의 훈련방식을 선택하여 훈련한다.
④ 노동자의 작업요소를 기존 경험을 토대로 분석하여 판단한다.
⑤ 노동자의 성과창출을 위해 적절한 인센티브와 임금을 지급한다.

57 **다음 중 U자형 배치에 대한 설명으로 옳지 않은 것은?**

① 다양한 수요 변화에 대응하기 쉬운 배치 형태이다.
② 작업의 단순화 및 지속적인 개선 사항 반영을 통해 공정별 배치를 개선하였다.
③ 주요 원칙으로 작업량 공평의 원칙, 다공정 담당의 원칙 등이 있다.
④ 공간이 적게 소요되고, 작업의 유연성을 증가시킬 수 있다.
⑤ 재배치에 따른 추가 비용이 소요되고, 생산시설 전용률이 떨어질 수 있다.

58 **다음 중 코즈 마케팅에 대한 설명으로 옳지 않은 것은?**

① 제품 판매와 기부활동을 연결하는 마케팅 전략이다.
② 소비자에게 착한 소비라는 동기를 유발하여 매출을 증대하는 것이 목적이다.
③ 사회적 기여에 대한 내용을 알리기 위한 광고비용이 많이 소요된다.
④ 합리적인 가격으로 소비자의 쉬운 참여를 유도하는 것이 중요하다.
⑤ 주로 대기업보다는 규모가 크지 않은 중소기업에서 활용하는 경우가 많다.

59 다음 중 생산시스템 측면에서 신제품 개발 프로세스를 순서대로 바르게 나열한 것은?

ㄱ. 아이디어 창출	ㄴ. 제품 선정
ㄷ. 최종 설계	ㄹ. 설계의 평가 및 개선
ㅁ. 제품원형 개발 및 시험 마케팅	ㅂ. 예비 설계

① ㄱ → ㄴ → ㅂ → ㄹ → ㅁ → ㄷ
② ㄱ → ㄷ → ㅁ → ㄹ → ㄴ → ㅂ
③ ㄴ → ㄱ → ㄷ → ㅁ → ㄹ → ㅂ
④ ㄴ → ㅁ → ㄹ → ㄱ → ㄷ → ㅂ
⑤ ㄷ → ㄹ → ㄴ → ㅁ → ㄱ → ㅂ

60 다음 대화 내용 중 시스템 이론에 대해 바르지 않게 설명하는 사람은?

창민 : 시스템 이론이란 자연과학에서 보편화되어 온 일반 시스템 이론을 경영학 연구에 응용한 것이야.
철수 : 시스템은 외부환경과 상호작용이 일어나느냐의 여부에 따라 개방시스템과 폐쇄시스템으로 나누어지는데, 일반적으로 시스템 이론은 개방시스템을 의미해.
영희 : 시스템의 기본구조에 의하면 투입은 각종 자원을 뜻하는데, 인적자원과 물적자원, 재무자원, 정보 등 기업이 목적달성을 위해 투입하는 모든 에너지가 여기에 속해.
준수 : 시스템 이론에서 조직이라는 것은 각종 상호의존적인 요인들의 총합체이므로, 관리자는 조직의 목표를 달성하기 위해 조직 내의 모든 요인들이 적절히 상호작용하고 조화로우며 균형을 이룰 수 있게 해야 해.
정인 : 시스템 이론은 모든 상황에 동일하게 적용될 수 있는 이론은 없다고 보면서, 상황과 조직이 어떠한 관계를 맺고 있으며 이들 간에 어떠한 관계가 성립할 때 조직 유효성이 높아지는가를 연구하는 이론이야.

① 창민
② 철수
③ 영희
④ 준수
⑤ 정인

61 다음은 철도산업발전기본법상 철도산업발전기본계획의 수립에 대한 설명이다. 밑줄 친 경미한 변경에 해당하는 범위는 철도시설투자사업 규모의 어느 범위 이내인가?

> 철도산업발전기본계획의 수립 등(철도산업발전기본법 제5조 제4항)
> 국토교통부장관은 기본계획을 수립하고자 하는 때에는 미리 기본계획과 관련이 있는 행정기관의 장과 협의한 후 제6조에 따른 철도산업위원회의 심의를 거쳐야 한다. 수립된 기본계획을 변경(대통령령으로 정하는 경미한 변경은 제외한다)하고자 하는 때에도 또한 같다.

① 10분의 1 이내
② 50분의 1 이내
③ 100분의 1 이내
④ 200분의 1 이내
⑤ 500분의 1 이내

62 다음 중 한국철도공사법상 한국철도공사가 아닌 자가 한국철도공사와 유사한 명칭을 사용한 경우 부과할 수 있는 과태료는?

① 500만 원
② 1,000만 원
③ 2,000만 원
④ 3,000만 원
⑤ 5,000만 원

63 다음 중 철도산업발전기본법령에서 철도자산의 관리업무를 민간위탁하고자 할 때 계약에 포함되지 않는 것은?

① 위탁대가의 지급에 관한 사항
② 위탁계약기간의 수정에 관한 사항
③ 위탁대상시설의 재위탁에 관한 사항
④ 위탁대상 철도자산의 관리에 관한 사항
⑤ 위탁업무에 대한 관리 및 감독에 관한 사항

64 **다음 중 철도사업법령상 국토교통부장관이 여객운임의 상한을 지정할 때 고려해야 할 내용이 아닌 것은?**

① 원가수준
② 물가상승률
③ 철도차량의 유형
④ 철도이용수요
⑤ 다른 교통수단과의 형평성

65 **다음 중 한국철도공사법의 내용으로 옳지 않은 것은?**

① 한국철도공사는 법인으로 한다.
② 국가가 공사에 출자를 할 때에는 국유재산법에 따른다.
③ 국가는 철도산업발전기본법에 따른 운영자산을 공사에 현물로 출자한다.
④ 공사가 아닌 자는 한국철도공사 또는 이와 유사한 명칭을 사용하지 못한다.
⑤ 공사의 임직원은 그 직무상 알게 된 비밀을 누설하거나 도용하여서는 아니 된다.

66 **다음 중 철도산업발전기본법상 공익서비스 제공에 따른 보상계약의 내용이 아닌 것은?**

① 계약기간 및 계약기간의 수정·갱신과 계약의 해지에 관한 사항
② 원인제공자와 철도운영자가 필요하다고 합의하는 사항
③ 철도운영자가 제공하는 철도서비스의 기준과 내용에 관한 사항
④ 철도운영자가 국가의 특수목적사업을 수행함으로써 발생되는 비용
⑤ 공익서비스 제공과 관련하여 원인제공자가 부담하여야 하는 보상내용

67 **다음 중 한국철도공사법령상 한국철도공사의 등기에 대한 설명으로 옳은 것은?**

① 공사는 주된 사무소를 이전한 경우에는 이전 후 3주일 이내에 종전 소재지 또는 새 소재지에서 새 소재지와 이전 연월일을 등기해야 한다.

② 공사가 하부조직을 이전한 경우에는 이전 후 1주일 이내에 주된 사무소의 소재지에서 새 소재지와 이전 연월일을 등기해야 한다.

③ 공사는 설립등기 각 호의 등기사항이 변경된 때에는 변경 후 3주일 이내에 주된 사무소의 소재지에서 변경사항을 등기해야 한다.

④ 공사는 하부조직을 설치한 경우에는 설치 후 2주일 이내에 주된 사무소의 소재지에서 설치된 하부조직의 명칭, 소재지 및 설치 연월일을 등기하여야 한다.

⑤ 공사는 하부조직의 설치에 대한 등기사항이 변경된 경우에는 변경 후 1주일 이내에 하부조직의 소재지에서 변경사항을 등기해야 한다.

68 **다음 중 철도사업법상 국토교통부장관이 철도사업자의 면허를 취소해야 하는 경우는?**

① 철도사업의 면허기준에 미달하게 된 경우

② 면허받은 사항을 정당한 사유 없이 시행하지 아니한 경우

③ 거짓이나 그 밖의 부정한 방법으로 철도사업의 면허를 받은 경우

④ 고의 또는 중대한 과실에 의해 다수의 사상자(死傷者)가 발생한 경우

⑤ 국토교통부장관이 지정한 날 또는 기간에 운송을 시작하지 아니한 경우

69 **다음 중 한국철도공사법상 국토교통부장관이 한국철도공사의 업무와 관련하여 지도·감독할 사항이 아닌 것은?**

① 철도사업계획의 이행에 관한 사항

② 철도서비스 품질 개선에 관한 사항

③ 연도별 사업계획 및 예산에 관한 사항

④ 역시설의 개발 및 운영사업에 관한 사항

⑤ 철도시설·철도차량·열차운행 등 철도의 안전을 확보하기 위한 사항

70 다음은 철도사업법령상 사업계획 변경을 제한할 수 있는 철도사고의 기준이다. 빈칸에 들어갈 내용을 순서대로 바르게 나열한 것은?

> 사업계획의 변경을 신청한 날이 포함된 연도의 직전 연도의 열차운행거리 ________ km당 철도사고(철도사업자 또는 그 소속 종사자의 고의 또는 과실에 의한 철도사고)로 인한 사망자 수 또는 철도사고의 발생횟수가 최근(직전연도를 제외) 5년간 평균보다 ________ 이상 증가한 경우를 말한다.

① 5만, 10분의 1
② 10만, 10분의 1
③ 10만, 10분의 2
④ 100만, 10분의 1
⑤ 100만, 10분의 2

4권

제3회 코레일 한국철도공사 사무직

NCS + 전공 + 철도법령

www.sdedu.co.kr

〈문항 및 시험시간〉

평가영역	문항 수	시험시간	모바일 OMR 답안채점 / 성적분석 서비스
[NCS] 의사소통능력+수리능력+문제해결능력 [전공] 경영학 [철도법령] 철도법령	70문항	70분	

※ 수록 기준

철도산업발전기본법 : 법률 제21065호(시행 26.1.2.), 철도산업발전기본법 시행령 : 대통령령 제35811호(시행 25.10.1.)

한국철도공사법 : 법률 제21065호(시행 26.1.2.), 한국철도공사법 시행령 : 대통령령 제35228호(시행 25.1.31.)

철도사업법 : 법률 제21065호(시행 26.1.2.), 철도사업법 시행령 : 대통령령 제33795호(시행 24.1.1.)

코레일 한국철도공사 사무직 신입사원 필기시험

제3회 모의고사

문항 수 : 70문항
시험시간 : 70분

제 1 영역 NCS

01 다음 글의 내용으로 가장 적절한 것은?

OECD(경제협력개발기구) 보고서에 따르면 평균 수면시간이 프랑스는 8시간 50분, 미국은 8시간 38분, 영국은 8시간 13분이며, 우리나라는 7시간 49분으로 OECD 회원국 중 한국인의 수면시간이 가장 적다. 사회 특성상 다른 국가에 비해 근무 시간이 많아 수면시간이 짧은 것도 문제지만, 수면의 질 또한 낮아지고 있어 문제가 심각하다.

최근 수면장애 환자가 급격히 증가하는 추세이다. K공단에 따르면 수면장애로 병원을 찾은 환자는 2010년 46만 1,000명에서 2015년 72만 1,000명으로 5년 새 56% 이상 급증했다. 당시 병원을 찾은 사람이 70만 명을 넘었다면, 현재 수면장애로 고통받는 사람은 더 많을 것으로 추산된다.

수면장애는 단순히 잠을 이루지 못하는 불면증뿐 아니라 충분한 수면을 취했음에도 낮 동안 각성을 유지하지 못하는 기면증(과다수면증), 잠들 무렵이면 다리가 쑤시거나 저리는 증상, 코골이와 동반되어 수면 중에 호흡이 멈춰 숙면을 취하지 못하는 수면무호흡증 등 수면의 양과 질 저하로 생긴 다양한 증상을 모두 포괄한다. 수면장애는 학습장애, 능률 저하는 물론이고 교통사고 등 안전사고, 정서장애, 사회 적응 장애의 원인이 될 수 있다. 방치하게 되면 지병이 악화되고 심근경색증, 뇌졸중 등 심각한 병을 초래하기도 한다.

수면장애 환자는 여성이 42만 7,000명으로 남성(29만 1,000명)보다 1.5배 정도 더 많다. 여성은 임신과 출산, 폐경과 함께 찾아오는 갱년기 등 생체주기에 따른 영향으로 전 연령에서 수면장애가 보다 빈번하게 나타나는 경향을 보이는 것으로 보고된다. 특히 폐경이 되면 여성호르몬인 에스트로겐이 줄어들면서 수면과 관련이 있는 아세틸콜린 신경전달 물질의 분비 역시 저하되어 체내 시계가 혼란스러움을 느끼게 되어 밤에 잘 잠들지 못하거나 자주 깨며 새벽에 일찍 일어나는 등 여러 형태의 불면증이 동반된다.

또한 연령별로는 40 ~ 50대 중·장년층이 36.6%로 가장 큰 비중을 차지했고, 이에 비해 20 ~ 30대는 17.3%로 나타났다. 흔히 나이가 들면 생체시계에 변화가 생겨 깊은 잠은 비교적 줄어들고 꿈 수면이 나타나는 시간이 빨라지게 되어 상대적으로 얕은 수면과 꿈 수면이 많아지게 된다.

① 한국인의 수면시간은 근무 시간보다 짧다.
② 수면장애 환자는 20 ~ 30대에 가장 많다.
③ 수면장애 환자는 여성보다 남성이 더 많다.
④ 한국인의 수면의 질이 낮아지고 있다.
⑤ 여성의 경우 에스트로겐의 증가가 불면증에 영향을 미친다.

02 다음 글과 가장 관련 있는 한자성어는?

> 패스트푸드 매장에서 새벽에 종업원을 폭행한 여성이 경찰에 붙잡혔다. K시의 한 경찰서는 폭행 혐의로 30대 A씨를 현행범으로 체포해 조사 중이라고 밝혔다. 경찰에 따르면 A씨는 새벽 3시 반쯤 K시의 한 패스트푸드 매장에서 술에 취해 "내가 2층에 있는데 왜 부르지 않았냐."라며 여성 종업원을 수차례 밀치고 뺨을 7~8차례 때리는 등 폭행한 혐의를 받고 있다. 보다 못한 매장 매니저가 경찰에 신고해 A씨는 현행범으로 체포되었다. A씨는 경찰서에서 "기분이 나빠서 때렸다."라고 진술한 것으로 알려졌다. 경찰은 A씨를 상대로 폭행 경위를 조사한 뒤 신병을 처리할 예정이다. 지난해 11월 B시의 다른 패스트푸드 매장에서도 고객이 직원에게 햄버거를 던지는 등 갑질 행태가 끊이지 않고 있다.

① 견마지심(犬馬之心)
② 빙청옥결(氷淸玉潔)
③ 소탐대실(小貪大失)
④ 호승지벽(好勝之癖)
⑤ 방약무인(傍若無人)

03 다음 중 밑줄 친 단어의 맞춤법이 옳은 단어끼리 바르게 짝지어진 것은?

> 오늘은 웬지 아침부터 기분이 좋지 않았다. 회사에 가기 싫은 마음을 다독이며 출근 준비를 하였다. 회사에 겨우 도착하여 업무용 컴퓨터를 켰지만, 모니터 화면에는 아무것도 보이지 않았다. 심각한 바이러스에 노출된 컴퓨터를 힘들게 복구했지만, 며칠 동안 힘들게 작성했던 문서가 훼손되었다. 당장 오늘까지 제출해야 하는 문서인데, 이 문제를 어떡게 해결해야 할지 걱정이 된다. 문서를 다시 작성하든지, 팀장님께 사정을 말씀드리던지 해결책을 찾아야만 한다. 현재 나의 간절한 바램은 이 문제가 무사히 해결되는 것이다.

① 웬지, 며칠, 훼손
② 며칠, 어떡게, 바램
③ 며칠, 훼손, 작성하든지
④ 며칠, 말씀드리던지, 바램
⑤ 어떡게, 말씀드리던지, 바램

04 다음 글의 문맥상 빈칸 (가) ~ (마)에 들어갈 내용으로 적절하지 않은 것은?

> '방언(方言)'이라는 용어는 표준어와 대립되는 개념으로 사용될 수 있다. 이때 방언이란 '교양 있는 사람들이 두루 쓰는 현대 서울말'로서의 표준어가 아닌 말, 즉 비표준어라는 뜻을 갖는다. 가령 ______(가)______는 생각에는 방언을 비표준어로서 낮잡아 보는 인식이 담겨 있다. 이러한 개념으로서의 방언은 '사투리'라는 용어로 바뀌어 쓰이는 수가 많다. '충청도 사투리', '평안도 사투리'라고 할 때의 사투리는 대개 이러한 개념으로 쓰이는 경우이다. 이때의 방언이나 사투리는, 말하자면 표준어인 서울말이 아닌 어느 지역의 말을 가리키거나, 더 나아가 ______(나)______을 일컫는다. 이러한 용법에는 방언이 표준어보다 열등하다는 오해와 편견이 포함되어 있다. 여기에는 표준어보다 못하다거나 세련되지 못하고 규칙에 엄격하지 않다와 같은 부정적 평가가 담겨 있는 것이다. 그런가 하면 사투리는 한 지역의 언어 체계 전반을 뜻하기보다 그 지역의 말 가운데 표준어에는 없는, 그 지역 특유의 언어 요소만을 일컫기도 한다. ______(다)______고 할 때의 사투리가 그러한 경우에 해당된다.
>
> 언어학에서의 방언은 한 언어를 형성하고 있는 하위 단위로서의 언어 체계 전부를 일컫는 말로 사용된다. 가령 한국어를 예로 들면 한국어를 이루고 있는 각 지역의 말 하나하나, 즉 그 지역의 언어 체계 전부를 방언이라 한다. 서울말은 이 경우 표준어이면서 한국어의 한 방언이다. 그리고 나머지 지역의 방언들은 ______(라)______ 이러한 의미에서의 '충청도 방언'은 충청도에서만 쓰이는, 표준어에도 없고 다른 도의 말에도 없는 충청도 특유의 언어 요소만을 가리키는 것이 아니다. '충청도 방언'은 충청도의 토박이들이 전래적으로 써온 한국어 전부를 가리킨다. 이 점에서 한국어는 ______(마)______

① (가) : 바른말을 써야 하는 아나운서가 방언을 써서는 안 된다

② (나) : 표준어가 아닌, 세련되지 못하고 격을 갖추지 못한 말

③ (다) : 사투리를 많이 쓰는 사람과는 의사소통이 어렵다

④ (라) : 한국어라는 한 언어의 하위 단위이기 때문에 방언이다.

⑤ (마) : 표준어와 지역 방언의 공통부분을 지칭하는 개념이다.

05 다음 글의 주제로 가장 적절한 것은?

> 싱가포르에서는 1982년부터 자동차에 대한 정기검사 제도가 시행되었는데, 그 체계가 우리나라의 검사제도와 매우 유사하다. 단, 국내와는 다르게 재검사에 대해 수수료를 부과하고 있고, 그 금액은 처음 검사 수수료의 절반이다.
> 자동차 검사에서 특이한 점은 2007년 1월 1일부터 디젤 자동차에 대한 배출가스 정밀검사가 시행되고 있다는 점이다. 안전도 검사의 검사 방법 및 기준은 교통부에서 주관하고, 배출가스 검사의 검사 방법 및 기준은 환경부에서 주관하고 있다.
> 싱가포르는 사실상 자동차 등록 총량제에 의해 관리되고 있다. 우리나라와는 다르게 자동차를 운행할 수 있는 권리증을 자동차 구매와 별도로 구매하여야 하며 그 가격이 매우 높다. 또한, 일정 구간(혼잡구역)에 대한 도로세를 우리나라의 하이패스 시스템과 유사한 시스템인 ERP 시스템을 통하여 징수하고 있다.
> 강력한 자동차 안전도 규제, 이륜차에 대한 체계적인 검사와 ERP를 이용한 관리를 통해 검사진로 내에서 사진촬영보다 유용한 시스템을 적용한다. 그리고 분기별 기기 정밀도 검사를 시행하여 국민에게 신뢰받을 수 있는 정기검사 제도를 시행하고 국민의 신고에 의한 수시 검사제도를 통하여 불법자동차 근절에 앞장서고 있다.

① 싱가포르 자동차 관리 시스템
② 싱가포르와 우리나라의 교통규제 시스템
③ 싱가포르의 자동차 정기검사 제도
④ 싱가포르의 불법자동차 근절 방법
⑤ 국민에게 신뢰받는 싱가포르의 교통법규

06 다음 글을 읽고 추론한 내용으로 가장 적절한 것은?

> 한 연구원이 어떤 실험을 계획하고 참가자들에게 이렇게 설명했다.
> "여러분은 지금부터 둘씩 조를 지어 함께 일을 하게 됩니다. 여러분의 파트너는 다른 작업장에서 여러분과 똑같은 일을 하며, 똑같은 노력을 기울여야 할 것입니다. 이번 실험에 대한 보수는 각 조당 5만 원입니다."
> 실험 참가자들이 작업을 마치자 연구원은 참가자들을 세 부류로 나누어 각각 2만 원, 2만 5천 원, 3만 원의 보수를 차등 지급하면서, 그들이 다른 작업장에서 파트너가 받은 액수를 제외한 나머지 보수를 받은 것으로 믿게 하였다.
> 그 후 연구원은 실험 참가자들에게 몇 가지 설문을 했다. '보수를 받고 난 후에 어떤 기분이 들었는지, 나누어 받은 돈이 공정하다고 생각하는지'를 묻는 것이었다. 연구원은 설문을 하기 전에 3만 원을 받은 참가자가 가장 행복할 것이라고 예상했다. 그런데 결과는 예상과 달랐다. 3만 원을 받은 사람은 2만 5천 원을 받은 사람보다 덜 행복해했다. 자신이 과도하게 보상을 받아 부담을 느꼈기 때문이다. 2만 원을 받은 사람도 덜 행복해 한 것은 마찬가지였다. 받아야 할 만큼 충분히 받지 못했다고 생각했기 때문이다.

① 인간은 공평한 대우를 받을 때 더 행복해한다.
② 인간은 남보다 능력을 더 인정받을 때 더 행복해한다.
③ 인간은 타인과 협력할 때 더 행복해한다.
④ 인간은 상대를 위해 자신의 몫을 양보했을 때 더 행복해한다.
⑤ 인간은 자신이 설정한 목표를 달성했을 때 가장 행복해한다.

07 다음 중 단어와 그 뜻이 바르게 연결되지 않은 것은?

① 당위(當爲) : 마땅히 그렇게 하거나 되어야 하는 것
② 구상(求償) : 자연적인 재해나 사회적인 피해를 당하여 어려운 처지에 있는 사람을 도와줌
③ 명문(明文) : 글로 명백히 기록된 문구 또는 그런 조문
④ 유기(遺棄) : 어떤 사람이 종래의 보호를 거부하여 그를 보호받지 못하는 상태에 두는 일
⑤ 추계(推計) : 일부를 가지고 전체를 미루어 계산함

08 다음 글에서 ㉠이 높게 나타나는 상황으로 가장 적절한 것은?

> 사람들은 종종 미래의 행동을 결정할 때 매몰비용, 즉 이미 지출되었기 때문에 회수가 불가능한 비용에 집착하는 경우를 볼 수 있다. 합리적으로 의사결정을 하기 위해서는 오직 추가적인 비용과 이익만 고려해야 한다. 그러나 많은 사람들은 매몰비용을 과대평가하여 결과적으로 이에 대한 투자를 지속하려는 경향을 보인다. 예를 들면, 공짜였다면 가지 않았을 농구 경기를 이미 지불한 티켓 값이 아까워서 경기 당일 눈보라를 무릅쓰고 경기장에 간다는 것이다. 이와 같이 한 번 투자한 시간, 돈, 또는 노력에 대한 시도를 지속적으로 유지하려는 경향을 ㉠ '매몰비용효과'라 한다.
> 이러한 매몰비용효과는 '심적 회계 이론'으로 설명할 수 있다. 심적 회계 이론에서는 소비자들이 거래를 할 때, 지불한 비용과 얻게 될 이익 사이에서 손해를 보지 않으려는 심리가 있다고 본다. 이 이론에서는 비용과 이익의 심리적 연결인 '커플링'의 개념을 사용하는데, 이때 비용과 이익이 심리적으로 연결되는 경우를 '거래커플링'이라 하고, 반대로 비용과 이익이 심리적으로 분리되는 경우를 '디커플링'이라 한다. 비용과 이익이 심리적으로 명백하게 연결된 거래커플링의 경우, 소비자의 매몰비용에 대한 주의가 높아지게 된다. 따라서 남아 있는 이익을 소비하고자 하는 의지가 강하므로 매몰비용효과는 높게 나타난다. 즉, 위의 농구 경기 사례처럼 하나의 비용에 하나의 이익이 연결될 때는 거래커플링이 야기되어 눈보라를 무릅쓰고 경기를 관람하러 간다는 것이다.
> 반면 하나의 비용이 여러 이익과 연결될 때, 예를 들어 서로 기능이나 가격이 다른 상품을 묶어 파는 경우에는 총비용을 여러 개의 이익에 어떻게 나눠야 할지 모르는 어려움을 겪게 된다. 이때 소비자들에게는 심리적인 디커플링이 야기되어, 이미 지불한 비용에 대한 주의력이 낮아지게 되므로 매몰비용효과는 낮게 나타나는 것이다. 이외에도 선불이나 정액 요금같이 비용을 지불한 시점과 소비 시점 간의 거리가 먼 경우 디커플링의 수준이 높아질 수 있다.

① 데이터 정액 요금제 가입자 중 데이터 사용량을 다 쓰지 못하는 사람이 90% 이상이지만, 같은 요금제를 계속 이용한다.

② 새로 산 구두는 신을 때마다 발이 아파 걷기가 힘들지만 비싸게 지불한 신발값이 아까워 버리지 못하고 계속 신고 다닌다.

③ 같은 월급을 받는 독신자들은 기혼자들에 비해 남는 돈이 많다고 생각해서 지갑을 여는 것에 과감한 경우가 많고, 충동구매가 잦은 편이다.

④ 10만 원 이상 물건을 구입하면 5천 원에 해당하는 상품권을 지급한다는 A백화점의 추석맞이 이벤트 때문에 지금 당장 필요하지 않은 물건을 구입하게 되었다.

⑤ 5km 떨어져 있는 가게에서 11만 원의 옷을 10만 원에 판매하는 경우에는 굳이 가지 않지만, 2만 원의 계산기를 1만 원에 판매하는 경우에는 많은 사람들이 그 가게를 찾아간다.

※ 다음 글을 읽고 이어지는 질문에 답하시오. [9~10]

민화는 매우 자유분방한 화법을 구사한다. 민화는 본(本)에 따라 그리는 그림이기 때문에 전부가 비슷할 것이라고 생각하기 쉽다. 그러나 실상은 그와 반대로 같은 주제이면서 똑같은 그림은 없다. 왜냐하면 양반처럼 제약받아야 할 사상이나 규범이 현저하게 약한 민중들은 얼마든지 자기 취향대로 생략하고 과장해서 그림을 그릴 수 있었기 때문이다. 민화의 자유분방함은 공간 구성법에서도 발견된다. 많은 경우 민화는 공간을 묘사하는 데 좌우・상하・고저가 분명하고 일관된 작법이 없다. 사실 중국이 중심이 된 동북아시아에서 통용되던 전형적인 화법은 한 시점에서 바라보고 그 원근에 따라 일관되게 그리는 것이 아니라 이른바 삼원법(三遠法)에 따라 다각도에서 그리는 것이다. ___㉠___ 민화에서는 대상을 바라보는 시각이 이보다 더 자유롭다. 그렇다고 민화에 나타난 화법에 전혀 원리가 없다고는 할 수 없다. 민화에서는 종종 그리려는 대상을 한층 더 완전하게 표현하기 위해 그 대상의 여러 면을 화면에 동시에 그려 놓는다. 그런 까닭에 민화의 화법은 서양의 입체파들이 사용하는 화법과 비교되기도 한다. 가령 김홍도의 맹호도를 흉내 내 그린 듯한 민화의 경우처럼 호랑이의 앞면과 옆면을 동시에 그려 놓은 예나, 책거리 그림의 경우처럼 겉과 속, 왼쪽과 오른쪽을 동시에 그려 놓은 것이 그 예에 속한다. 민화의 화가들은 객관적으로 보이는 현실을 무시하고 자신의 의도에 따라 표현하고 싶은 것을 마음대로 표현해 버린 것이다. 그러니까 밖에 주어진 현실에 종속되기보다는 자신의 자유로운 판단을 더 믿은 것이다.
같은 맥락에서 볼 때 민화에서 가장 이해하기 힘든 화법은 아마 역원근법일 것이다. 이 화법은 책거리에 많이 나오는 것으로, 앞면을 작고 좁게 그리고 뒷면을 크고 넓게 그리는 화법인데, 이는 그리려는 대상의 모든 면, 특히 물체의 왼쪽 면과 오른쪽 면을 동시에 표현하려는 욕심에서 나온 화법으로 판단된다. 이런 작법을 통해 우리는 당시의 민중들이 자신들의 천진하고 자유분방한 사고방식을 스스럼없이 표현할 수 있을 정도로 사회적 여건이 성숙되었음을 알 수 있다. ___㉡___ 이것은 19세기에 농상(農商)의 경제 체제의 변화나 신분 질서의 와해 등으로 기존의 기층민들이 자기를 표현할 수 있는 경제적・신분적 근거가 확고하게 되었음을 의미한다.
민중들의 자유분방함이 표현된 민화에는 화법적인 것 말고도 내용 면에서 억압에서 벗어나려는 해방의 염원이 실려 있다. 민화가 농도 짙은 해학을 깔면서도 그러한 웃음을 통해 당시 부조리한 현실을 풍자했다는 것은 잘 알려진 사실이다. 호랑이 그림에서 까치나 토끼는 서민을, 호랑이는 권력자나 양반을 상징한다. 즉, 까치나 토끼가 호랑이에게 면박을 주는 그림을 통해 서민이 양반들에게 면박을 주고 싶은 마음을 표현하고 있다. 이 모두가 민중들의 신장된 힘 혹은 표현력을 나타낸다.

09 다음 중 윗글의 빈칸 ㉠, ㉡에 들어갈 접속어로 가장 적절한 것은?

	㉠	㉡
①	그러므로	따라서
②	그런데	즉
③	그러므로	그런데
④	그런데	한편
⑤	따라서	즉

10 다음 중 윗글의 내용으로 가장 적절한 것은?

① 민화는 일정한 화법이나 원리가 존재하지 않는 것이 특징이다.
② 민화와 서양의 입체파 화법이 닮은 것은 둘 다 서민층의 성장을 배경으로 하고 있기 때문이다.
③ 민화는 화법이나 내용 면에서 모두 신분 상승의 염원을 드러내고 있다.
④ 삼원법은 민화와 달리 한 시점에서 원근에 따라 일관되게 그리는 것이 특징이다.
⑤ 민화의 화가들은 객관적인 현실보다 자신의 내면의 목소리에 더 귀를 기울였다.

11 우람이는 자전거를 타고 집에서 출발하여 도서관에 갔다가 우체국에 가야 한다. 도서관은 우람이네 집을 기준으로 서쪽에 있고, 우체국은 집을 기준으로 동쪽에 있다. 집에서 도서관까지는 시속 5km로 이동하고, 도서관에서 집을 거쳐 우체국까지는 시속 3km로 이동한다. 집에서 우체국까지의 거리가 10km이고, 도서관에 갔다가 우체국에 갈 때까지 걸리는 시간이 4시간 이내라면 도서관은 집에서 최대 몇 km 떨어진 지점 내에 있어야 하는가?

① 1km
② $\frac{3}{2}$km
③ $\frac{5}{4}$km
④ $\frac{7}{4}$km
⑤ 2km

12 다음과 같이 일정한 규칙으로 수를 나열할 때 빈칸에 들어갈 수로 옳은 것은?

4　5　10　16　27　44　(　)

① 70
② 71
③ 72
④ 73
⑤ 74

13 다음은 25 ~ 54세 기혼 비취업여성 현황과 기혼여성의 경력단절 사유에 대한 자료이다. 이를 토대로 작성한 그래프로 옳지 않은 것은?

〈연령대별 기혼 비취업여성 현황〉

(단위 : 천 명)

연령대	기혼여성	기혼 비취업여성		
			실업자	비경제활동인구
25 ~ 29세	570	306	11	295
30 ~ 34세	1,403	763	20	743
35 ~ 39세	1,818	862	23	839
40 ~ 44세	1,989	687	28	659
45 ~ 49세	2,010	673	25	648
50 ~ 54세	1,983	727	20	707
합계	9,773	4,018	127	3,891

※ 기혼여성은 취업여성과 비취업여성으로 분류됨

〈기혼 경력단절여성의 경력단절 사유 분포〉

(단위 : 천 명)

연령대	개인·가족 관련 이유					육아	가사	합계
		결혼	임신·출산	자녀교육	기타			
25 ~ 29세	179	85	68	1	25	58	9	246
30 ~ 34세	430	220	137	10	63	189	21	640
35 ~ 39세	457	224	107	29	97	168	55	680
40 ~ 44세	339	149	38	24	128	71	74	484
45 ~ 49세	322	113	14	12	183	32	80	434
50 ~ 54세	323	88	10	7	218	20	78	421
합계	2,050	879	374	83	714	538	317	2,905

※ 기혼 경력단절여성은 기혼 비취업여성 중에서 개인·가족 관련 이유, 육아, 가사 등의 이유로 인해 직장을 그만둔 상태에 있는 여성임

※ 경력단절 사유에 복수로 응답한 경우는 없음

① 연령대별 기혼여성 중 경제활동인구

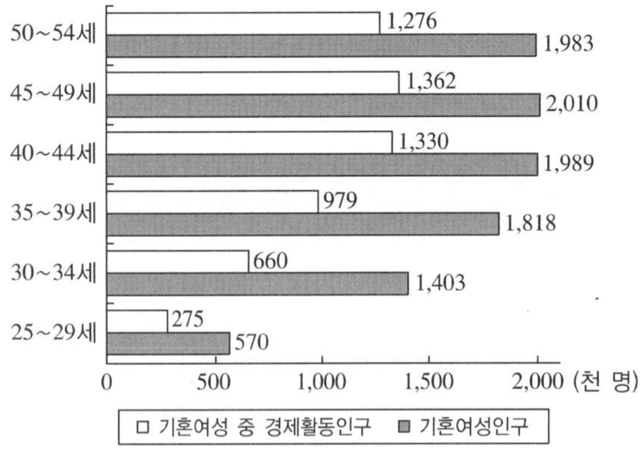

※ (경제활동인구)=(취업자)+(실업자)

② 연령대별 기혼여성 중 비취업여성과 경력단절여성

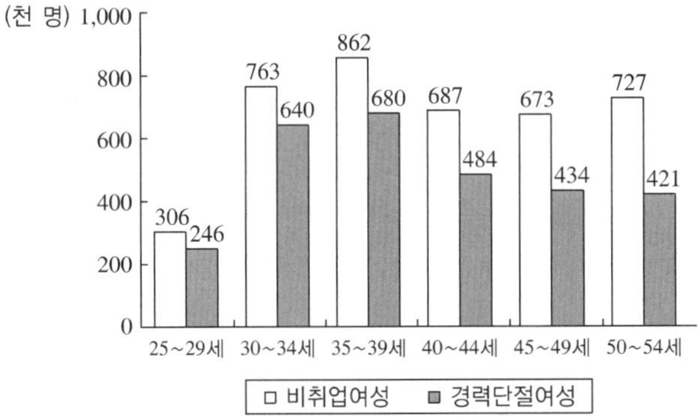

③ 25 ~ 54세 기혼 취업여성의 연령대 구성비

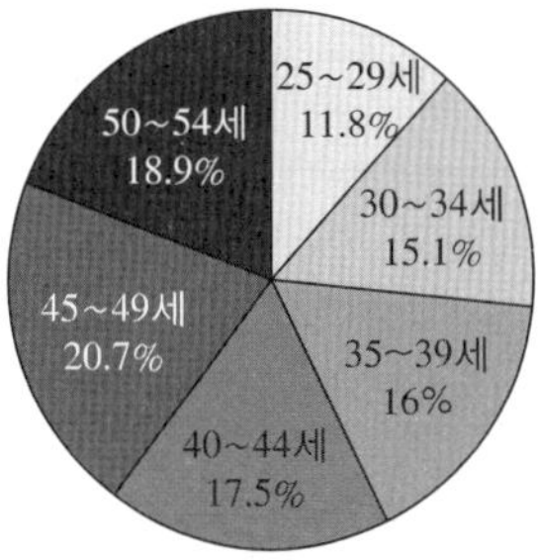

④ 30 ~ 39세 기혼 경력단절여성의 경력단절 사유 분포

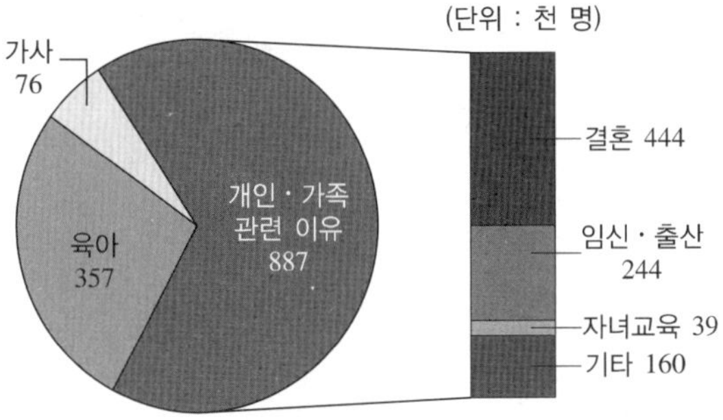

⑤ 25 ~ 54세 기혼 경력단절여성의 연령대 구성비

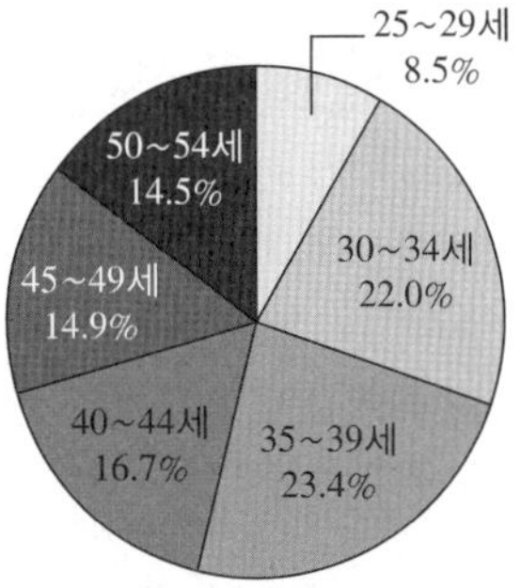

14 다음은 단위 면적당 도시공원 · 녹지 · 유원지 현황을 나타낸 그래프이다. 이에 대한 설명으로 옳지 않은 것은?

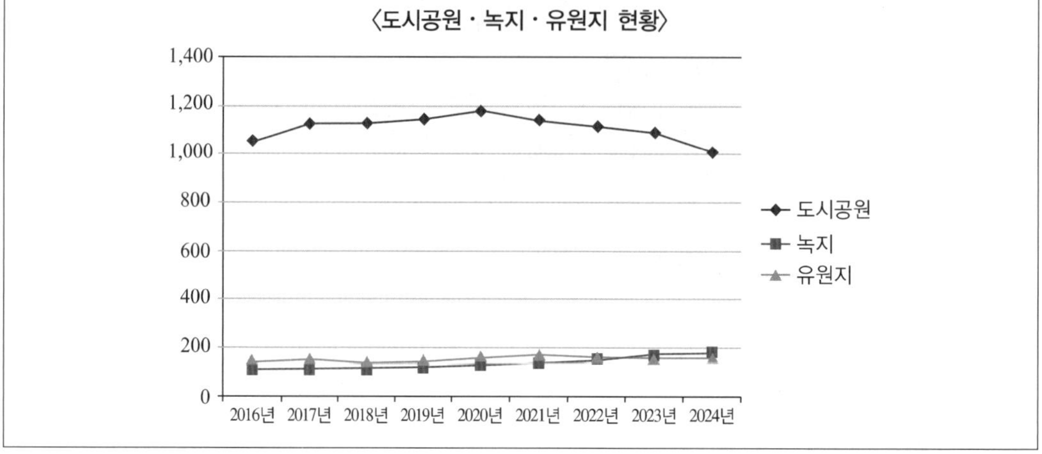

① 도시공원의 면적은 2021년부터 감소하고 있다.

② 녹지의 면적은 꾸준히 증가하고 있다.

③ 도시공원의 면적은 녹지와 유원지의 면적보다 월등히 넓다.

④ 2021년부터 녹지의 면적은 유원지 면적을 추월했다.

⑤ 도시공원의 면적은 2020년에 가장 넓다.

15 K공사는 9명의 신입사원을 채용하였고, 신입사원 교육을 위해 A ~ C 세 개의 조로 나누기로 하였다. 신입사원들을 한 조에 세 명씩 배정한다고 할 때, 세 개의 조로 나누는 경우의 수는?

① 1,240가지
② 1,460가지
③ 1,680가지
④ 1,800가지
⑤ 1,920가지

16 다음은 2024년 9개 국가의 실질세부담률에 대한 자료이다. 〈조건〉을 토대로 A ~ E에 해당하는 국가를 바르게 나열한 것은?

〈2024년 국가별 실질세부담률〉

구분 / 국가	독신 가구 실질세부담률(%)			다자녀 가구 실질세부담률(%)	독신 가구와 다자녀 가구의 실질세부담률 차이(%p)
		2014년 대비 증감(%p)	전년 대비 증감(%p)		
A	55.3	−0.20	−0.28	40.5	14.8
일본	32.2	4.49	0.26	26.8	5.4
B	39.0	−2.00	−1.27	38.1	0.9
C	42.1	5.26	0.86	30.7	11.4
한국	21.9	4.59	0.19	19.6	2.3
D	31.6	−0.23	0.05	18.8	12.8
멕시코	19.7	4.98	0.20	19.7	0.0
E	39.6	0.59	−1.16	33.8	5.8
덴마크	36.4	−2.36	0.21	26.0	10.4

〈조건〉

- 2024년 독신 가구와 다자녀 가구의 실질세부담률 차이가 덴마크보다 큰 국가는 캐나다, 벨기에, 포르투갈이다.
- 2024년 독신 가구 실질세부담률이 전년 대비 감소한 국가는 벨기에, 그리스, 스페인이다.
- 스페인의 2024년 독신 가구 실질세부담률은 그리스의 2024년 독신 가구 실질세부담률보다 높다.
- 2024년 독신 가구의 2014년 대비 실질세부담률이 가장 큰 폭으로 증가한 국가는 포르투갈이다.

	A	B	C	D	E
①	벨기에	그리스	포르투갈	캐나다	스페인
②	벨기에	스페인	캐나다	포르투갈	그리스
③	벨기에	스페인	포르투갈	캐나다	그리스
④	캐나다	그리스	스페인	포르투갈	벨기에
⑤	캐나다	스페인	포르투갈	벨기에	그리스

17 K회사는 사옥 옥상 정원에 있는 가로 644cm, 세로 476cm인 직사각형 모양의 뜰 가장자리에 조명을 설치하려고 한다. 네 모퉁이에는 반드시 조명을 설치하고, 일정한 간격으로 조명을 추가 배열하려고 할 때, 필요한 조명의 최소 개수는?(단, 조명의 크기는 고려하지 않는다)

① 68개
② 72개
③ 76개
④ 80개
⑤ 84개

18 다음은 K공사의 연도별 재무자료이다. 이에 대해 옳지 않은 설명을 하는 사람은?

〈K공사 연도별 재무자료〉

(단위 : 억 원, %)

구분	자산	부채	자본	부채 비율
2015년	41,298	15,738	25,560	61.6
2016년	46,852	23,467	23,385	100.4
2017년	46,787	21,701	25,086	86.5
2018년	50,096	23,818	26,278	80.6
2019년	60,388	26,828	33,560	79.9
2020년	64,416	30,385	34,031	89.3
2021년	73,602	39,063	34,539	113.1
2022년	87,033	52,299	34,734	150.6
2023년	92,161	55,259	36,902	149.7
2024년	98,065	56,381	41,684	135.3

① A : K공사의 자본금은 2019년에 전년 대비 7,000억 원 이상 증가했는데, 이는 10년간 자본금 추이를 볼 때 두드러진 변화야.
② B : 부채 비율이 전년 대비 가장 많이 증가한 해는 2016년이네.
③ C : 10년간 평균 부채 비율은 90% 미만이야.
④ D : 2024년의 자산과 자본은 10년 중 가장 많았지만, 그만큼 부채도 가장 많았네.
⑤ E : K공사의 자산과 부채는 2017년부터 8년간 꾸준히 증가했어.

19 다음은 2024년 지하수 관측현황과 연도별 지하수 주요 관측지표에 대한 자료이다. 〈보기〉에서 이에 대한 설명으로 옳은 것을 모두 고르면?

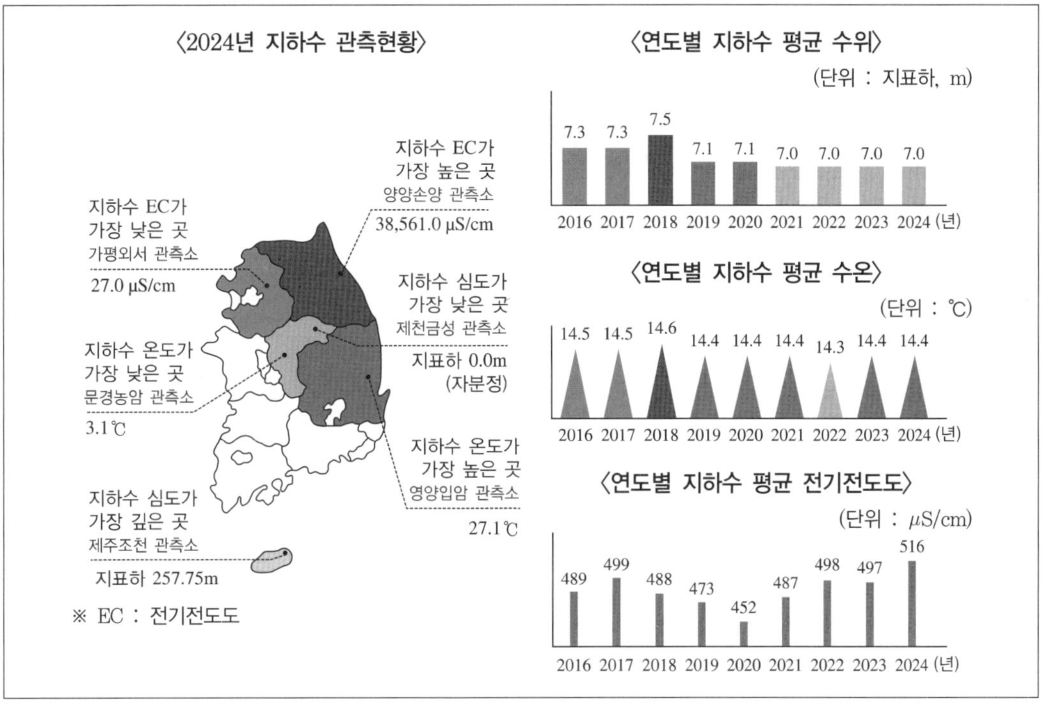

〈보기〉

ㄱ. 지하수 평균 수위는 2021년부터 2024년까지 변동이 없었다.
ㄴ. 2024년 지하수 온도가 가장 높은 곳의 지하수 온도와 평균 수온의 차이는 12.7℃이다.
ㄷ. 2024년 지하수 전기전도도가 가장 높은 곳의 지하수 전기전도도는 평균 전기전도도의 76배 이상이다.

① ㄱ　　② ㄱ, ㄴ
③ ㄱ, ㄷ　　④ ㄴ, ㄷ
⑤ ㄱ, ㄴ, ㄷ

20 다음은 2025년 1월 1일 기준 갑 기업의 팀(A ~ F)간 전출 · 입으로 인한 직원 이동에 대한 자료이다. 〈보기〉에서 이에 대한 설명으로 옳은 것을 모두 고르면?

〈갑 기업의 팀별 전출 · 입 직원 수〉

(단위 : 명)

전출부서 \ 전입부서		식품 사업부				외식 사업부				전출합계
		A팀	B팀	C팀	소계	D팀	E팀	F팀	소계	
식품 사업부	A팀	–	4	2	6	0	4	3	7	13
	B팀	8	–	0	8	2	1	1	4	12
	C팀	0	3	–	3	3	0	4	7	10
	소계	8	7	2	17	5	5	8	18	35
외식 사업부	D팀	0	2	4	6	–	0	3	3	9
	E팀	6	1	7	14	2	–	4	6	20
	F팀	2	3	0	5	1	5	–	6	11
	소계	8	6	11	25	3	5	7	15	40
전입합계		16	13	13	42	8	10	15	33	75

※ 갑 기업은 식품 사업부와 외식 사업부로만 구성됨

※ 표읽기 예시 : A팀에서 전출하여 B팀으로 전입한 직원 수는 4명임

〈보기〉

ㄱ. 전출한 직원보다 전입한 직원이 많은 팀들의 전입 직원 수의 합은 기업 내 전체 전출 · 입 직원 수의 70%를 초과한다.

ㄴ. 직원이 가장 많이 전출한 팀에서 전출한 직원의 40%는 직원이 가장 많이 전입한 팀에 배치되었다.

ㄷ. 식품 사업부에서 외식 사업부로 전출한 직원 수는 외식 사업부에서 식품 사업부로 전출한 직원 수보다 많다.

ㄹ. 동일한 사업부 내에서 전출 · 입한 직원 수는 기업 내 전체 전출 · 입 직원 수의 50% 미만이다.

① ㄱ, ㄴ　② ㄱ, ㄷ

③ ㄱ, ㄹ　④ ㄴ, ㄷ

⑤ ㄷ, ㄹ

21 다음 자료와 〈조건〉을 바탕으로 철수, 영희, 민수, 철호가 상품을 구입한 쇼핑몰을 순서대로 바르게 나열한 것은?

〈이용약관의 주요 내용〉

쇼핑몰	주문 취소	환불	배송비	포인트 적립
A	주문 후 7일 이내 취소 가능	10% 환불수수료, 송금수수료 차감	무료	구입 금액의 3%
B	주문 후 10일 이내 취소 가능	환불수수료, 송금수수료 차감	20만 원 이상 무료	구입 금액의 5%
C	주문 후 7일 이내 취소 가능	환불수수료, 송금수수료 차감	1회 이용 시 1만 원	없음
D	주문 후 당일에만 취소 가능	환불수수료, 송금수수료 차감	5만 원 이상 무료	없음
E	취소 불가능	고객 귀책 사유에 의한 환불 시에만 10% 환불수수료	1만 원 이상 무료	구입 금액의 10%
F	취소 불가능	원칙적으로 환불 불가능 (사업자 귀책 사유일 때만 환불 가능)	100g당 2,500원	없음

〈조건〉

- 철수는 부모님의 선물로 등산 용품을 구입하였는데, 판매자의 업무 착오로 배송이 지연되어 판매자에게 전화로 환불을 요구하였다. 판매자는 판매금액 그대로를 통장에 입금해 주었고 구입 시 발생한 포인트도 유지하여 주었다.
- 영희는 옷을 구매할 때 배송비를 고려하여 한 가지씩 여러 번에 나누어 구매하기보다는 가능한 한 한꺼번에 주문하곤 하였다.
- 인터넷 사이트에서 영화티켓을 20,000원에 주문한 민수는 다음날 같은 티켓을 18,000원에 파는 가게를 발견하고 전날 주문한 티켓을 취소하려 했지만 취소가 되지 않아 곤란을 겪은 적이 있다.
- 가방을 10만 원에 구매한 철호는 도착한 물건의 디자인이 마음에 들지 않아 환불 및 송금수수료와 배송비를 감수하는 손해를 보면서도 환불할 수밖에 없었다.

	철수	영희	민수	철호
①	E	B	C	D
②	F	E	D	B
③	E	D	F	C
④	F	C	E	B
⑤	E	C	B	D

22 다음 글에서 범하고 있는 논리적 오류는 무엇인가?

> "여러분, 분열은 우리의 화합으로 극복할 수 있습니다. 화합한 사회에서는 분열이 일어나지 않습니다."

① 순환논증의 오류
② 무지의 오류
③ 논점 일탈의 오류
④ 대중에 호소하는 오류
⑤ 허수아비 공격의 오류

23 다음 글의 '문제점'에 대해 바르게 이야기한 사람은 누구인가?

> 문제란 목표와 현실과의 차이다. 한 마디로 목표는 '어떻게 되었으면 좋겠는가?'라는 전망을 말하고, 현 상황은 '어떻게 되어 있는가?'라는 상태를 말한다. 여기서 차이는 목표와 현재 상황이 어긋났음을 의미한다. 한편, 문제점이란 '무엇 때문에 목표와 어긋났는가?'라는 질문에 대한 답변이다. 다시 말하면 문제점은 문제가 아니라 원인이다.

① 지혜 : 매출 목표를 100억 원으로 정했지만, 60억 원밖에 달성하지 못했어.
② 미란 : 교육훈련 시간이 부족해서 인력의 조기전력화가 불가능해졌어.
③ 건우 : 공사착공 후 13개월이 지났는데도 진척률이 95%밖에 안 돼.
④ 경현 : 태블릿 PC 생산 목표를 4만 대에서 3만 대로 줄일 수밖에 없었어.
⑤ 연준 : 해외 공장에서 상반기 65% 이상 생산이 목표였지만 50% 미만이었어.

24 K사는 신제품의 품번을 다음과 같은 규칙에 따라 정한다고 한다. 제품에 설정된 임의의 영단어가 'INTELLECTUAL'이라면 이 제품의 품번으로 옳은 것은?

〈규칙〉

- 1단계 : 알파벳 A ~ Z를 숫자 1, 2, 3, …으로 변환하여 계산한다.
- 2단계 : 제품에 설정된 임의의 영단어를 숫자로 변환한 값의 합을 구한다.
- 3단계 : 임의의 영단어 속 자음의 합에서 모음의 합을 뺀 값의 절댓값을 구한다.
- 4단계 : 2단계와 3단계의 값을 더한 다음 4로 나누어 2단계의 값에 더한다.
- 5단계 : 4단계의 값이 정수가 아닐 경우에는 소수점 첫째 자리에서 버림한다.

① 120
② 140
③ 160
④ 180
⑤ 200

25 다음 글의 내용이 참일 때 반드시 거짓인 것은?

갑 ~ 무는 P부서에 근무하고 있다. 이 부서에서는 K공사와의 업무 협조를 위해 지방의 네 지역으로 직원을 출장 보낼 계획을 수립하였다. 원활한 업무 수행을 위해서, 모든 출장은 갑 ~ 무 중 두 명 또는 세 명으로 구성된 팀 단위로 이루어진다. 네 팀이 구성되어 네 지역에 각각 한 팀씩 출장이 배정되며, 네 지역 출장 날짜는 모두 다르다. 모든 직원은 최소한 한 번 출장에 참가한다. 이번 출장 업무를 총괄하는 직원은 단 한 명밖에 없으며, 그는 네 지역 모두의 출장에 참가한다. 더불어 업무 경력을 고려하여, 단 한 지역의 출장에만 참가하는 것은 신입사원으로 제한한다. P부서에 근무하는 신입사원은 한 명밖에 없다. 이런 기준 아래에서 출장 계획을 수립한 결과, 을은 갑과 단둘이 가는 한 번의 출장 이외에 다른 어떤 출장도 가지 않으며, 병과 정이 함께 출장을 가는 경우는 단 한 번밖에 없다. 그리고 네 지역 가운데 광역시가 두 곳인데, 단 두 명의 직원만이 두 광역시 모두에 출장을 간다.

① 갑은 이번 출장 업무를 총괄하는 직원이다.
② 을은 광역시에 출장을 가지 않는다.
③ 병이 갑, 무와 함께 출장을 가는 지역이 있다.
④ 정은 총 세 곳에 출장을 간다.
⑤ 무가 출장을 가는 지역은 두 곳이고 그 중 한 곳은 정과 함께 간다.

26 남성 정장 제조 전문회사에서 20대를 위한 캐주얼 SPA 브랜드에 신규 진출하려고 한다. A씨는 3C 분석 방법을 취하여 다양한 자료를 조사했으며, 다음과 같은 분석내용을 도출하였다. 자사에서 추진하려는 신규 사업 계획의 타당성에 대한 설명으로 가장 적절한 것은?

3C	상황분석
고객(Customer)	• 40대 중년 남성을 대상으로 한 정장 시장은 정체 및 감소 추세 • 20대 캐주얼 및 SPA 시장은 매년 급성장
경쟁사(Competitor)	• 20대 캐주얼 SPA 시장에 진출할 경우, 경쟁사는 글로벌 및 토종 SPA 기업, 캐주얼 전문 기업 외에도 비즈니스 캐주얼, 아웃도어 의류 기업도 포함 • 경쟁사들은 브랜드 인지도, 유통망, 생산 등에서 차별화된 경쟁력을 가짐 • 경쟁사 중 상위 업체는 하위 업체와의 격차 확대를 위해 파격적 가격 정책과 20대 지향 디지털 마케팅 전략을 구사
자사(Company)	• 신규 시장 진출 시 막대한 마케팅 비용 발생 • 낮은 브랜드 인지도 • 기존 신사 정장 이미지 고착 • 유통과 생산 노하우 부족 • 디지털마케팅 역량 미흡

① 20대 SPA 시장이 급성장하고, 경쟁이 치열해지고 있지만, 자사의 유통 및 생산 노하우로 가격경쟁력을 확보할 수 있으므로 신규 사업을 추진하는 것이 바람직하다.

② 40대 중년 정장 시장은 감소 추세에 있으므로 새로운 수요발굴이 필요하며, 기존의 신사 정장 이미지를 벗어나 20대 지향 디지털마케팅 전략을 구사하면 신규 시장의 진입이 가능하므로 신규 사업을 진행하는 것이 바람직하다.

③ 20대 SPA 시장이 급성장하고 있지만, 하위 업체의 파격적인 가격정책을 이겨 내기에 막대한 비용이 발생하므로 신규 사업 진출은 적절하지 않다.

④ 20대 SPA 시장은 계속해서 성장하고 매력적이지만, 경쟁이 치열하고 경쟁자의 전략이 막강하다. 이에 비해 자사의 자원과 역량은 부족하여 신규 사업 진출은 하지 않는 것이 바람직하다.

⑤ 브랜드 경쟁력을 유지하기 위해서는 20대 SPA 시장 진출이 필요하며, 파격적 가격정책을 도입하면 자사의 높은 브랜드 이미지와 시너지 효과를 낼 수 있기에 신규 사업을 진행하는 것이 바람직하다.

27 다음은 경제자유구역사업에 대한 SWOT 분석 자료이다. 이를 토대로 할 때 〈보기〉 중 적절하지 않은 것을 모두 고르면?

〈경제자유구역사업에 대한 SWOT 분석 결과〉

구분	분석 결과
강점(Strength)	• 성공적인 경제자유구역 조성 및 육성 경험 • 다양한 분야의 경제자유구역 입주희망 국내기업 확보
약점(Weakness)	• 과다하게 높은 외자금액 비율 • 외국계 기업과 국내기업 간의 구조 및 운영상 이질감
기회(Opportunity)	• 국제경제 호황으로 인하여 타국 사업지구 입주를 희망하는 해외시장부문의 지속적 증가 • 국내진출 해외기업 증가로 인한 동형화 및 협업 사례 급증
위협(Threat)	• 국내거주 외국인 근로자에 대한 사회적 포용심 부족 • 대대적 교통망 정비로 인한 기성 대도시의 흡수효과 확대

〈SWOT 분석에 의한 경영 전략〉

- SO전략 : 강점을 활용하여 기회를 선점하는 전략
- ST전략 : 강점을 활용하여 위협을 최소화하거나 극복하는 전략
- WO전략 : 기회를 활용하여 약점을 보완하는 전략
- WT전략 : 약점을 최소화하고 위협을 회피하는 전략

〈보기〉

ㄱ. 성공적인 경제자유구역 조성 노하우를 활용하여 타국 사업지구로의 진출을 희망하는 해외기업을 유인 및 유치하는 전략은 SO전략에 해당한다.

ㄴ. 다수의 풍부한 경제자유구역 성공 사례를 바탕으로 외국인 근로자를 국내주민과 문화적으로 동화시킴으로써 원활한 지역발전의 토대를 조성하는 전략은 ST전략에 해당한다.

ㄷ. 기존에 국내에 입주한 해외기업의 동형화 사례를 활용하여 국내기업과 외국계 기업의 운영상 이질감을 해소하여 생산성을 증대시키는 전략은 WO전략에 해당한다.

ㄹ. 경제자유구역 인근 대도시와의 연계를 활성화하여 경제자유구역 내 국내・외 기업 간의 이질감을 해소하는 전략은 WT전략에 해당한다.

① ㄱ, ㄴ
② ㄱ, ㄷ
③ ㄴ, ㄷ
④ ㄴ, ㄹ
⑤ ㄷ, ㄹ

28 A사원은 3박 4일 동안 대전으로 출장을 다녀오려고 한다. 출장 과정에서의 비용이 다음과 같을 때, A사원의 출장 경비 총액으로 옳은 것은?(단, A사원의 출장 세부내역 이외의 지출은 없다고 가정한다)

〈출장 경비〉

• 출장일부터 귀가할 때까지 소요되는 모든 교통비, 식비, 숙박비를 합산한 비용을 출장 경비로 지급한다.
• 교통비(서울 → 대전 / 대전 → 서울)

교통수단	기차	비행기	버스
비용(편도)	39,500원	43,250원	38,150원

※ 서울 및 대전 내에서의 시내이동에 소요되는 비용은 출장경비로 인정하지 않음

• 식비

식당	P식당	S식당	Y식당
식비(끼니당)	8,500원	8,700원	9,100원

• 숙박비

숙소	가	나	다
숙박비(1박)	75,200원	81,100원	67,000원
비고	연박 시 1박당 5% 할인	연박 시 1박당 10% 할인	–

〈A사원의 출장 세부내역〉

• A사원은 대전행은 기차를, 서울행은 버스를 이용하였다.
• A사원은 2일간 P식당을, 나머지 기간은 Y식당을 이용하였으며 출장을 시작한 날부터 마지막 날까지 하루 3끼를 먹었다.
• A사원은 출장기간 동안 숙소는 할인을 포함하여 가장 저렴한 숙소를 이용하였다.

① 359,100원
② 374,620원
③ 384,250원
④ 396,500원
⑤ 410,740원

※ K공사 인사팀에 근무하고 있는 C대리는 A사원과 B차장의 승진심사를 위해 다음과 같이 표를 작성하였다. 이어지는 질문에 답하시오. **[29~30]**

〈승진심사 점수표〉

(단위 : 점)

소속	직급	업무			업무평점	능력	태도	승진심사 평점
		업무실적	개인평가	조직기여도				
총무팀	A사원	86	70	80	(　)	80	60	(　)
자산팀	B차장	80	85	90	(　)	77	85	85

※ 승진심사 평점은 업무평점 80%, 능력 10%, 태도 10%로 계산함

※ 직급에 따른 업무평점 계산 기준

– 사원～대리 : (업무실적)×0.5, (개인평가)×0.3, (조직기여도)×0.2

– 과장～부장 : (업무실적)×0.3, (개인평가)×0.2, (조직기여도)×0.5

29 다음 중 B차장의 업무평점으로 옳은 것은?

① 78점
② 80점
③ 83점
④ 86점
⑤ 89점

30 다음 중 A사원의 승진심사 평점으로 옳은 것은?

① 65점
② 70점
③ 78점
④ 82점
⑤ 84점

31 다음 중 동기부여 이론에서 내용이론에 해당하지 않는 것은?

① 욕구단계 이론
② 목표설정 이론
③ ERG 이론
④ 성취동기 이론
⑤ 2요인 이론

32 다음 중 MBO(목표관리)의 목적으로 볼 수 없는 것은?

① 조직과 개인의 목표 간 전략적 연계
② 목표 달성을 위한 동기부여
③ 커뮤니케이션 활성화
④ 공정한 처우 및 보상
⑤ 시간과 비용의 절감

33 다음 중 MRP 시스템의 장점이 아닌 것은?

① 계획의 재수립을 통해 재고를 감축할 수 있다.
② 유휴시간을 줄여 효율성을 높일 수 있다.
③ 시장 변화에 신속하게 대응할 수 있다.
④ 조립을 필요로 하지 않는 다양한 제품 생산에 활용할 수 있다.
⑤ 재고 및 생산비용을 줄일 수 있다.

34 다음 중 주로 자원이 한정된 중소기업이 많이 사용하는 마케팅 전략은?

① 마케팅믹스 전략
② 무차별적 마케팅 전략
③ 집중적 마케팅 전략
④ 차별적 마케팅 전략
⑤ 비차별적 마케팅 전략

35 **다음 중 리엔지니어링(Re – Engineering)에 대한 설명으로 옳은 것은?**

① 정보기술을 통해 기업경영의 핵심적 과정을 전면 개편함으로써 경영성과를 향상시키려는 경영기법이다.
② 흑자를 내기 위해 기구를 축소·폐쇄하거나 단순화하는 등의 장기적인 경영전략이다.
③ 기업이 환경변화에 능동적으로 대처하기 위해 비대해진 조직을 팀제로 개편하는 경영혁신을 나타낸다.
④ 제품의 주요한 부분을 부품의 형태로 수출하여 현지에서 최종제품으로 조립하는 방식이다.
⑤ 기계 장비의 고장이나 정비 때문에 작업이 불가능해진 시간을 총칭한다.

36 **다음 중 집단의사결정법의 문제점으로 옳지 않은 것은?**

① 합의점에 이르기까지 많은 시간이 소요된다.
② 책임소재를 분명히 하기에 어려움이 존재한다.
③ 다수의 참여로 인해 동조의 압력이 발생한다.
④ 많은 정보와 지식이 공유되지만 문제에 대한 다양한 접근이 어렵다.
⑤ 구성원 상호 간의 합의에 대한 요구가 지나치게 커질 경우 집단사고가 발생한다.

37 **다음 중 단체교섭의 방식에서 단위노조가 소속된 상부단체와 각 단위노조에 대응하는 개별 기업의 사용자 간에 이루어지는 교섭의 형태는?**

① 기업별교섭
② 집단교섭
③ 대각선교섭
④ 복수사용자교섭
⑤ 통일교섭

38 **다음 중 직무분석 방법에 해당하지 않는 것은?**

① 관찰법
② 면접법
③ 질문지법
④ 요소비교법
⑤ 워크샘플링법

39 다음 설명에 해당하는 심리적 가격전략은?

> • 일반적으로 사람들이 인정하는 가격을 의미한다.
> • 한번 정해진 가격을 인상하는 것이 쉽지 않다.
> • 원재료, 수량 등을 조절하여 가격 상승효과를 노릴 수 있다.

① 단수가격
② 명성가격
③ 준거가격
④ 관습가격
⑤ 유보가격

40 다음 설명에 해당하는 마케팅 분석 방법은?

> 소비자가 제품을 구매할 때 중요시하는 제품의 속성과 속성 수준에 부여하는 가치를 산출해냄으로써 최적의 신제품 개발을 지원하는 분석 방법이다.

① SWOT 분석
② 시계열 분석(Time Series Analysis)
③ 컨조인트 분석(Conjoint Analysis)
④ 상관관계 분석(Correlation Analysis)
⑤ 다차원척도 분석(Multidimensional Analysis)

41 다음 중 브랜드 전략에 대한 설명으로 옳지 않은 것은?

① 같은 브랜드의 상품이 서로 다른 유통경로로 판매될 경우 경로 간의 갈등은 발생하지 않는다.
② 하향 확장의 경우 기존 브랜드의 고급 이미지를 희석시키는 희석효과를 초래할 수 있다.
③ 브랜드 확장은 다른 상품 범주에 속하는 신상품에 기존 브랜드를 붙이는 것으로, 카테고리 확장이라고도 한다.
④ 신규 브랜드 전략은 새로운 제품 범주에서 출시하고자 하는 신제품을 대상으로 새 브랜드를 개발하는 것이다.
⑤ 라인 확장 전략이란 동일한 제품 범주 내에서 새로운 제품을 추가시키면서 기존의 브랜드를 이용하는 전략이다.

42 다음 중 변혁적 리더십의 특징으로 옳지 않은 것은?

① 구성원들은 리더가 이상적이며 높은 수준의 기준과 능력을 지니고 있다고 생각한다.
② 리더는 구성원 모두가 공감할 수 있는 바람직한 목표를 설정하고, 그들이 이를 이해하도록 한다.
③ 리더는 구성원들의 생각, 가치, 신념 등을 발전시키고, 그들이 창의적으로 행동하도록 이끈다.
④ 리더는 구성원들의 관심사, 욕구 등에 대해 개별적으로 공평하게 관심을 가진다.
⑤ 구성원들을 리더로 얼마나 육성했는지보다 구성원의 성과 측정을 통해 객관성을 가질 수 있다는 효과가 있다.

43 다음 중 특성요인도(Cause – and – Effect Diagram)에 대한 설명으로 옳은 것은?

① SIPOC(공급자, 투입, 변환, 산출, 고객) 분석의 일부로, 프로세스 단계를 묘사하는 도구이다.
② 품질특성의 발생 빈도를 기록하는 데 사용되는 양식이다.
③ 연속적으로 측정되는 품질특성치의 빈도 분포이다.
④ 불량의 원인을 세분화하여 원인별 중요도를 파악하는 도구이다.
⑤ 개선하려는 문제의 잠재적 원인을 파악하는 도구이다.

44 다음 중 대량 맞춤화(Mass Customization)에 대한 설명으로 옳지 않은 것은?

① 개별고객을 만족시키기 위한 제품 맞춤화이다.
② 소프트웨어 융합을 통한 맞춤화가 실현된다.
③ 전용 설비를 사용한 소품종 대량생산화가 가능하다.
④ IT기술과 3D 프린터를 이용한 개별생산이 가능하다.
⑤ 일대일 마케팅이 현실화된다.

45 다음 중 막스 베버(Max Weber)가 제시한 관료제 이론의 주요 내용이 아닌 것은?

① 규정에 따른 직무배정과 직무수행
② 능력과 과업에 따른 선발과 승진
③ 상황적합적 관리
④ 계층에 의한 관리
⑤ 규칙과 문서에 의한 관리

46 다음 〈보기〉 중 애덤스의 공정성 이론(Equity Theory)에서 불공정성으로 인한 긴장을 해소할 수 있는 방법을 모두 고르면?

〈보기〉

ㄱ. 투입의 변경
ㄴ. 산출의 변경
ㄷ. 준거대상의 변경
ㄹ. 현장 또는 조직으로부터 이탈

① ㄱ, ㄴ
② ㄷ, ㄹ
③ ㄱ, ㄴ, ㄷ
④ ㄱ, ㄷ, ㄹ
⑤ ㄱ, ㄴ, ㄷ, ㄹ

47 다음 중 내부모집에 대한 설명으로 옳지 않은 것은?

① 외부모집에 비해 비용이 적게 든다.
② 구성원의 사회화 기간을 단축시킬 수 있다.
③ 외부모집에 비해 지원자를 정확하게 평가할 가능성이 높다.
④ 빠르게 변화하는 환경에 적응해야 할 때 외부모집보다 효과적이다.
⑤ 모집과정에서 탈락한 직원들은 사기가 저하될 수 있다.

48 다음 〈보기〉 중 수직적 마케팅시스템(VMS; Vertical Marketing System)에 대한 설명으로 옳은 것을 모두 고르면?

〈보기〉

ㄱ. 수직적 마케팅시스템은 유통조직의 생산시점과 소비시점을 하나의 고리 형태로 유통계열화하는 것이다.
ㄴ. 수직적 마케팅시스템은 유통경로 구성원인 제조업자, 도매상, 소매상, 소비자를 각각 별개로 파악하여 운영한다.
ㄷ. 유통경로 구성원의 행동은 시스템 전체보다 각자의 이익을 극대화하는 방향으로 조정된다.
ㄹ. 수직적 마케팅시스템의 유형에는 기업적 VMS, 관리적 VMS, 계약적 VMS 등이 있다.
ㅁ. 프랜차이즈 시스템은 계약에 의해 통합된 수직적 마케팅시스템이다.

① ㄱ, ㄴ, ㄷ
② ㄱ, ㄴ, ㄹ
③ ㄱ, ㄹ, ㅁ
④ ㄴ, ㄷ, ㄹ
⑤ ㄴ, ㄹ, ㅁ

49 다음 대화의 빈칸에 공통으로 들어갈 단어는?

A이사 : 이번에 우리 회사에서도 ________시스템을 도입하려고 합니다. ________는 기업 전체의 의사결정 권자와 사용자 모두가 실시간으로 정보를 공유할 수 있게 합니다. 또한 제조, 판매, 유통, 인사관리, 회계 등 기업의 전반적인 운영 프로세스를 통합하여 자동화할 수 있지요.

B이사 : 맞습니다. ________시스템을 통하여 기업의 자원관리를 보다 효율적으로 할 수 있어서, 조직 전체의 의사결정도 보다 신속하게 할 수 있을 것입니다.

① JIT
② MRP
③ MPS
④ ERP
⑤ APP

50 다음 설명에 해당하는 현상은 무엇인가?

- 응집력이 높은 집단에서 나타나기 쉽다.
- 집단구성원들이 의견일치를 추구하려다가 잘못된 의사결정을 하게 된다.
- 이에 대처하기 위해서는 자유로운 비판이 가능한 분위기 조성이 필요하다.

① 집단사고(Groupthink)
② 조직시민행동(Organizational Citizenship Behavior)
③ 임파워먼트(Empowerment)
④ 몰입상승(Escalation of Commitment)
⑤ 악마의 옹호자(Devil's Advocacy)

51 다음 중 대규모 데이터베이스에서 숨겨진 패턴이나 관계를 발견하여 의사결정 및 미래예측에 활용할 수 있도록 데이터를 모아서 분석하는 것은?

① 데이터 웨어하우스(Data Warehouse)
② 데이터 마이닝(Data Mining)
③ 데이터 마트(Data Mart)
④ 데이터 정제(Data Cleansing)
⑤ 데이터 스크러빙(Data Scrubbing)

52 다음은 K기업의 균형성과평가제도를 적용한 평가기준표이다. 빈칸 (A) ~ (D)에 들어갈 용어를 순서대로 바르게 나열한 것은?

구분	전략목표	주요 성공요인	주요 평가지표	목표	실행계획
(A)관점	매출 확대	경쟁사 대비 가격 및 납기우위	평균 분기별 총매출, 전년 대비 총매출	평균 분기 10억 원 이상, 전년 대비 20% 이상	영업 인원 증원
(B)관점	부담 없는 가격, 충실한 A/S	생산성 향상, 높은 서비스 품질	전년 대비 재구매 비율, 고객 만족도	전년 대비 10포인트 향상, 만족도 80% 이상	작업 순서 준수, 서비스 품질 향상
(C)관점	작업 순서 표준화 개선 제안 및 실행	매뉴얼 작성 및 준수	매뉴얼 체크 회수 개선 제안 수 및 실행횟수	1일 1회 연 100개 이상	매뉴얼 교육 강좌개선, 보고회의 실시
(D)관점	경험이 부족한 사원 교육	실천적 교육 커리큘럼 충실	사내 스터디 실시 횟수, 스터디 참여율	연 30회, 80% 이상	스터디 모임의 중요성 및 참여 촉진

	(A)	(B)	(C)	(D)
①	고객	업무 프로세스	학습 및 성장	재무적
②	고객	학습 및 성장	업무 프로세스	재무적
③	재무적	고객	업무 프로세스	학습 및 성장
④	학습 및 성장	고객	재무적	업무 프로세스
⑤	업무 프로세스	재무적	고객	학습 및 성장

53 **다음 설명에 해당하는 승진제도는?**

> • 직무의 변화 없이 직위만 승진하는 것으로, 보수와 직무는 변동이 없다.
> • 승진 대상자가 누적되어 있거나 근로자의 사기 저하를 방지하기 위해 직위의 명칭을 변경하거나 형식적으로 승진시키는 제도이다.

① 연공승진
② 조직변화승진
③ 대용승진
④ 역직승진
⑤ 자격승진

54 **다음 중 시장세분화에 대한 설명으로 옳지 않은 것은?**

① 제품사용상황 및 사용량은 행동적 세분화 기준변수에 속한다.
② 효과적인 시장세분화를 위해서는 시장의 규모가 측정 가능해야 한다.
③ 시장세분화를 통해 소비자들의 다양한 욕구를 보다 잘 만족시킬 수 있다.
④ 하나의 특정한 시장세분화 기준변수가 모든 상황에서 가장 효과적인 것은 아니다.
⑤ 시장세분화에서는 동일한 세분시장 내에 있는 소비자들의 이질성이 극대화되도록 해야 한다.

55 **다음 중 총괄생산계획에 대한 설명으로 옳지 않은 것은?**

① 총괄생산계획에 대일정계획이 포함된다.
② 수요 예측에 의해 총괄생산계획을 수립한다.
③ 총괄생산계획을 기반으로 주생산계획을 수립한다.
④ 수요 변동이 생길 때마다 즉시 생산수준에 반영해야 한다.
⑤ 생산과 투입이 불일치하기 때문에 계획을 수립한다.

56 다음은 집단의사결정의 문제점인 A와 해결방안인 B에 대한 설명이다. A, B에 해당하는 용어를 순서대로 바르게 나열한 것은?

- A : 대립이나 토론의 상황에 놓여 있는 양 집단이 서로 간의 상호작용을 거치면서 점차 극단적인 입장과 태도를 취하게 되는 현상이다. 집단구성원들이 상대집단과 상호작용하며 스스로 소속감을 재확인받는 외적 경로와 집단 내부에서 발생하는 몰입의 심화현상으로 서로의 주장만을 강화해 주는 의견만을 선택적으로 청취하는 내적경로를 통해 발현한다.
- B : 전문가들에 의해 행해지는 비대면적 무기명 토론방식으로, 문제나 이슈에 대해 전문가들이 생각하는 바를 각자가 작성하여 토론진행자에게 송부한다. 진행자가 코멘트를 정리하여 다시 당사자에게 보내면 전문가들은 이를 다시 읽어보고 자신의 견해를 덧붙이는 방법이다. 이는 보통 최적의 대안이 도출될 때까지 반복하며 많은 실증연구에 의해서 효과성이 검증된 기법이나 전문가들이 중간에 탈락하는 것(무응답 등)을 통제하기 어려우며 토론진행자의 역량에 크게 효과성이 좌우된다.

	A	B
①	집단사고	브레인스토밍
②	책임소재의 부재	명목집단법
③	사회적 압력	프리모텀기법
④	집단양극화	델파이법
⑤	사회적 동조	캔미팅

57 다음 중 행동수정 전략의 특징으로 옳지 않은 것은?

① 행동 원리에 기초하여 행동을 분석한다.
② 표적 행동을 기준으로 증가, 감소해야 하는 행동을 수정한다.
③ 행동의 원인으로 과거 사건을 강조한다.
④ 절차에 대해 정확히 설명한다.
⑤ 행동의 변화를 측정한다.

58 다음 중 지식관리에 대한 설명으로 옳지 않은 것은?

① 형식적 지식은 쉽게 체계화할 수 있는 특성이 있다.
② 암묵적 지식은 조직에서 명시적 지식보다 강력한 힘을 발휘하기도 한다.
③ 형식적 지식은 경쟁기업이 쉽게 모방하기 어려운 지식으로, 경쟁우위 창출의 기반이 된다.
④ 암묵적 지식은 사람의 머릿속에 있는 지식으로, 지적자본(Intellectual Capital)이라고도 한다.
⑤ 기업에서는 구성원의 지식공유를 활성화하기 위하여 인센티브(Incentive)를 도입한다.

59 다음 중 우연원인에 따라 관리도를 사용하는 경우로 옳지 않은 것은?

① 근로자의 숙련도 차이
② 작업환경의 차이
③ 생산 자재 가격의 변동
④ 생산 자재 품질의 불량
⑤ 생산설비의 허용 가능한 오차

60 다음 중 브룸의 기대이론을 구성하는 요소에 해당하지 않는 것은?

① 노력
② 결과
③ 기대치
④ 객관성
⑤ 유인가

61 다음은 철도산업발전기본법령상 실무위원회의 구성에 대한 설명이다. 빈칸에 들어갈 수를 모두 더한 값은 얼마인가?

> • 실무위원회는 위원장을 포함한 ____인 이내의 위원으로 구성한다.
> • 제4항 제4호의 규정에 의한 위원의 임기는 ____년으로 하되, 연임할 수 있다.
> • 실무위원회에 간사 _____인을 두되, 간사는 국토교통부장관이 국토교통부 소속 공무원 중에서 지명한다.

① 20
② 21
③ 22
④ 23
⑤ 24

62 다음은 한국철도공사법의 일부이다. 빈칸에 들어갈 내용을 순서대로 바르게 나열한 것은?

> _______(으)로 정하는 바에 따라 사장이 지정한 한국철도공사의 직원은 사장을 대신하여 공사의 _______에 관한 재판상 또는 재판 외의 모든 행위를 할 수 있다.

① 법규, 권리
② 규정, 수익
③ 정관, 업무
④ 계약, 자산
⑤ 약관, 의결

63 다음 중 철도산업발전기본법상 국가가 철도이용자의 권익보호를 위해 강구해야 할 시책이 아닌 것은?

① 철도이용자의 재산상의 위해 방지
② 철도이용자의 권익보호를 위한 홍보
③ 철도이용자의 생명·신체의 위해 방지
④ 철도이용자의 피해에 대한 신속·공정한 구제조치
⑤ 철도이용자의 철도시설 관리를 위한 교육 및 연구

64 다음은 철도사업법상 사업의 휴업·폐업에 대한 설명이다. 빈칸에 들어갈 기간으로 옳은 것은?

> • 철도사업자가 그 사업의 전부 또는 일부를 휴업 또는 폐업하려는 경우에는 국토교통부령으로 정하는 바에 따라 국토교통부장관의 허가를 받아야 한다.
> • 허가를 받거나 신고한 휴업기간 중이라도 휴업 사유가 소멸된 경우에는 국토교통부장관에게 신고하고 사업을 재개할 수 있다.
> • 국토교통부장관은 신고를 받은 날부터 ________ 이내에 신고수리 여부를 신고인에게 통지하여야 한다.

① 40일
② 60일
③ 80일
④ 100일
⑤ 120일

65 다음은 한국철도공사법령상 한국철도공사의 손익금의 처리에 대한 설명이다. 빈칸에 들어갈 내용으로 옳은 것은?

> 한국철도공사가 이익준비금 또는 사업확장적립금을 자본금으로 전입하고자 하는 때에는 이사회의 ________ 을/를 거쳐 기획재정부장관의 승인을 얻어야 한다.

① 의결
② 승인
③ 허락
④ 협의
⑤ 보고

66 다음 중 철도사업법상 용어의 정의가 바르게 연결된 것은?

① 철도 : 철도사업을 목적으로 설치하거나 운영하는 철도이다.
② 철도차량 : 다른 사람의 수요에 따른 영업을 목적으로 하지 아니하고 자신의 수요에 따라 특수 목적을 수행하기 위하여 설치하거나 운영하는 철도이다.
③ 전용철도 : 여객 또는 화물을 운송하는 데 필요한 철도시설과 철도차량 및 이와 관련된 운영·지원체계가 유기적으로 구성된 운송체계이다.
④ 철도사업 : 다른 사람의 수요에 응하여 철도차량을 사용하여 유상(有償)으로 여객이나 화물을 운송하는 사업이다.
⑤ 사업용철도 : 선로를 운행할 목적으로 제작된 동력차·객차·화차 및 특수차여객 또는 화물을 운송하는 데 필요한 철도시설과 철도차량 및 이와 관련된 운영·지원체계가 유기적으로 구성된 운송체계이다.

67 다음 중 철도사업법령상 철도사업자의 면허취소 또는 사업정지 등의 처분대상이 되는 사상자의 수는?

① 1회 철도사고로 사망자 3명 이상
② 1회 철도사고로 사망자 4명 이상
③ 1회 철도사고로 사망자 5명 이상
④ 1회 철도사고로 사망자 7명 이상
⑤ 1회 철도사고로 사망자 9명 이상

68 다음 중 한국철도공사법상 한국철도공사의 손익금 처리 순서를 바르게 나열한 것은?

> ㄱ. 국고에 납입
> ㄴ. 이월결손금의 보전(補塡)
> ㄷ. 자본금의 2분의 1이 될 때까지 이익금의 10분의 2 이상을 이익준비금으로 적립
> ㄹ. 자본금과 같은 액수가 될 때까지 이익금의 10분의 2 이상을 사업확장적립금으로 적립

① ㄴ－ㄷ－ㄹ－ㄱ
② ㄴ－ㄹ－ㄷ－ㄱ
③ ㄷ－ㄴ－ㄹ－ㄱ
④ ㄷ－ㄹ－ㄴ－ㄱ
⑤ ㄹ－ㄴ－ㄷ－ㄱ

69 다음 중 한국철도공사법령상 한국철도공사의 설립등기사항이 아닌 것은?

① 명칭
② 자본금
③ 설립목적
④ 임원의 자격
⑤ 공고의 방법

70 다음 중 철도산업발전기본법령상 철도산업위원회의 위원이 될 수 없는 사람은?

① 기획재정부차관
② 한국철도공사 사장
③ 산업통상부차관
④ 공정거래위원회위원장
⑤ 과학기술정보통신부차관

5권

제4회 코레일 한국철도공사 사무직

NCS + 전공 + 철도법령

〈문항 및 시험시간〉

평가영역	문항 수	시험시간	모바일 OMR 답안채점 / 성적분석 서비스
[NCS] 의사소통능력+수리능력+문제해결능력 [전공] 경영학 [철도법령] 철도법령	70문항	70분	

※ 수록 기준

철도산업발전기본법 : 법률 제21065호(시행 26.1.2.), 철도산업발전기본법 시행령 : 대통령령 제35811호(시행 25.10.1.)

한국철도공사법 : 법률 제21065호(시행 26.1.2.), 한국철도공사법 시행령 : 대통령령 제35228호(시행 25.1.31.)

철도사업법 : 법률 제21065호(시행 26.1.2.), 철도사업법 시행령 : 대통령령 제33795호(시행 24.1.1.)

코레일 한국철도공사 사무직 신입사원 필기시험	
제4회 모의고사	문항 수 : 70문항 시험시간 : 70분

제1영역 NCS

01 다음 글을 읽고 빈칸에 들어갈 접속어를 순서대로 바르게 나열한 것은?

> 각 시대에는 그 시대의 특징을 나타내는 문학이 있다고 한다. 우리나라도 무릇 사천 살이 넘는 생활의 역사를 가진 만큼 그 발전 시기마다 각각 특색을 가진 문학이 없을 수 없고, 문학이 있었다면 그 중추가 되는 것은 아무래도 시가문학이라고 볼 수밖에 없다. ________ 대개 어느 민족을 막론하고 인간 사회가 성립하는 동시에 벌써 각자의 감정과 의사를 표시하려는 욕망이 생겼을 것이며, 삼라만상의 대자연은 자연 그 자체가 율동적이고 음악적이라고 할 수 있기 때문이다. 다시 말하면 인간이 생활하는 곳에는 자연적으로 시가가 발생하였다고 할 수 있다. ________ 사람의 지혜가 트이고 비교적 언어의 사용이 능란해짐에 따라 종합 예술체의 한 부분으로 있었던 서정문학적 요소가 분화·독립되어 제요나 노동요 따위의 시가의 원형을 이루고 다시 이 집단적 가요는 개인적 서정시로 발전하여 갔으리라 추측된다. ________ 다른 나라도 마찬가지이겠지만, 우리 문학사상에서 시가의 지위는 상당히 중요한 몫을 지니고 있다.

① 왜냐하면 – 그리고 – 그러므로
② 왜냐하면 – 그러나 – 그럼에도 불구하고
③ 그러므로 – 그리고 – 왜냐하면
④ 그리고 – 왜냐하면 – 그러므로
⑤ 그러나 – 왜냐하면 – 그러므로

02 다음 글의 중심 내용으로 가장 적절한 것은?

> 쇼펜하우어에 따르면 우리가 살고 있는 세계의 진정한 본질은 의지이며 그 속에 있는 모든 존재는 맹목적인 삶의 의지에 의해서 지배당하고 있다. 쇼펜하우어는 우리가 일상적으로 또는 학문적으로 접근하는 세계는 단지 표상의 세계일 뿐이라고 주장하는데, 인간의 이성은 단지 이러한 표상의 세계만을 파악할 수 있을 뿐이다. 그에 따르면 존재하는 세계의 모든 사물들은 우선적으로 표상으로서 드러나게 된다. 시간과 공간 그리고 인과율에 의해서 파악되는 세계가 나의 표상인데, 이러한 표상의 세계는 오직 나에 의해서, 즉 인식하는 주관에 의해서만 파악되는 세계이다. 쇼펜하우어에 따르면 이러한 주관은 모든 현상의 세계, 즉 표상의 세계에서 주인의 역할을 하는 '나'이다.
> 이러한 주관을 이성이라고 부를 수도 있는데, 이성은 표상의 세계를 이끌어가는 주인공의 역할을 하는 것이다. 그러나 쇼펜하우어는 여기서 한발 더 나아가 표상의 세계에서 주인의 역할을 하는 주관 또는 이성은 의지의 지배를 받는다고 주장한다. 즉, 쇼펜하우어는 이성에 의해서 파악되는 세계의 뒤편에는 참된 본질적 세계인 의지의 세계가 있으므로 표상의 세계는 제한적이며 표면적인 세계일 뿐, 이성에 의해서 또는 주관에 의해서 결코 파악될 수 없다고 주장한다. 오히려 그는 그동안 인간이 진리를 파악하는 데 최고의 도구로 칭송받던 이성이나 주관을 의지에 끌려 다니는 피지배자일 뿐이라고 비판한다.

① 세계의 본질로서 의지의 세계
② 표상 세계의 극복과 그 해결 방안
③ 의지의 세계와 표상의 세계 간의 차이
④ 세계의 주인으로서 주관의 표상 능력
⑤ 표상 세계 안에서의 이성의 역할과 한계

03 다음 밑줄 친 단어 중 맞춤법이 옳은 것은?

① 이렇게 큰 상을 받게 되니 감사하면서도 <u>겸연적다</u>.
② 차가운 바닥에 <u>거적대기</u>를 깔고 앉아 있는 모습이 안쓰러웠다.
③ 주인공의 <u>맛갈</u>나는 연기가 시청자들의 눈길을 사로잡았다.
④ 그 사람의 체면을 봐주다가 욕을 <u>곱빼기</u>로 얻어먹었다.
⑤ 밑창이 얇은 신발을 신으면 <u>발뒷굼치</u>에 통증이 오기 쉽다.

04 다음 문단을 논리적 순서대로 바르게 나열한 것은?

(가) 논리 실증주의자와 포퍼는 지식을 수학 지식이나 논리학 지식처럼 경험과 무관한 것과 과학적 지식처럼 경험에 의존하는 것으로 구분한다. 그 과학적 지식은 과학적 방법에 의해 누적된다고 주장하며, 가설이 과학적 지식의 후보가 된다고 보았다.

(나) 하지만 콰인은 가설만 가지고서 예측을 논리적으로 도출할 수 없다고 본다. 예를 들어 새로 발견된 금속 M이 열을 받으면 팽창한다는 가설만 가지고는 열을 받은 M이 팽창할 것이라는 예측을 이끌어 낼 수 없다. 먼저 지금까지 관찰한 모든 금속은 열을 받으면 팽창한다는 기존의 지식과 M에 열을 가했다는 조건 등이 필요하다는 것이다.

(다) 그들은 가설로부터 논리적으로 도출된 예측을 관찰이나 실험 등의 경험을 통해 맞는지 틀리는지 판단함으로써 그 가설을 시험하는 과학적 방법을 제시한다. 논리 실증주의자는 예측이 맞을 경우에, 포퍼는 예측이 틀리지 않는 한, 그 예측을 도출한 가설이 하나씩 새로운 지식으로 추가된다고 주장한다.

(라) 이렇게 예측은 가설, 기존의 지식, 여러 조건 등을 모두 합쳐야만 논리적으로 도출된다는 것이다. 그러므로 예측이 거짓으로 밝혀지면 정확히 무엇 때문에 예측에 실패한 것인지 알 수 없다는 것이다. 이로부터 콰인은 개별 가설뿐만 아니라 기존의 지식과 여러 조건 등을 모두 포함하는 전체 지식이 경험을 통한 시험의 대상이 된다는 총체주의를 제안한다.

① (가) – (나) – (라) – (다)
② (가) – (다) – (나) – (라)
③ (가) – (다) – (라) – (나)
④ (다) – (나) – (라) – (가)
⑤ (다) – (라) – (나) – (가)

05 다음 빈칸 ㉠~㉢에 들어갈 단어를 바르게 연결한 것은?

- 올해는 과일 값의 ___㉠___이 특히 심했다.
- 가치관의 ___㉡___(으)로 효에 대한 생각이 많이 달라졌다.
- 그 물건은 심하게 ___㉢___을 겪어서 원래 형태를 찾아볼 수 없었다.

	㉠	㉡	㉢
①	변동(變動)	변형(變形)	변질(變質)
②	변동(變動)	변화(變化)	변형(變形)
③	변형(變形)	변질(變質)	변동(變動)
④	변별(辨別)	변화(變化)	변질(變質)
⑤	변질(變質)	변형(變形)	변별(辨別)

06 다음 기사를 읽고 이해한 내용으로 적절하지 않은 것은?

> 오늘날의 정신없는 한국 사회 안에서 사람들은 가정도 직장도 아닌 제3의 공간, 즉 케렌시아와 같은 공간을 갖고 싶어 할 것이다. '케렌시아(Querencia)'는 스페인어의 '바라다'라는 동사 '케레르(Querer)'에서 나왔다. 케렌시아는 피난처, 안식처, 귀소본능이라는 뜻으로, 투우장의 투우가 마지막 일전을 앞두고 홀로 잠시 숨을 고르는 자기만의 공간을 의미한다.
>
> 케렌시아를 의미하는 표현은 이전부터 쓰여 왔다. 미국 사회학자 폴라 에이머는 '맨케이브(주택의 지하, 창고 등 남성이 혼자서 작업할 수 있는 공간)'를 남성성의 마지막 보루라고 해석했다. 그리고 버지니아 울프는 『자기만의 방』에서 '여성이 권리를 찾기 위해서는 두 가지가 필요한데, 하나는 경제적 독립이며 또 다른 하나는 혼자만의 시간을 가질 수 있는 자기만의 방'이라고 표현했다.
>
> 이처럼 남자에게나 여자에게나 케렌시아와 같은 자기만의 공간이 필요한 것은 틀림없지만 경제적인 문제로 그런 공간을 갖는 것은 쉬운 일이 아니다. 그러나 그렇다고 아예 포기하고 살 수는 없다. 갖지 못해도 이용할 수 있는 방법을 찾아야 한다. 케렌시아가 내 아픈 삶을 위로해 준다면 기를 쓰고 찾아야 하지 않겠는가.
>
> 우리는 사실 케렌시아와 같은 공간을 쉽게 찾아볼 수 있다. 도심 속의 수면 카페가 그런 곳이다. 해먹에 누워 잠을 청하거나 안마의자를 이용해 휴식을 취할 수 있으며, 산소 캡슐 안에 들어가서 무공해 공기를 마시며 휴식을 취할 수도 있다. 오늘날 이러한 휴식을 위한 카페와 더불어 낚시 카페, 만화 카페, 한방 카페 등이 다양하게 생기고 있다.
>
> 즉, 케렌시아는 힐링과 재미에 머무는 것이 아니라 능동적인 취미 활동을 하는 곳이고, 창조적인 활동을 하기 위한 공간으로 변모해 가고 있는 것이다. 최근에는 취업준비생들에게 명절 대피소로 알려진 북카페가 등장했으며, '퇴근길에 책 한 잔'이라는 곳에서는 '3프리(Free)존'이라고 하여 잔소리 프리, 눈칫밥 프리, 커플 프리를 표방하기도 한다. 이보다 더 진보한 카페는 '책맥 카페'이다. 책과 맥주가 있는 카페. 책을 읽으며 맥주를 마시고, 맥주를 마시며 책을 읽을 수 있는 공간이라면 누구라도 한번 가보고 싶지 않겠는가. 술과 책의 그 먼 거리를 이리도 가깝게 할 수 있다니 놀라울 따름이다.
>
> 또한 마음을 다독일 케렌시아가 필요한 사람들에게는 전시장, 음악회 등의 문화 현장에 가보라고 권하고 싶다. 예술 문화는 인간을 위로하는 데 효과적이기 때문이다. 이러한 예술 현장에서 케렌시아를 찾아낸다면 팍팍한 우리의 삶에서, 삶의 위기를 극복하는 다른 사람의 이야기를 들을 수 있고 꿈을 꿀 수 있을지도 모른다.

① 케렌시아는 취미 활동보다는 휴식과 힐링을 위한 공간임을 알 수 있다.

② 다양한 카페는 사람들에게 케렌시아를 제공한다.

③ 케렌시아와 유사한 다른 표현이 있음을 알 수 있다.

④ 케렌시아는 휴식과 힐링을 위한 자기만의 공간을 의미한다고 볼 수 있다.

⑤ 전시장, 음악회 등 문화 현장에서 케렌시아를 찾을 수 있다.

07 다음 글을 읽고 속담을 활용하여 이해한 내용으로 가장 적절한 것은?

> 핀테크가 등장하면서 예금과 대출만이 아니라 투자, 자산 관리, 채무 보증, 파생 거래 등 수많은 금융서비스가 전통적인 금융회사들로부터 분리를 거듭하자 많은 사람들은 금융회사의 해체 과정에만 주목하고 있다. 은행의 해체라는 화두가 등장한 것도 이 때문이다. 하지만 전체적인 흐름에서 보면 분절 또는 해체의 과정만 일어나고 있는 것은 아니다.
>
> 넷스케이프(Netscape)의 전 CEO 짐 박스데일에 따르면 사업에서 돈을 버는 방법은 통합하는 것(Bundle)과 해체하는 것(Unbundle) 두 가지라고 했듯이 해체와 통합은 상시적으로 필요에 의해 일어난다. 예를 들면 은행으로부터 대출을 떼어 온 P2P 서비스도 대출 이외에 더 많은 서비스를 고객에게 원스톱으로 제공하기 위해 새로운 서비스를 자신의 범주에 통합하려고 노력하고 있다. 지급결제로 홀로서기에 성공한 심플(Simple) 등 상당수 핀테크들도 초기 성공을 바탕으로 은행업 면허를 받아 종합금융 서비스를 제공하려 하고 있다. 즉, 핀테크들이 기존 금융회사보다 세분화된 서비스를 빅데이터와 인공 지능의 도움을 받아 제공하면서 전통 금융회사들의 대안으로 떠올랐지만, 어느 임계점에 들어서 다른 금융 서비스를 추가하면서 종합금융 서비스 기관으로 변신을 추진하고 있다. 이는 새로운 기술로 무장한 다른 핀테크들이 등장할 기회를 제공한다. 이처럼 통합과 해체의 사이클은 끊임없이 계속되는 것이다.
>
> 전통적인 금융회사들도 자신의 영역을 핀테크에 내주고 있는 듯 하지만 이 또한 또 다른 통합을 지향하고 있음을 알아야 한다. 즉, 은행들은 오픈 API(Application Programming Interfaces)를 통해 자신의 핵심 경쟁력을 공개하고 있지만, 이는 역으로 자신이 핀테크의 플랫폼으로 자리 잡을 기회를 확보한 것이다. 결국 보는 관점에 따라 현재 금융시장에서 해체와 통합이 동시다발적으로 일어나고 있다고 볼 수 있다.

① 금융회사들은 핀테크를 ‘강 건너 불구경하듯’ 하는구나.

② 핀테크는 금융업에 있어서 ‘귀에 걸면 귀걸이 코에 걸면 코걸이’로 볼 수 있겠군.

③ 핀테크에 대한 금융업의 모습을 보니 ‘우물에 가 숭늉을 찾는 격’이구나.

④ ‘될성부른 나무는 떡잎부터 알아본다.’더니, 핀테크의 발전은 예상된 것이었어.

⑤ ‘사공이 많으면 배가 산으로 간다.’던데 앞으로 핀테크의 방향이 걱정되는구나.

08 다음 글의 순서를 고려할 때 글의 구조로 가장 적절한 것은?

> (가) 고려의 수도 개경 안에는 궁궐이 있고, 그 주변으로 가옥과 상점이 모여 시가지를 형성하고 있었다. 이 궁궐과 시가지를 둘러싼 성벽을 개경 도성이라고 불렀다. 개경 도성에는 여러 개의 출입문이 있었는데, 서쪽에 있는 문 가운데 가장 많은 사람이 드나든 곳은 선의문이었다.
>
> (나) 동쪽에는 숭인문이라는 문도 있었다. 도성 안에는 선의문과 숭인문을 잇는 큰 도로가 있었다. 이 도로는 궁궐의 출입문인 광화문으로부터 도성 남쪽 출입문 방향으로 나 있는 다른 도로와 만나는데, 두 도로의 교차점을 십자가라고 불렀다.
>
> (다) 또 십자가에서 남쪽으로 이어진 길로 백여 미터만 가도 그 길에 접한 서쪽면에 돼지고기만 따로 파는 저전들이 있었다. 이외에도 십자가와 선의문 사이를 잇는 길의 중간 지점에 수륙교라는 다리가 있었는데, 그 옆에 종이만 파는 저시 골목이 있었다.
>
> (라) 개경에는 남대가에만 시전이 있는 것이 아니었다. 십자가에서 숭인문 방향으로 몇백 미터를 걸어가면 그 도로 북쪽 편에 자남산이라는 조그마한 산이 있었다. 이 산은 도로에서 불과 몇십 미터 떨어져 있지 않은데, 그 산과 남대가 사이의 공간에 기름만 취급하는 시전들이 따로 모인 유시 골목이 있었다.
>
> (마) 고려 때에는 개경의 십자가로부터 광화문까지 난 거리를 남대가라고 불렀다. 남대가 양편에는 관청의 허가를 받아 영업하는 상점인 시전들이 도로를 따라 나란히 위치해 있었다. 이 거리는 비단이나 신발을 파는 시전, 과일 파는 시전 등이 밀집한 번화가였다. 고려 정부는 이 거리를 관리하기 위해 남대가의 남쪽 끝 지점에 경시서라는 관청을 두었다.

①
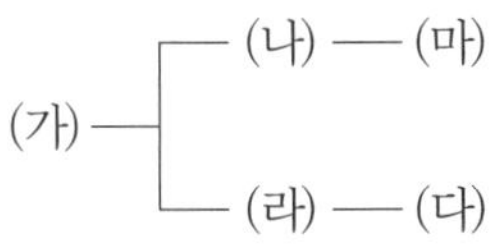

②
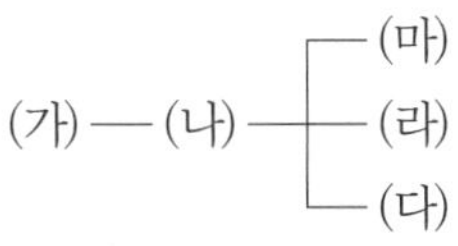

③
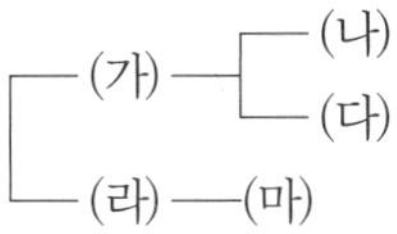

④
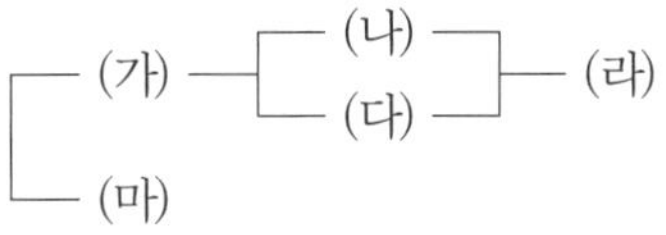

⑤
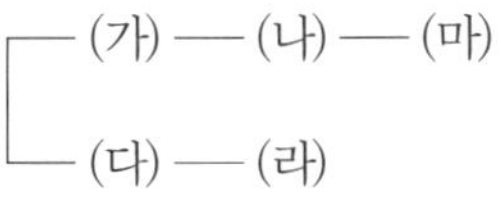

09 다음 글의 제목으로 가장 적절한 것은?

우리는 처음 만난 사람의 외모를 보고, 그를 어떤 방식으로 대우해야 할지를 결정할 때가 많다. 그가 여자인지 남자인지, 얼굴색이 흰지 검은지, 나이가 많은지 적은지 혹은 그의 스타일이 조금은 상류층의 모습을 띠고 있는지 아니면 너무나 흔해서 별 특징이 드러나 보이지 않는 외모를 하고 있는지 등을 통해 그들과 나의 차이를 재빨리 감지한다. 일단 감지가 되면 우리는 둘 사이의 지위 차이를 인식하고 우리가 알고 있는 방식으로 그를 대하게 된다. 한 개인이 특정 집단에 속한다는 것은 단순히 다른 집단의 사람과 다르다는 것뿐만 아니라, 그 집단이 다른 집단보다는 지위가 높거나 우월하다는 믿음을 갖게 한다. 모든 인간은 평등하다는 우리의 신념에도 불구하고 왜 인간들 사이의 이러한 위계화(位階化)를 당연한 것으로 받아들일까? 위계화란 특정 부류의 사람들은 자원과 권력을 소유하고 다른 부류의 사람들은 낮은 사회적 지위를 갖게 되는 사회적이며 문화적인 체계이다. 다음으로 이러한 불평등이 어떠한 방식으로 경험되고 조직화되는지를 살펴보기로 하자.
인간이 불평등을 경험하게 되는 방식은 여러 측면으로 나눌 수 있다. 산업 사회에서의 불평등은 계층과 계급의 차이를 통해서 정당화되는데, 이는 재산, 생산 수단의 소유 여부, 학력, 집안 배경 등의 요소들의 결합에 의해 사람들 사이의 위계를 만들어 낸다. 또한 모든 사회에서 인간은 태어날 때부터 얻게 되는 인종, 성, 종족 등의 생득적 특성과 나이를 통해 불평등을 경험한다. 이러한 특성들은 단순히 생물학적인 차이를 지칭하는 것이 아니라, 개인의 열등성과 우등성을 가늠하게 만드는 사회적 개념이 되곤 한다.
한편 불평등이 재생산되는 다양한 사회적 기제들이 때로는 관습이나 전통이라는 이름하에 특정 사회의 본질적인 문화적 특성으로 간주되고 당연시되는 경우가 많다. 불평등은 체계적으로 조직되고 개인에 의해 경험됨으로써 문화의 주요 부분이 되었고, 그 결과 같은 문화권 내의 구성원들 사이에 권력 차이와 그에 따른 폭력이나 비인간적인 행위들이 자연스럽게 수용될 때가 많다.
문화 인류학자들은 사회 집단의 차이와 불평등, 사회의 관습 또는 전통이라고 이야기되는 문화 현상에 대해 어떤 입장을 취해야 할지 고민을 한다. 문화 인류학자가 이러한 문화 현상은 고유한 역사적 산물이므로 나름대로 가치를 지닌다는 입장만을 반복하거나 단순히 관찰자로서의 입장에 안주한다면, 이러한 차별의 형태를 제거하는 데 도움을 줄 수 없다. 실제로 문화 인류학 연구는 기존의 권력관계를 유지시켜주는 다양한 문화적 이데올로기를 분석하고, 인간 간의 차이가 우등성과 열등성을 구분하는 지표가 아니라 동등한 다름일 뿐이라는 것을 일깨우는 데 기여해 왔다.

① 차이와 불평등
② 차이의 감지 능력
③ 문화 인류학의 역사
④ 위계화의 개념과 구조
⑤ 관습과 전통의 계승과 창조

10 다음 중 갑과 을의 주장을 도출할 수 있는 질문으로 가장 적절한 것은?

> 갑 : 현재 우리나라는 저출산 문제가 심각하기 때문에 영유아를 배려하는 정책이 필요하다. 노키즈존과 같은 정책을 통해 더 좋은 서비스를 제공한다고 하는 것은 표면상의 이유로 영유아를 배려하지 않는 위험한 생각이다. 이는 어린이들의 사회적·문화적 활동을 가로막고, 어린이들 개개인이 우리 사회의 구성원이라는 인식을 갖게 하는 데 어려움을 준다. 또한 특정 집단에 대한 차별 문화를 정당화할 수 있으며, 헌법에서 보장하는 평등의 원리, 차별 금지의 원칙에도 위배된다.
>
> 을 : 공공장소에서 자신의 아이를 제대로 돌보지 않는 부모들이 늘고 있어, 주변 손님들에게 피해를 주고 가게의 매출이 줄어드는 등의 피해가 일어나고 있다. 특히 어린이들의 안전사고가 발생하는 경우 오히려 해당 가게에 피해보상을 요구하는 일까지 있다. 이러한 상황에서 점주나 아이가 없는 손님의 입장에서는 아이가 없는 환경에서 영업을 하고 서비스를 제공받을 권리가 있다. 더군다나 특정 손님의 입장 거부는 민법상 계약 과정에서 손님을 선택하고 서비스를 제공하지 않을 수 있는 자유에 속하므로, 어떤 법적·도덕적 기준에도 저촉되지 않는다.

① 공공장소에서 부모들은 아이의 행동을 감시해야 하는가?
② 영유아 복지제도를 시행해야 하는가?
③ 차별 금지 원칙의 적용 범위는 어디까지인가?
④ 가게에서 노키즈존을 운영할 수 있는가?
⑤ 공공장소에서 발생한 어린이 안전사고의 책임은 누구에게 있는가?

11 다음과 같이 일정한 규칙으로 수를 나열할 때 빈칸에 들어갈 수로 옳은 것은?

> 27 86 23 79 ( ) 72 15 65

① 75
② 20
③ 78
④ 17
⑤ 19

12 다음은 국가별 지적재산권 출원 건수 및 비중에 대한 자료이다. 이에 대한 설명으로 옳지 않은 것은?

〈국가별 지적재산권 출원 건수 및 비중〉

(단위 : 건, %)

구분		2018년	2019년	2020년	2021년	2022년	2023년	2024년
한국	건수	4,686	5,945	7,064	7,899	8,035	9,669	9,292
	비중	3.43	3.97	4.42	4.84	5.17	5.88	5.75
일본	건수	24,870	27,025	27,743	28,760	29,802	32,150	35,331
	비중	18.19	18.06	17.35	17.62	19.18	19.57	21.85
중국	건수	2,503	3,942	5,455	6,120	7,900	12,296	14,318
	비중	1.83	2.63	3.41	3.75	5.08	7.48	8.86
독일	건수	15,991	16,736	17,821	18,855	16,797	17,568	16,675
	비중	11.69	11.18	11.14	11.55	10.81	10.69	10.31
프랑스	건수	5,742	6,256	6,560	7,072	7,237	7,245	6,474
	비중	4.20	4.18	4.10	4.33	4.66	4.41	4.00
미국	건수	26,882	51,280	54,042	51,642	45,625	45,000	43,076
	비중	34.28	34.27	33.79	31.64	29.36	27.39	26.64

① 한국의 지적재산권 출원 비중은 2024년을 제외하고는 매년 모두 증가하고 있는 추세이다.

② 2018년 대비 2024년 지적재산권 출원 비중이 가장 크게 증가한 국가는 중국이다.

③ 2018년 대비 2024년 지적재산권 출원 비중이 낮아진 국가는 모두 세 국가이다.

④ 매년 가장 큰 지적재산권 출원 비중을 차지하고 있는 국가는 미국이다.

⑤ 프랑스의 출원 건수는 한국의 출원 건수보다 매년 많다.

13 A～C 3명의 친구가 가위바위보를 할 때, 3번 안에 1명의 승자가 정해질 확률은?(단, 패자는 제외하지 않는다)

① $\frac{1}{2}$

② $\frac{1}{3}$

③ $\frac{1}{21}$

④ $\frac{19}{27}$

⑤ $\frac{4}{5}$

14 다음은 어느 해 12월 말 기준 가 지역의 개설 및 등록 의료기관 수에 대한 자료이다. 〈조건〉을 토대로 A ~ D에 해당하는 의료기관을 순서대로 바르게 나열한 것은?

〈가 지역의 개설 및 등록 의료기관 수〉

(단위 : 개소)

의료기관	개설 의료기관 수	등록 의료기관 수
A	2,784	872
B	( )	141
C	1,028	305
D	( )	360

※ $[\text{등록률}(\%)] = \frac{(\text{등록 의료기관 수})}{(\text{개설 의료기관 수})} \times 100$

〈조건〉

- 의료기관은 종합병원, 치과, 안과, 한방병원 총 4종류가 있다.
- 등록률이 30% 이상인 의료기관은 종합병원과 치과이다.
- 종합병원의 등록 의료기관 수는 안과의 등록 의료기관 수의 2.5배 이상이다.
- 치과의 등록 의료기관 수는 한방병원의 등록 의료기관 수보다 적다.

	A	B	C	D
①	한방병원	종합병원	안과	치과
②	한방병원	종합병원	치과	안과
③	종합병원	치과	안과	한방병원
④	종합병원	치과	한방병원	안과
⑤	종합병원	안과	한방병원	치과

15 다음과 일정한 규칙으로 수를 나열할 때 빈칸에 들어갈 수로 옳은 것은?

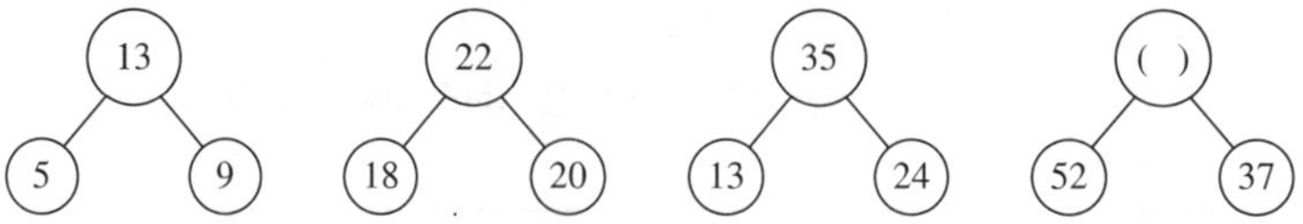

① 16
② 22
③ 28
④ 34
⑤ 40

16 다음은 예식장 사업 형태에 대한 자료이다. 이에 대한 설명으로 옳지 않은 것은?

〈예식장 사업 형태〉

(단위 : 개, 백만 원, m^2)

구분	개인경영	회사법인	회사 이외의 법인	비법인 단체	합계
사업체 수	1,160	44	91	9	1,304
매출	238,789	43,099	10,128	791	292,807
비용	124,446	26,610	5,542	431	157,029
면적	1,253,791	155,379	54,665	3,534	1,467,369

※ $[\text{수익률}(\%)] = \left[\frac{(\text{매출})}{(\text{비용})} - 1\right] \times 100$

① 예식장 사업은 대부분 개인경영 형태로 이루어지고 있다.
② 사업체당 매출액이 평균적으로 제일 큰 예식장 사업 형태는 회사법인 형태이다.
③ 예식장 사업은 매출액의 40% 이상이 수익이 되는 사업이다.
④ 수익률이 가장 높은 예식장 사업 형태는 회사법인 형태이다.
⑤ 사업체당 평균 면적이 가장 작은 예식장 사업 형태는 비법인 단체 형태이다.

17 K사 서비스센터의 직원들은 의류 건조기의 모터를 교체하는 업무를 진행하고 있다. 1대의 모터를 교체하는 데 A직원이 혼자 업무를 진행하면 2시간이 걸리고, A직원과 B직원이 함께 업무를 진행하면 80분이 걸리며, B직원과 C직원이 함께 진행하면 1시간이 걸린다. A ~ C직원이 모두 함께 건조기 1대의 모터를 교체하는 데 걸리는 시간은?

① 40분
② 1시간
③ 1시간 12분
④ 1시간 20분
⑤ 1시간 30분

18 다음은 2017 ~ 2024년 7개 도시 실질 성장률에 대한 자료이다. 이에 대한 설명으로 옳은 것은?

〈7개 도시 실질 성장률〉

(단위 : %)

연도 / 도시	2017년	2018년	2019년	2020년	2021년	2022년	2023년	2024년
서울	9.0	3.4	8.0	1.3	1.0	2.2	4.3	4.4
부산	5.3	7.9	6.7	4.8	0.6	3.0	3.4	4.6
대구	7.4	1.0	4.4	2.6	3.2	0.6	3.9	4.5
인천	6.8	4.9	10.7	2.4	3.8	3.7	6.8	7.4
광주	10.1	3.4	9.5	1.6	1.5	6.5	6.5	3.7
대전	9.1	4.6	8.1	7.4	1.6	2.6	3.4	3.2
울산	8.5	0.5	15.8	2.6	4.3	4.6	1.9	4.6

① 2022년 서울, 부산, 광주의 실질 성장률은 각각 2021년의 2배 이상이다.
② 2021년과 2022년의 실질 성장률이 가장 높은 도시는 일치한다.
③ 2018년 각 도시의 실질 성장률은 2017년에 비해 감소하였다.
④ 2019년 대비 2020년 실질 성장률이 5%p 이상 감소한 도시는 모두 3곳이다.
⑤ 2017년 실질 성장률이 가장 높은 도시가 2024년에는 실질 성장률이 가장 낮았다.

19 다음은 가계 금융자산을 나타낸 자료이다. 이를 나타낸 그래프로 옳지 않은 것은?

〈각국의 연도별 가계 금융자산 비율〉

구분	2019년	2020년	2021년	2022년	2023년	2024년
A	0.24	0.22	0.21	0.19	0.17	0.16
B	0.44	0.45	0.48	0.41	0.40	0.45
C	0.39	0.36	0.34	0.29	0.28	0.25
D	0.25	0.28	0.26	0.25	0.22	0.21

※ 가계 총자산은 가계 금융자산과 가계 비금융자산으로 이루어지며, 가계 금융자산 비율은 가계 총자산 대비 가계 금융자산이 차지하는 비율임

〈2024년 각국의 가계 금융자산 구성비〉

구분	예금	보험	채권	주식	투자 신탁	기타
A	0.62	0.18	0.10	0.07	0.02	0.01
B	0.15	0.30	0.10	0.31	0.12	0.02
C	0.35	0.27	0.11	0.09	0.14	0.04
D	0.56	0.29	0.03	0.06	0.02	0.04

① 연도별 B국과 C국 가계 비금융자산 비율

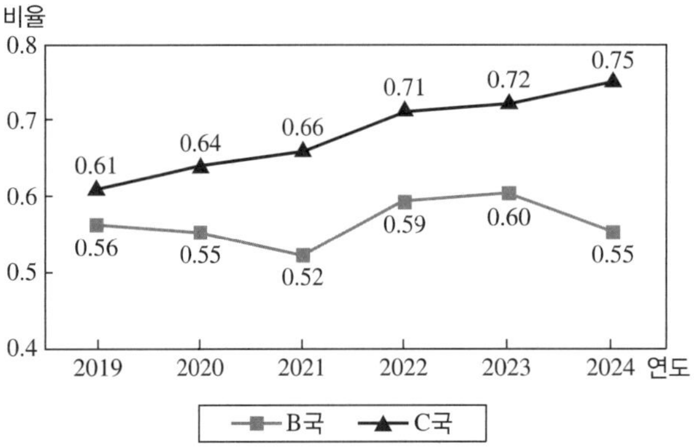

② 2021년 각국의 가계 총자산 구성비

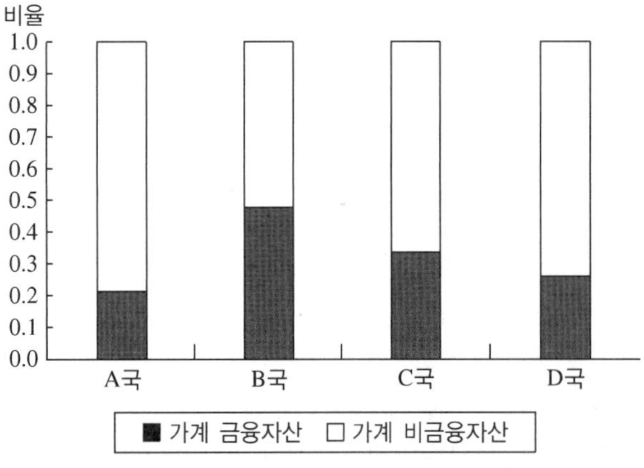

③ 2024년 C국의 가계 금융자산 구성비

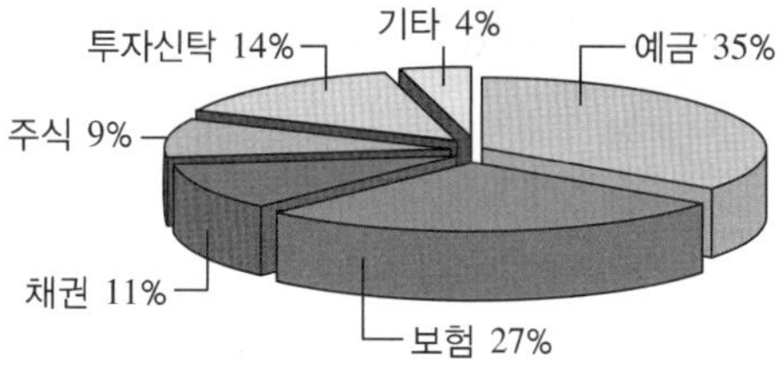

④ 2024년 A국과 D국의 가계 금융자산 대비 보험, 채권, 주식 구성비

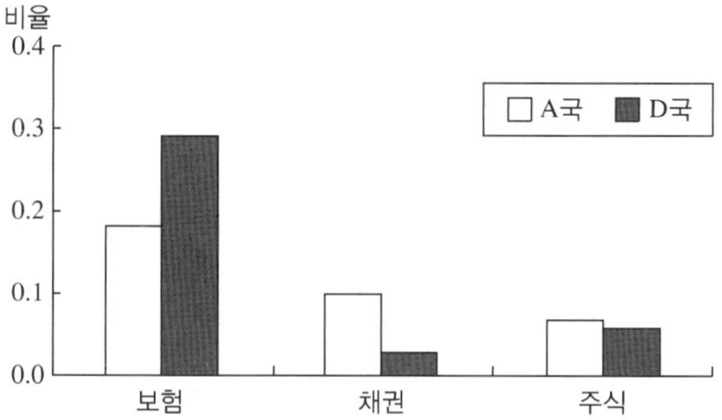

⑤ 2024년 각국의 가계 총자산 대비 예금 구성비

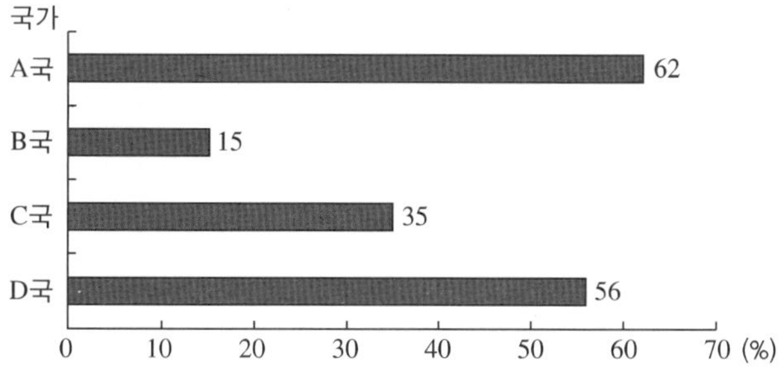

20 농도 10% 설탕물 480g에 농도 20% 설탕물 120g을 섞었다. 이 설탕물에서 한 컵의 설탕물을 퍼내고, 퍼낸 설탕물의 양만큼 다시 물을 부었더니 농도 11%의 설탕물 600g이 되었다. 이때 컵으로 퍼낸 설탕물의 양은?

① 30g
② 50g
③ 60g
④ 90g
⑤ 100g

21 다음 〈보기〉 중 문제해결절차에 따라 사용되는 문제해결 방법을 순서대로 바르게 나열한 것은?

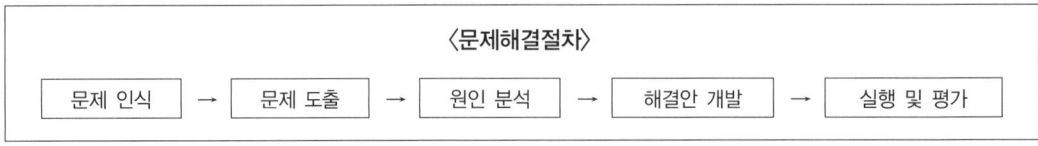

〈문제해결절차〉

문제 인식 → 문제 도출 → 원인 분석 → 해결안 개발 → 실행 및 평가

〈보기〉

㉠ 주요 과제를 나무 모양으로 분해 · 정리한다.
㉡ 자사, 경쟁사, 고객사에 대해 체계적으로 분석한다.
㉢ 부분을 대상으로 먼저 실행한 후 전체로 확대하여 실행한다.
㉣ 전체적 관점에서 방향과 방법이 같은 해결안을 그룹화한다.

① ㉠－㉡－㉢－㉣
② ㉠－㉡－㉣－㉢
③ ㉡－㉠－㉢－㉣
④ ㉡－㉠－㉣－㉢
⑤ ㉣－㉠－㉡－㉢

※ 다음은 K공사 사업추진팀의 인사평가결과표이다. 이어지는 질문에 답하시오. **[22~23]**

〈사업추진팀 인사평가 항목별 등급〉

성명	업무등급	소통등급	자격등급
유수연	A	B	B
최혜수	D	C	B
이명희	C	A	B
한승엽	A	A	D
이효연	B	B	C
김은혜	A	D	D
박성진	A	A	A
김민영	D	D	D
박호수	D	A	B
김신애	C	D	D

※ 등급의 환산점수는 A : 100점, B : 90점, C : 80점, D : 70점으로 환산하여 총점으로 구함

22 K공사에서는 인사평가 결과를 바탕으로 상여금을 지급한다. 인사평가결과표와 상여금 지급 규정을 참고하였을 때, 다음 중 가장 많은 상여금을 받을 수 있는 사람은 누구인가?

〈상여금 지급 규정〉

- 인사평가 총점이 팀 내 상위 50% 이내에 드는 경우 100만 원을 지급한다.
- 인사평가 총점이 팀 내 상위 30% 이내에 드는 경우 50만 원을 추가로 지급한다.
- 상위 50% 미만은 20만 원을 지급한다.
- 동순위자 발생 시 A등급의 빈도가 높은 순서대로 순위를 정한다.

① 이명희　② 박성진
③ 이효연　④ 박호수
⑤ 김신애

23 인사평가 결과에서 오류가 발견되어 박호수의 소통등급과 자격등급이 C로 정정되었다면, 박호수를 제외한 순위변동이 있는 사람은 몇 명인가?

① 없음　② 1명
③ 2명　④ 3명
⑤ 4명

24 다음 글을 근거로 판단할 때, 〈보기〉에서 옳은 것을 모두 고르면?

• 갑과 을은 다음 그림과 같이 번호가 매겨진 9개의 구역을 점령하는 게임을 한다.

1	2	3
4	5	6
7	8	9

• 게임 시작 전 제비뽑기를 통해 갑은 1구역, 을은 8구역으로 최초 점령 구역이 정해졌다.
• 갑과 을은 가위바위보 게임을 해서 이길 때마다, 자신이 이미 점령한 구역에 상하좌우로 변이 접한 구역 중 점령되지 않은 구역 1개를 추가로 점령하여 자신의 구역으로 만든다.
• 만약 가위바위보 게임에서 이겨도 더 이상 자신이 점령할 수 있는 구역이 없으면 이후의 가위바위보 게임은 모두 진 것으로 한다.
• 게임은 모든 구역이 점령될 때까지 계속되며, 더 많은 구역을 점령한 사람이 게임에서 승리한다.
• 갑과 을은 게임에서 승리하기 위하여 최선의 선택을 한다.

〈보기〉

ㄱ. 을이 첫 번째, 두 번째 가위바위보 게임에서 모두 이기면 승리한다.
ㄴ. 갑이 첫 번째, 두 번째 가위바위보 게임을 이겨서 2구역과 5구역을 점령하고, 을이 세 번째 가위바위보 게임을 이겨서 9구역을 점령하면, 네 번째 가위바위보 게임을 이긴 사람이 승리한다.
ㄷ. 갑이 첫 번째, 세 번째 가위바위보 게임을 이겨서 2구역과 4구역을 점령하고, 을이 두 번째 가위바위보 게임을 이겨서 5구역을 점령하면, 게임의 승자를 결정하기 위해서는 최소 2번 이상의 가위바위보 게임을 해야 한다.

① ㄴ
② ㄷ
③ ㄱ, ㄴ
④ ㄱ, ㄷ
⑤ ㄴ, ㄷ

25 **K사는 직원들의 복리 증진을 위해 다음과 같이 복지제도를 검토하여 도입하고자 한다. 〈조건〉이 모두 참일 때, 항상 옳은 것은?**

> K사는 다음 중 최대 2개의 복지제도를 도입하고자 한다.
> • 동호회행사비 지원
> • 출퇴근교통비 지원
> • 연차 추가제공
> • 주택마련자금 지원

〈조건〉

> • 연차를 추가제공하지 않거나 출퇴근교통비를 지원한다면, 주택마련자금 지원을 도입한다.
> • 동호회행사비 지원을 도입할 때에만 연차 추가제공을 도입한다.
> • 출퇴근교통비 지원을 도입하지 않는다면, 동호회행사비 지원을 도입한다.
> • 출퇴근교통비 지원을 도입하거나 연차 추가제공을 도입하지 않으면, 동호회행사비 지원을 도입하지 않는다.
> • 주택마련자금 지원을 도입한다면 다른 복지제도는 도입할 수 없다.

① 출퇴근교통비 지원이 도입된다.
② 연차 추가제공은 도입되지 않는다.
③ 동호회행사비 지원은 도입되지 않는다.
④ K기업은 1개의 복지제도만 새로 도입한다.
⑤ 출퇴근교통비 지원과 연차 추가제공 중 1가지만 도입된다.

26 **다음 상황과 같은 논리적 오류가 나타난 사례는?**

> 나는 지난 겨울방학에 이어 이번 여름방학에 알래스카를 다시 방문했는데, 흰 눈과 얼음으로 뒤덮여 있던 내 기억 속의 겨울 알래스카와 전혀 다른 모습이라 당황스러웠어.

① 소크라테스는 독배를 들고 죽은 사람이므로 그의 말은 믿을 것이 못된다.
② 요즘 청소년들의 사고가 많은 걸 보니 청소년들은 전부 문제가 많은 모양이야.
③ 천국이나 지옥이 없다는 것을 증명할 수 없으므로 천국이나 지옥의 존재를 인정해야 한다.
④ ㅇㅇ치약을 사용하는 사람이 9백만 명이나 되는 걸 보면 ㅇㅇ치약이 가장 좋은 제품이야.
⑤ 게임을 좋아하는 철수보다 책을 좋아하는 영희가 좋은 이유는 게임보다 책을 좋아하는 사람이 더 지성적이기 때문이야.

27 다음은 레저용 차량을 생산하는 K기업에 대한 SWOT 분석 결과이다. 이를 참고할 때 〈보기〉 중 SWOT 분석에 따른 전략으로 적절한 것을 모두 고르면?

SWOT 분석은 조직의 외부환경 분석을 통해 기회와 위협 요인을 파악하고, 조직의 내부 역량 분석을 통해서 조직의 강점과 약점을 파악하여, 이를 토대로 강점은 최대화하고 약점은 최소화하며, 기회는 최대한 활용하고 위협에는 최대한 대처하는 전략을 세우기 위한 분석 방법이다.

〈SWOT 분석 매트릭스〉

구분	강점(Strength)	약점(Weakness)
기회(Opportunity)	SO전략 : 공격적 전략 강점으로 기회를 살리는 전략	WO전략 : 방향전환 전략 약점을 보완하여 기회를 살리는 전략
위협(Threat)	ST전략 : 다양화 전략 강점으로 위협을 최소화하는 전략	WT전략 : 방어적 전략 약점을 보완하여 위협을 최소화하는 전략

〈K기업의 SWOT 분석 결과〉

강점(Strength)	약점(Weakness)
• 높은 브랜드 이미지 · 평판 • 훌륭한 서비스와 판매 후 보증수리 • 확실한 거래망, 딜러와의 우호적인 관계 • 막대한 R&D 역량 • 자동화된 공장 • 대부분의 차량 부품 자체 생산	• 한 가지 차종에만 집중 • 고도의 기술력에 대한 과도한 집중 • 생산설비에 막대한 투자 → 차량모델 변경의 어려움 • 한 곳의 생산 공장만 보유 • 전통적인 가족형 기업 운영
기회(Opportunity)	**위협(Threat)**
• 소형 레저용 차량에 대한 수요 증대 • 새로운 해외시장의 출현 • 저가형 레저용 차량에 대한 선호 급증	• 휘발유의 부족 및 가격의 급등 • 레저용 차량 전반에 대한 수요 침체 • 다른 회사들과의 경쟁 심화 • 차량 안전 기준의 강화

〈보기〉

ㄱ. ST전략 : 기술개발을 통하여 연비를 개선한다.
ㄴ. SO전략 : 대형 레저용 차량을 생산한다.
ㄷ. WO전략 : 규제 강화에 대비하여 보다 안전한 레저용 차량을 생산한다.
ㄹ. WT전략 : 생산량 감축을 고려한다.
ㅁ. WO전략 : 국내 다른 지역이나 해외에 공장들을 분산 설립한다.
ㅂ. ST전략 : 경유용 레저 차량 생산을 고려한다.
ㅅ. SO전략 : 해외시장 진출보다는 내수 확대에 집중한다.

① ㄱ, ㄴ, ㅁ, ㅂ
② ㄱ, ㄹ, ㅁ, ㅂ
③ ㄴ, ㄷ, ㅂ, ㅅ
④ ㄴ, ㄹ, ㅁ, ㅅ
⑤ ㄷ, ㅁ, ㅂ, ㅅ

※ 다음은 음료의 메뉴판과 이번 주 일기예보이다. 이어지는 질문에 답하시오. **[28~29]**

〈메뉴판〉

(단위 : 원)

커피류			차 및 에이드류		
구분	작은 컵	큰 컵	구분	작은 컵	큰 컵
아메리카노	3,900	4,300	자몽에이드	4,200	4,700
카페라테	4,400	4,800	레몬에이드	4,300	4,800
바닐라라테	4,600	5,000	자두에이드	4,500	4,900
카페모카	5,000	5,400	밀크티	4,300	4,800

〈이번 주 일기예보〉

구분	9월 25일 일요일	9월 26일 월요일	9월 27일 화요일	9월 28일 수요일	9월 29일 목요일	9월 30일 금요일	10월 1일 토요일
날씨	흐림	맑음	맑음	흐림	비	비	맑음
평균기온	24℃	26℃	28℃	27℃	27℃	25℃	26℃

〈조건〉

- K사원은 맑거나 흐린 날에는 차 및 에이드류를 마시고, 비가 오는 날에는 커피류를 마신다.
- 평균기온이 26℃ 미만인 날에는 작은 컵으로, 26℃ 이상인 날은 큰 컵으로 마신다.
- 커피를 마시는 날 중 평균기온이 25℃ 미만인 날은 아메리카노를, 25℃ 이상 27℃ 미만인 날은 바닐라라테를, 27℃인 날은 카페라테를, 28℃ 이상인 날은 카페모카를 마신다.
- 차 및 에이드류를 마시는 날 중 평균기온이 27℃ 미만인 날은 자몽에이드를, 27℃ 이상인 날은 자두에이드를 마신다. 단, 비가 오지 않는 화요일과 목요일에는 반드시 밀크티를 마신다.

28 K사원은 그 날의 날씨와 평균기온을 고려하여 〈조건〉에 따라 자신이 마실 음료를 고른다. 오늘이 9월 29일이라고 할 때, K사원이 오늘 마실 음료는?

① 아메리카노 큰 컵
② 카페라테 큰 컵
③ 바닐라라테 작은 컵
④ 카페모카 큰 컵
⑤ 자두에이드 작은 컵

29 K사원은 9월 27일에 자신의 음료를 사면서 직장동료인 B사원의 음료도 사고자 한다. B사원에게는 자신이 전날 마신 음료와 같은 종류의 음료를 사준다고 할 때, K사원이 음료 두 잔을 주문하며 지불할 금액은?

① 8,700원
② 9,000원
③ 9,200원
④ 9,500원
⑤ 9,700원

30 K공사는 5층짜리 선반에 사무용품을 정리해 두고 있다. 선반의 각 층에는 서로 다른 두 종류의 사무용품이 놓여 있다고 할 때, 다음 〈조건〉을 토대로 바르게 추론한 것은?

〈조건〉

- 선반의 가장 아래층에는 인덱스 바인더가 지우개와 함께 놓여 있다.
- 서류정리함은 보드마카와 스테이플러보다 아래에 놓여 있다.
- 보드마카와 접착 메모지는 같은 층에 놓여 있다.
- 2공 펀치는 스테이플러보다는 아래에 놓여 있지만, 서류정리함보다는 위에 놓여 있다.
- 접착 메모지는 스테이플러와 볼펜보다 위에 놓여 있다.
- 볼펜은 2공 펀치보다 위에 놓여 있지만, 스테이플러보다 위에 놓여 있는 것은 아니다.
- 북엔드는 선반의 두 번째 층에 놓여 있다.
- 형광펜은 선반의 가운데 층에 놓여 있다.

① 스테이플러는 보드마카보다 위에 놓여 있다.

② 서류정리함은 북엔드보다 위에 놓여 있다.

③ 볼펜은 3층 선반에 놓여 있다.

④ 보드마카와 접착 메모지가 가장 높은 층에 놓여 있다.

⑤ 2공 펀치는 북엔드와 같은 층에 놓여 있다.

31 **다음 중 마이클 포터의 가치사슬 모형에 대한 설명으로 옳지 않은 것은?**

① 가치사슬 모형은 기업의 내부역량을 평가하는 모형이다.
② 가치사슬 모형을 통해 기업의 강점 및 약점을 파악할 수 있다.
③ 지원활동은 기업의 핵심 역량이 될 수 없다.
④ 기술 개발은 지원활동에 해당한다.
⑤ 본원적 활동은 물류의 투입부터 생산, 마케팅 및 서비스를 모두 포함하는 활동이다.

32 **다음 중 공급사슬관리(SCM)의 목적으로 옳은 것은?**

① 제품 생산에 필요한 자재의 소요량과 소요시기를 결정한다.
② 기업 내 모든 자원의 흐름을 정확히 파악하여 자원을 효율적으로 배치한다.
③ 자재를 필요한 시각에 필요한 수량만큼 조달하여 낭비 요소를 근본적으로 제거한다.
④ 자재의 흐름을 효과적으로 관리하여 불필요한 시간과 비용을 절감한다.
⑤ 조직의 인적 자원이 축적하고 있는 개별적인 지식을 체계화하고 공유한다.

33 **다음 중 최고경영자, 중간경영자, 하위경영자 모두가 공통적으로 가져야 할 인간적 자질은?**

① 타인에 대한 이해력과 동기부여 능력
② 지식과 경험을 해당 분야에 적용시키는 능력
③ 복잡한 상황 등 여러 상황을 분석하여 조직 전체에 적용하는 능력
④ 담당 업무를 수행하기 위한 육체적, 지능적 능력
⑤ 한 부서의 변화가 다른 부서에 미치는 영향을 파악하는 능력

34 다음 중 관대화 경향(Ieniency Tendency)에 대한 설명으로 옳은 것은?

① 대상자에 대한 평가점수가 보통 또는 척도상의 중심점에 집중하는 경향이다.
② 대상자가 어느 한 면을 기준으로 다른 것까지 함께 평가하는 경향이다.
③ 대상자의 능력이나 성과를 실제보다 더 높게 평가하는 경향이다.
④ 대상자의 능력 및 성과를 실제보다 더 낮게 평가하는 경향이다.
⑤ 대상자와 평가자의 가치관, 행동패턴 그리고 태도 면에서 유사한 정도에 따라 평가되는 경향이다.

35 다음 중 단속생산 유형으로 옳지 않은 것은?

① 프로젝트 생산
② 개별 생산
③ 로트 생산
④ 흐름 생산
⑤ 배치 생산

36 다음 글에서 측정하고자 하는 선발도구 요소는?

현직 종업원에 대해 시험을 실시하고, 그 시험성적과 현재 그 종업원의 근무성적을 비교하는 것이다.

① 기준관련 타당성
② 내용타당성
③ 구성타당성
④ 신뢰성
⑤ 효율성

37 다음 중 직무평가 방법에 해당하지 않는 것은?

① 서열법
② 요소비교법
③ 워크샘플링법
④ 점수법
⑤ 분류법

38 다음 중 평정척도법의 장점으로 옳지 않은 것은?

① 평정척도법은 양식 작성이 간단하며 평가하기 용이하다.

② 다양한 대상 범위의 행동 특성 관찰에 적용할 수 있다.

③ 체크리스트와 달리 행동의 질도 평가할 수 있다.

④ 관찰 자료를 정량화할 수 있어 개체 간 비교가 가능하다.

⑤ 관찰자는 평가하고자 하는 요소를 정확하고 객관적으로 개발할 수 있다.

39 다음 중 포드 시스템의 핵심 요소인 표준화와 관계가 없는 것은?

① 제품의 단순화

② 작업의 단순화

③ 부품의 표준화

④ 기계의 전문화

⑤ 부품의 이동화

40 다음 중 가격관리에 대한 설명으로 옳지 않은 것은?

① 명성가격결정법은 가격이 높으면 품질이 좋을 것이라고 느끼는 효과를 이용하여 수요가 많은 수준에서 고급상품의 가격결정에 이용된다.

② 침투가격정책은 신제품을 도입하는 초기에 저가격을 설정하여 신속하게 시장에 침투하는 전략으로, 수요가 가격에 민감하지 않은 제품에 많이 사용된다.

③ 상층흡수가격정책은 신제품을 시장에 도입하는 초기에는 고소득층을 대상으로 높은 가격을 받고 그 뒤 점차 가격을 인하하여 저소득층에 침투하는 것이다.

④ 탄력가격정책은 한 기업의 제품이 여러 제품계열을 포함하는 경우 품질, 성능, 스타일에 따라 서로 다른 가격을 결정하는 것이다.

⑤ 고가격정책은 신제품을 개발한 기업들이 초기에 그 시장의 소득층으로부터 많은 이익을 얻기 위해 높은 가격을 설정하는 전략이다.

41 다음 중 자원기반관점(RBV)에 대한 설명으로 옳지 않은 것은?

① 인적자원은 기업의 지속적인 경쟁력 확보의 주요한 원천이라고 할 수 있다.
② 기업의 전략과 성과의 주요결정요인은 기업내부의 자원과 핵심역량의 보유라고 주장한다.
③ 경쟁우위의 원천이 되는 자원은 이질성(Heterogeneous)과 비이동성(Immobile)을 가정한다.
④ 주요결정요인은 진입장벽, 제품차별화 정도, 사업들의 산업집중도 등이다.
⑤ 기업이 보유하고 있는 가치(Value), 희소성(Rareness), 모방불가능(Inimitability), 대체불가능성(Non－Substitutability) 자원들은 경쟁우위를 창출할 수 있다.

42 다음 〈보기〉 중 시스템을 활용한 수요예측기법에 해당하는 것을 모두 고르면?

〈보기〉

ㄱ. 컨조인트 분석	ㄴ. 정보 예측 시장
ㄷ. 시스템 다이나믹스	ㄹ. 시계열 분석
ㅁ. 회귀 분석	ㅂ. 확산 모형
ㅅ. 인덱스 분석	ㅇ. 인공 신경망

① ㄱ, ㄴ, ㄷ
② ㄴ, ㄷ, ㅁ
③ ㄴ, ㄷ, ㅇ
④ ㄹ, ㅁ, ㅅ
⑤ ㅁ, ㅂ, ㅅ

43 다음 사례에 해당하는 마케팅 기법은?

올해 8월 무더운 더위 속 팀원 모두가 휴가를 떠난 사이 홀로 사무실에 남아 업무를 보고 있는 K씨는 휴가를 떠나지 못했다고 해서 전혀 아쉽지 않다. 모두가 직장에 복귀하여 열심히 연말을 향해 업무에 매진하는 9월에 K씨는 애인과 함께 갈 제주도 여행을 저렴한 가격으로 예약했기 때문이다.

① 디마케팅(Demarketing)
② 니치 마케팅(Niche Marketing)
③ 그린 마케팅(Green Marketing)
④ 노이즈 마케팅(Noise Marketing)
⑤ 동시화 마케팅(Synchro Marketing)

44 다음 중 마케팅의 푸시(Push) 전략에 대한 설명으로 옳지 않은 것은?

① 채널 파트너에게 마케팅 방향을 전달하는 전략이다.
② 고객에게 제품이나 브랜드에 대해 알릴 수 있다.
③ 영업 인력이나 중간상 판촉 등을 활용하여 수행한다.
④ 최종 소비자에게 마케팅 노력을 홍보하는 전략이다.
⑤ 브랜드 충성도가 낮은 경우에 적합한 전략이다.

45 다음 중 마케팅의 신뢰도를 높이는 방법으로 옳지 않은 것은?

① 신뢰도가 높다고 많이 알려진 방법을 선택하여 사용한다.
② 측정 항목 간 내적일관성을 높여 신뢰도를 높일 수 있다.
③ 반복측정을 통해 신뢰도를 높일 수 있다.
④ 체계적 오차의 발생 가능성을 제거한다.
⑤ 측정 항목 수, 척도 점수를 늘여 신뢰도를 높일 수 있다.

46 다음 중 마케팅 조사법에서 탐색조사에 해당하지 않는 것은?

① 문헌조사
② 전문가의견조사
③ 심층면접법
④ 패널조사법
⑤ 표적집단면접법

47 다음 중 직무분석에 대한 설명으로 옳은 것은?

① 연공급 제도를 실시하기 위해서는 직무분석이 선행되어야 한다.
② 직무기술서와 직무명세서는 직무분석의 2차적 결과물이다.
③ 직무기술서는 특정 직무 수행을 위해 갖추어야 할 직무담당자의 자격요건을 정리한 문서이다.
④ 직무명세서란 직무분석의 결과로 얻어진 직무 정보를 정리한 문서이다.
⑤ 직무명세서에는 직무의 명칭, 책임과 권한, 요구되는 육체적 능력이 기술되어 있다.

48 다음 중 최대재고와 현재재고 간의 차이를 통해서 주문량을 결정하는 모형으로, 수요 변동이 급격하거나 저가인 제품의 재고를 통제하는 관리시스템은?

① ABC 관리
② ERP
③ MRP
④ 고정주문기간 모형
⑤ 고정주문량 모형

49 다음 중 카리스마 리더십의 특징으로 볼 수 없는 것은?

① 언어적 표현을 통해 구성원들에게 정확한 의사표시를 할 수 있어야 한다.
② 구성원들에게 뚜렷한 목표를 제시할 수 있어야 한다.
③ 구성원들로부터 강한 신뢰를 얻어야 한다.
④ 리더만의 특별한 매력이나 성과를 가지고 있어야 한다.
⑤ 구성원들에게 목표를 전달하고 이해시킬 수 있어야 한다.

50 다음 중 특정 작업계획으로 여러 부품들을 생산하기 위해 컴퓨터에 의해 제어 및 조절되며, 자재취급 시스템에 의해 연결되는 작업장들의 조합은?

① 유연생산시스템
② 컴퓨터통합생산시스템
③ 적시생산시스템
④ 셀 제조시스템
⑤ 지능형생산시스템

51 다음 중 제지생산 회사가 인도네시아의 산림을 확보하여 사업 확장을 도모하는 것은 어느 전략에 해당하는가?

① 다운사이징 전략
② 후방통합 전략
③ 전방통합 전략
④ 관련다각화 전략
⑤ 비관련다각화 전략

52 다음 중 BCG 매트릭스와 GE 매트릭스의 차이점으로 옳지 않은 것은?

① BCG 매트릭스는 GE 매트릭스에 비해 더 간단하며, BCG 매트릭스는 4개의 셀로 구성되는 반면 GE 매트릭스 9개의 셀로 구성된다.
② BCG 매트릭스의 기반이 되는 요인은 시장 성장과 시장점유율이고, GE 매트릭스의 기반이 되는 요인은 산업계의 매력과 비즈니스 강점이다.
③ BCG 매트릭스는 기업이 여러 사업부에 자원을 배치하는 데 사용되며, GE 매트릭스는 다양한 비즈니스 단위 간의 투자 우선순위를 결정하는 데 사용한다.
④ BCG 매트릭스에서는 하나의 측정만 사용되는 반면, GE 매트릭스에서는 여러 측정이 사용된다.
⑤ BCG 매트릭스는 기업이 그리드에서의 위치에 따라 제품 라인이나 비즈니스 유닛을 전략적으로 선택하는 데 사용하고, GE 매트릭스는 시장의 성장과 회사가 소유한 시장점유율을 반영한 성장 – 공유 모델로 이해할 수 있다.

53 다음은 마이클 포터(Michael Porter)의 산업구조 분석 모델(Five Forces Model)에 대한 자료이다. 빈칸 (A)에 들어갈 용어는?

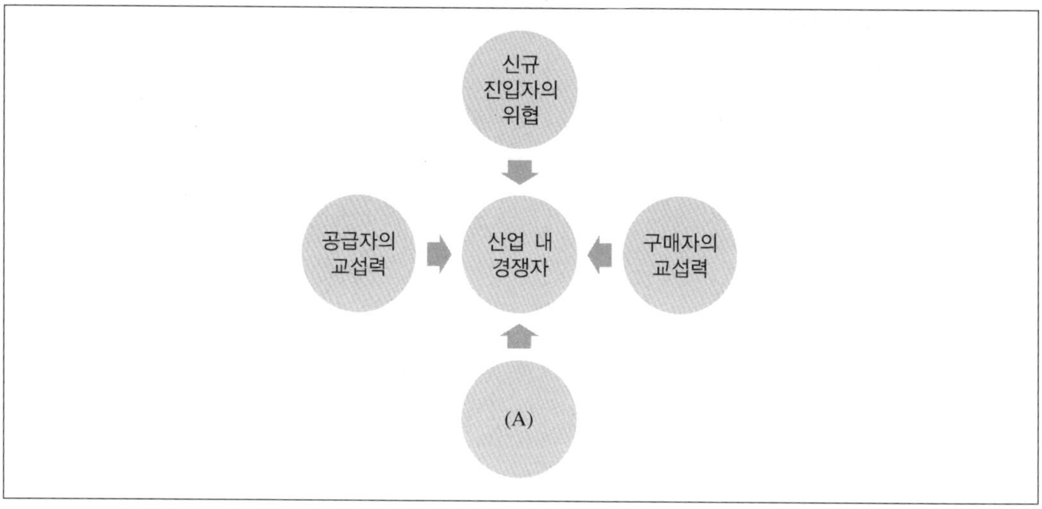

① 정부의 규제 완화
② 고객의 충성도
③ 공급업체의 규모
④ 가격의 탄력성
⑤ 대체재의 위협

54 다음 중 ESG 경영에 대한 설명으로 옳지 않은 것은?

① ESG는 기업의 비재무적 요소인 '환경(Environment), 사회(Social), 지배구조(Governance)'의 약자이다.
② ESG 경영의 핵심은 효율을 최우선으로 착한 기업을 키워나가는 것을 목적으로 한다.
③ ESG 평가가 높을수록 단순히 사회적 평판이 좋은 기업이라기보다 리스크에 강한 기업이라 할 수 있다.
④ ESG는 기업의 행동이 미치는 영향 등을 구체화하고 그 노력을 측정 가능하도록 지표화하여 투자를 이끌어 낸다.
⑤ ESG는 재무제표에는 드러나지 않지만 중장기적으로 기업 가치에 영향을 미치는 지속가능성 평가 지표이다.

55 **다음 중 경제적 자립권과 독립성을 둘 다 포기한 채 시장독점의 단일한 목적 아래 여러 기업이 뭉쳐서 이룬 하나의 통일체를 의미하는 조직은?**

① 카르텔(Kartell)
② 신디케이트(Syndicate)
③ 트러스트(Trust)
④ 콘체른(Konzern)
⑤ 컨글로머리트(Conglomerate)

56 **다음 중 복수 브랜드 전략(Multi Brand Strategy)에 대한 설명으로 옳지 않은 것은?**

① 동일한 제품 범주 내에서 서로 경쟁하는 다수의 브랜드이다.
② 제품에 대한 충성도를 이끌어 낼 수 있다.
③ 동일한 제품 범주에서 시장을 세분화하여 운영한다.
④ 소비자들의 욕구와 동질성을 파악한 후 각각의 세분 시장마다 별도의 개별 브랜드를 도입한다.
⑤ 회사의 제품믹스를 공통점을 기준으로 제품집단을 나누어 집단마다 공통요소가 있는 개별 상표를 적용한다.

57 **다음 중 직무현장훈련(OJT)에 대한 설명으로 옳지 않은 것은?**

① 실습장훈련, 인턴사원, 경영 게임법 등이 이에 속한다.
② 실제 현장에서 실제로 직무를 수행하면서 이루어지는 현직훈련이다.
③ 훈련내용의 전이정도가 높고 실제 업무와 직결되어 경제적인 장점을 가진다.
④ 훈련방식의 역사가 오래되었으며, 생산직에서 보편화된 교육방식이라 할 수 있다.
⑤ 지도자의 높은 자질이 요구되고, 교육훈련 내용의 체계화가 어렵다.

58 **다음 중 표적시장에 대한 설명으로 옳지 않은 것은?**

① 단일표적시장에는 집중적 마케팅 전략을 구사한다.
② 다수표적시장에는 순환적 마케팅 전략을 구사한다.
③ 통합표적시장에는 역세분화 마케팅 전략을 구사한다.
④ 인적, 물적, 기술적 자원이 부족한 기업은 보통 집중적 마케팅 전략을 구사한다.
⑤ 세분시장 평가 시에는 세분시장의 매력도, 기업의 목표와 자원 등을 고려해야 한다.

59 **다음 중 서번트 리더십의 장단점으로 옳지 않은 것은?**

① 조직 구성원이 창의적으로 업무를 수행하도록 하여 조직의 발전을 이끌 수 있다.
② 조직의 목표와 역할을 리더의 눈높이에서 정할 수 있다.
③ 조직 구성원의 경험과 지식을 최대한 활용하여 개인 능력을 극대화할 수 있다.
④ 업무에 대한 조직의 전반적인 권한이 축소되어 유기적인 협업이 저해될 수 있다.
⑤ 업무의 성과를 끌어내기까지 많은 시간과 비용이 소요된다.

60 **다음 중 브랜드 포지셔닝을 위한 시장세분화 시 고려해야 하는 변수에 해당하지 않는 것은?**

① 지리적 변수
② 인구통계학적 변수
③ 심리적 변수
④ 행동적 변수
⑤ 마케팅적 변수

61 다음 중 철도사업법상 사업용철도차량의 표시를 하지 아니한 철도사업자에게 부과할 수 있는 과태료 기준으로 옳은 것은?

① 100만 원 이하
② 300만 원 이하
③ 500만 원 이하
④ 1,000만 원 이하
⑤ 2,000만 원 이하

62 다음은 철도산업발전기본법상 철도의 적용범위에 대한 설명이다. 빈칸에 들어갈 수 있는 조직을 〈보기〉에서 모두 고르면?

________이/가 소유·건설·운영 또는 관리하는 철도

〈보기〉

ㄱ. 국가철도공단
ㄴ. 한국고속철도건설공단
ㄷ. 지방자치단체
ㄹ. 한국철도공사

① ㄱ, ㄴ
② ㄴ, ㄷ
③ ㄴ, ㄹ
④ ㄱ, ㄴ, ㄹ
⑤ ㄴ, ㄷ, ㄹ

63 다음 중 한국철도공사법령상 한국철도공사의 사채 발행에 대한 설명으로 옳지 않은 것은?

① 공사가 사채를 발행하고자 하는 때에는 모집·총액인수 또는 매출의 방법에 의한다.
② 공사는 사채의 응모가 완료된 때에는 지체 없이 응모자가 인수한 사채의 전액을 납입시켜야 한다.
③ 공사가 계약에 의하여 특정인에게 사채의 총액을 인수시키는 경우에는 사채 응모의 규정을 적용해야 한다.
④ 사채모집의 위탁을 받은 회사가 사채의 일부를 인수하는 경우에는 그 인수분에 대하여도 사채 응모의 규정을 적용하지 않는다.
⑤ 공사가 매출의 방법으로 사채를 발행하는 경우에는 매출기간과 공사의 명칭·사채의 종류별 액면금액 내지 사채의 발행가액 또는 그 최저가액을 미리 공고하여야 한다.

64 다음은 철도사업법상 여객 운임 · 요금의 감면에 대한 설명이다. 빈칸에 들어갈 기간으로 옳은 것은?

> • 철도사업자는 재해복구를 위한 긴급지원, 여객 유치를 위한 기념행사, 그 밖에 철도사업의 경영상 필요하다고 인정되는 경우에는 일정한 기간과 대상을 정하여 제9조 제1항에 따라 신고한 여객 운임 · 요금을 감면할 수 있다.
> • 철도사업자는 여객 운임 · 요금을 감면하는 경우에는 그 시행 _____ 이전에 감면 사항을 인터넷 홈페이지, 관계 역 · 영업소 및 사업소 등 일반인이 잘 볼 수 있는 곳에 게시하여야 한다. 다만, 긴급한 경우에는 미리 게시하지 아니할 수 있다.

① 1일
② 3일
③ 5일
④ 10일
⑤ 30일

65 다음은 철도산업발전기본법에 대한 설명이다. 빈칸에 들어갈 내용을 순서대로 바르게 나열한 것은?

> • 국가는 철도시설 투자를 추진하는 경우 사회적 · ________ 편익을 고려하여야 한다.
> • 국가 및 지방자치단체는 철도산업의 육성 · 발전을 촉진하기 위하여 철도산업에 대한 재정 · 금융 · 세제 · 행정상의 ________을/를 할 수 있다.

① 경제적, 보조
② 문화적, 연구
③ 기술적, 투자
④ 자연적, 개발
⑤ 환경적, 지원

66 다음 중 철도산업발전기본법령상 철도시설관리자와 철도운영자가 특정노선 폐지 등의 승인신청서를 제출할 때의 첨부서류로 옳은 것은?

① 승인신청 사유
② 과거 10년 동안의 공익서비스비용의 전체 규모
③ 향후 3년 동안의 1일 평균 철도서비스 수요에 대한 전망
④ 과거 6월 이상의 기간 동안의 1달 평균 철도서비스 수요
⑤ 과거 5년 이상의 기간 동안의 수입 · 비용 및 영업손실액에 관한 회계보고서

67 다음 중 철도사업법령상 철도사업자가 사업용철도를 도시철도와 연결하여 운행하려는 때에 여객 운임ㆍ요금 및 그 변경시기에 관하여 미리 협의해야 하는 사람은?

① 도시철도운영자
② 철도시설관리자
③ 국토교통부장관
④ 한국철도공사 사장
⑤ 고속철도건설공사 이사장

68 다음 중 한국철도공사법령상 한국철도공사의 사업 중 역시설 개발 및 운영사업에 속하지 않는 것은?

① 환승시설
② 종교시설
③ 운동시설
④ 창고시설
⑤ 관광휴게시설

69 다음 중 한국철도공사법상 한국철도공사의 사채 소멸시효 기간으로 옳은 것은?

	원금	이자
①	5년	2년
②	5년	3년
③	5년	5년
④	10년	5년
⑤	10년	7년

70 다음 〈보기〉 중 철도사업법상 사업용철도노선을 지정·고시하는 경우 운행지역과 운행거리에 따른 분류로 옳은 것을 모두 고르면?

〈보기〉

ㄱ. 간선(幹線)철도
ㄴ. 고속철도노선
ㄷ. 지선(支線)철도
ㄹ. 일반철도노선
ㅁ. 준고속철도노선

① ㄱ, ㄷ
② ㄱ, ㄹ
③ ㄴ, ㄷ
④ ㄷ, ㅁ
⑤ ㄹ, ㅁ

6권

코레일 한국철도공사 사무직

정답 및 해설

온라인 모의고사 무료쿠폰

쿠폰 번호	NCS 2회분	ATUV-00000-2ABF5
	경영학 2회분	ATUW-00000-9493E

[쿠폰 사용 안내]

1. **시대에듀 홈페이지(www.sdedu.co.kr)** 접속 후 로그인합니다.
2. 홈페이지 상단 「본인 이름」 → 「마이페이지」 접속합니다.
3. 쿠폰번호를 입력한 후 등록합니다.

* 기업별 온라인 모의고사는 「내강의실」 → 「모의고사」에서 응시 가능합니다.

※ 본 쿠폰은 등록 후 30일 이내에 사용 가능합니다.
※ 쿠폰 등록 및 응시는 윈도우 기반 PC에서만 가능합니다.
※ 모바일 및 macOS 운영체제에서는 서비스되지 않습니다.

무료코레일특강

[강의 이용 안내]

1. **시대에듀 홈페이지(www.sdedu.co.kr)**에 접속합니다.
2. '코레일'로 검색 후 무료특강을 클릭합니다.
3. '신청하기'를 클릭하면 코레일 한국철도공사 기출특강을 수강할 수 있습니다.

* 해당 강의는 본 도서를 기반으로 하지 않습니다.

코레일 한국철도공사 사무직 신입사원 필기시험

2025년 기출복원 모의고사 정답 및 해설

제 1 영역 NCS

01	02	03	04	05	06	07	08	09	10
②	③	③	②	①	①	③	②	③	⑤
11	12	13	14	15	16	17	18	19	20
③	③	②	④	⑤	③	⑤	③	④	⑤
21	22	23	24	25	26	27	28	29	30
④	④	④	①	⑤	①	①	①	②	④

01

정답 ②

제시문은 '대공황'에 대한 설명이다. 1929년에 미국을 중심으로 발생한 이 세계적인 경제 공황은 다른 나라들이 경제 위기에 신속하게 대처할 수 있도록 경제 시스템을 세우는 계기가 되었다. 따라서 사람이나 사물 따위의 부정적인 면에서 얻는 깨달음이나 가르침을 주는 대상을 이르는 말인 '반면교사(反面教師)'가 제시문과 가장 관련 있는 한자성어이다.

오답분석

① 각주구검(刻舟求劍) : 융통성 없이 현실에 맞지 않는 낡은 생각을 고집하는 어리석음을 이르는 말이다.
③ 부화뇌동(附和雷同) : 줏대 없이 남의 의견에 따라 움직임을 이르는 말이다.
④ 수주대토(守株待兎) : 한 가지 일에만 얽매여 발전을 모르는 어리석은 사람을 비유적으로 이르는 말이다.
⑤ 자중지란(自中之亂) : 같은 편끼리 하는 싸움을 이르는 말이다.

02

정답 ③

'더부룩하다'는 '소화가 잘 안되어 뱃속이 거북함'을 뜻하는 말이다.

오답분석

① '어의가 없다'는 '어이가 없다'의 잘못된 표기이다.
② '너저분하게 흐트러지거나 흩어짐'의 뜻을 가진 어휘는 '널브러지다'이므로 '널브러져'가 옳은 표기이다.
④ '마음이 가라앉지 않고 들떠서 두근거림'의 뜻을 가진 어휘는 '설레다'이므로 '설렘'이 옳은 표기이다.
⑤ '사물이나 일 따위가 자신에게 해가 될까 하여 피하거나 싫어함'의 뜻을 가진 어휘는 '꺼리다'이므로 '꺼리는'이 옳은 표기이다.

03

정답 ③

된소리되기(경음화)는 'ㄱ, ㄷ, ㅂ, ㅅ, ㅈ'이 경우에 따라 'ㄲ, ㄸ, ㅃ, ㅆ, ㅉ'과 같은 된소리로 바뀌는 음운현상으로, 표준발음법 제28항에서 표기상으로는 사이시옷이 없더라도 관형격 기능을 지니는 사이시옷이 있어야 할 합성어의 경우, 뒤 단어의 첫소리 'ㄱ, ㄷ, ㅂ, ㅅ, ㅈ'을 된소리로 발음함을 규정하고 있다.
한편, '솜이불'의 경우 앞 단어의 끝이 자음이고 뒤 단어의 첫음절이 '이'이므로, 'ㄴ' 음을 첨가하여 [솜니불]로 발음되는 음의 첨가 현상이다(표준발음법 제29항).

오답분석

① 강가[강까]
② 창살[창쌀]
④ 물동이[물똥이]
⑤ 그믐달[그믐딸]

04

정답 ②

제시문에 따르면 우리나라의 언어적 관습은 다른 사람과의 관계를 중시하고, 단순히 말을 전달하는 것이 아닌 상대방을 배려하며 말하는 것이다.

오답분석

① 상대방의 입장을 고려하기 위해 완곡하여 표현하는 것일 뿐이며, 내용 전달에는 직접적으로 표현하는 것이 유리하다.
③ 친밀도만으로 존댓말과 반말을 구분하여 사용하지 않고, 사회적 거리, 친밀도, 예의를 모두 고려하여 존댓말과 반말을 구분하여 사용한다.
④ 상대방을 배려하기 위해 돌려 말하는 것일 뿐이며, 직접적으로 말하는 것이 상대방과의 다툼을 발생시키는 것은 아니다.
⑤ 우리나라의 언어는 말의 의미를 정확하게 전달하는 것만 중요하게 여기는 것이 아니라, 사회적 관계와 문화적 가치도 중요하게 여긴다.

05

정답 ①

제시문은 말의 중요성에 대해 설명하는 글이다. 따라서 '낫 놓고 기역자도 모른다.'는 너무 어리석어 기본적인 내용조차 모른다는 의미이므로 제시문과 어울리지 않는 속담이다.

오답분석

② 소문은 매우 빠르게 퍼지므로 말조심해야 함을 비유적으로 이르는 말이다.
③ 말을 잘하면 어려운 일이나 불가능한 일도 해결할 수 있음을 비유적으로 이르는 말이다.
④ 자신이 남에게 말을 좋게 해야 남도 자신에게 말을 좋게 해준다는 뜻이다.
⑤ 아무리 비밀리에 한 말이라도 반드시 남의 귀에 들어가니 항상 말조심해야 한다는 뜻이다.

06

정답 ①

'明星'은 '밝을 명, 별 성'으로 '금성'을 말한다. 따라서 주어진 문장에서는 '세상에 널리 퍼져 평판 높은 이름'이라는 뜻으로 사용되었으므로 '이름 명, 소리 성'의 '名聲'이 옳은 한자이다.

오답분석

② 육체(肉體) : 구체적인 물체로서 사람의 몸
③ 영웅(英雄) : 지혜와 재능이 뛰어나고 용맹하여 보통 사람이 하기 어려운 일을 해내는 사람
④ 소유(所有) : 가지고 있음 또는 그 물건
⑤ 능력(能力) : 일을 감당해 낼 수 있는 힘

07

정답 ③

'날개 없는 키위새'는 날개가 없기 때문에 스스로 자유롭게 날아갈 수 없어 자신의 의지대로 할 수 없는 무력한 존재를 의미한다.

오답분석

① 제시된 시는 자동문의 편리함에 익숙해져 버린 현대인들을 비판하고 있다.
② 제시된 시에서는 기계의 도움 없이 아무것도 못하는 현대 문명을 비판하고 있으므로 자동문은 현대 문명의 부정적 속성을 의미하는 상징어이다.
④ 의인법은 사람이 아닌 것을 사람인 것처럼 표현하는 방법이다. '날름날름 우리의 몸을 핥는다.'는 전자 감응 장치를 살아 있는 생물처럼 표현하지만 사람인 것처럼 표현하지는 않으므로 활유법에 해당한다.
⑤ '퇴화하는 손'은 현대 문명의 발전으로 기계에 너무 익숙해져 스스로의 힘을 잃어버리고 기계에 의존하는 것을 의미한다.

08

정답 ②

마지막 문단을 보면 현재 AI 음성 합성 기술이 사람의 감정까지 담아 표현할 수 없다는 한계점이 존재한다고 했다. 따라서 현재는 AI 음성 합성 기술이 오디오북 제작에서 전문 성우의 역할을 대체할 수 있다고 보기는 어렵다.

오답분석

① 세 번째 문단을 통해 AI 음성 합성 기술이 비용과 시간 측면에서 전문 성우 녹음보다 효율적임을 알 수 있다.
③ 마지막 문단에서 문학 도서의 경우 AI 음성 합성 기술이 사람의 감정까지 담아 표현할 수 없는 반면, 비문학 도서는 전문 성우가 반드시 필요하지는 않으므로 AI 음성 합성 기술로 제작이 가능하다고 하였다.
④·⑤ 두 번째 문단에서 전문 성우의 오디오북 녹음에는 많은 시간이 필요하며, 비용 또한 많이 들어 현실적인 한계에 부딪히고 있다고 하였다.

09

정답 ③

2024년 설날 노쇼 비율은 46%이지만, 이 중 19만 매가량이 재판매가 되지 않아 공석으로 운행되었다.

오답분석

① 첫 번째 문단에서 명절에는 예매 경쟁률이 평소의 수십 배에 달하는 경우도 흔하다고 하였다.
② 세 번째 문단에서 노쇼 문제는 사회적 비용 증가로 연결되며, 이에 따른 비용이나 정책 변경은 국민의 부담으로 돌아올 것이라고 하였다.
④ 네 번째 문단에서 노쇼 문제를 해결하기 위해 코레일은 2025년부터 명절 특별수송기간에 출발 후 20분까지의 위약금을 기존 15%에서 30%로 상향 조정한다고 하였다.
⑤ 마지막 문단에서 노쇼 문제는 단순히 코레일의 노력만으로 해결될 수 없고, 근본적인 제도 개선과 국민 인식 변화가 함께 이루어져야 함을 이야기하고 있다.

10

정답 ⑤

선주는 문제점을 자신의 탓으로 돌리며 상대방에게 부탁을 하고 있다. 따라서 관용의 격률에 해당하는 사례이다.

오답분석

① 민재는 상대방을 칭찬하는 표현을 최대화해서 말하고 있다. 따라서 타인에 대한 비난은 최소화하고 칭찬은 최대화하여 말하는 표현법인 찬동의 격률에 해당하는 사례로 볼 수 있다.
② 지우는 문제점을 상대방의 탓으로 돌리며 상대방에게 부탁을 하고 있다. 따라서 관용의 격률에 해당하지 않는다.
③ 다예는 자신의 이익을 위해 상대방에게 부담을 주며 말하고 있다. 따라서 관용의 격률에 해당하지 않는다.
④ 동현은 상대에게 부담이 되는 표현은 최소화하면서 도움을 요청하고 있다. 따라서 상대방의 부담은 최소화하고 이익은 최대화하여 말하는 표현법인 요령의 격률에 해당하는 사례로 볼 수 있다.

11

정답 ③

제시된 수의 지수가 크기 때문에 지수법칙[$a^{bc}=(a^b)^c$]에 따라 정리하는 것이 좋다. 세 지수(48, 30, 12)의 최대공약수는 6이므로 제시된 수를 정리하면 다음과 같다.

- $A=(2^8)^6=256^6$
- $B=(3^5)^6=243^6$
- $C=(17^2)^6=289^6$

지수가 모두 6이므로 밑만 비교하면 대소를 비교할 수 있다. 따라서 B<A<C이다.

12

정답 ③

A와 B는 서로 반대방향으로 달리므로 달리기 시작한 후 중간에 한 번 만나고, A가 먼저 400m를 완주한 뒤, 다시 운동장을 돌 때 두 번째로 마주치게 된다. 그러므로 A가 운동장 한 바퀴를 완주하는 시간에 B가 이동한 거리를 먼저 구해야 한다.

- A가 운동장 한 바퀴를 완주하는 시간
  A는 200m를 4m/s의 속력으로 달렸으므로 200÷4=50초 동안 200m를 달리고, 나머지 200m를 2m/s의 속력으로 달렸으므로 200÷2=100초 동안 달렸다. 그러므로 A는 운동장 한 바퀴를 완주하는 데 150초가 걸렸다.
- B가 150초 동안 이동한 거리
  B는 200m를 3m/s의 속력으로 달렸으므로 $\frac{200}{3}$초 동안 200m를 달렸다. 이때 150초는 $\frac{450}{3}$초이므로 $\frac{450}{3}-\frac{200}{3}=\frac{250}{3}$초 동안 1.5m/s 속력으로 달렸다. 그러므로 A가 운동장 한 바퀴를 완주하는 동안 B는 $200+\frac{250}{3}\times1.5=325$m를 달렸다.

B가 운동장 한 바퀴를 완주하기까지 400−325=75m가 남았으므로 75m 거리에서 A와 B가 마주치는 위치를 구해야 한다. A는 다시 4m/s의 속력으로 뛰고, B는 아직 1.5m/s의 속력으로 달리고 있으므로 A와 B가 다시 마주치기까지 걸린 시간을 x초라고 하면 다음과 같다.

$75=4x+1.5x=5.5x$

$\therefore\ x=\frac{150}{11}$

출발 지점에서 시계방향 기준으로 몇 m인지 구하는 것이므로 A가 4m/s의 속력으로 $\frac{150}{11}$초 동안 뛴 거리를 구하면 된다.

따라서 A와 B는 출발 지점에서 시계방향 기준으로 $4\times\frac{150}{11}=\frac{600}{11}=54\frac{6}{11}$m 지점에서 두 번째로 마주치게 된다.

13

정답 ②

가로 108m, 세로 84m의 운동장의 둘레에 같은 간격으로 최소한의 깃발을 세워야 하므로 두 길이의 최대공약수마다 깃발을 꽂아야 한다. 108과 84의 최대공약수는 12이므로 깃발을 12m마다 꽂을 때, 동일한 간격으로 최소한의 깃발을 세울 수 있다. 운동장의 전체 둘레는 (108+84)×2=384m이므로 384÷12=32개의 깃발이 필요하며, 각 꼭짓점에 4개가 꽂혀 있으므로 이를 제외하고 운동장의 둘레에 세우는 깃발은 모두 32−4=28개이다.

14

정답 ④

제시된 도형의 규칙은 삼각형의 변으로 이어진 꼭짓점의 숫자를 각각 곱하여 모두 더하는 것이다. 따라서 ?에 들어갈 수는 (2×4)+(4×30)+(2×30)=8+120+60=188이다.

15

정답 ⑤

연도별 진도 3.0 이상 지진 발생 횟수는 다음과 같다.

- 2019년 : 32+13+5=50회
- 2020년 : 27+18+4=49회
- 2021년 : 30+15+6=51회
- 2022년 : 33+20+5=58회
- 2023년 : 19+19+4=42회
- 2024년 : 25+18+3=46회

연도별 진도 3.0 이상 지진 발생 횟수의 변동량을 파악하기 위해서는 연도를 중심으로 한 그래프가 구성되어야 한다. 따라서 가장 적합한 그래프는 ⑤이다.

오답분석

① 2019년부터 2024년까지 K국에서 발생한 전체 지진 횟수의 그래프로, 진도 3.0 미만도 포함되어 있다.
② 2019년부터 2024년까지 진도 3.0 미만 지진 발생 횟수의 그래프이다.
③ 2022년 K국에서 발생한 지진과 관련된 그래프이다.
④ 2019년부터 2024년까지 진도 3.0 이상 지진 발생 횟수에 대한 그래프이지만 그래프가 지진의 진도를 중심으로 구성되어 있어 연도별 지진 횟수 변동량을 파악하는 데 적합하지 않다.

16
정답 ③

첫 번째 정보에 따라 대전 지하철의 선로길이(㉠)는 광주 지하철의 선로길이인 30km보다 길어야 하므로 선택지 ⑤는 제외된다.
또한, 두 번째 정보에 따르면 대전 지하철의 열차칸 수당 승객 수는 32,000÷4=8,000명이고, 광주 지하철의 열차칸 수(㉣)는 34,000÷8,000=4.25량 이하여야 하므로 선택지 ①, ②는 제외된다.
다음으로 네 번째 정보에 따라 대구 지하철의 승객 수(㉢)는 100,000−(32,000+34,000)=34,000명 이상이어야 하므로 선택지 ④는 제외된다.
따라서 빈칸에 들어갈 값이 바르게 연결된 것은 ③이다.

17
정답 ⑤

20대 여성의 고위험음주율이 높은 직군의 순서는 서비스판매직 – 단순노무직 – 사무직 – 기계직 – 관리전문직 순서이고, 30대 여성의 흡연율이 높은 직군의 순서는 서비스판매직 – 단순노무직 – 기계직 – 사무직 – 관리전문직 순서이므로 동일하지 않다.

18
정답 ③

먼저 분자와 분모를 따로 계산하면 다음과 같다.

- 분자 : $18\times(15^2+12+3)$
  $=18\times(225+12+3)$
  $=18\times240$
  $=4,320$
- 분모 : $90^2-2\times45\times4$
  $=8,100-(2\times45\times4)$
  $=8,100-360$
  $=7,740$

식을 정리하면 다음과 같다.

$\frac{4,320}{7,740}+1=\frac{4,320+7,740}{7,740}=\frac{12,060}{7,740}$

$\frac{12,060}{7,740}$을 기약분수로 만들기 위해 최대공약수 180으로 약분하면 $\frac{67}{43}$이므로 $p=43$, $q=67$이다.

따라서 $p+q=110$이다.

19
정답 ④

조사기간인 1 ~ 4월의 리뷰 수가 판매 건수이므로 월별 판매 건수와 반품 및 환불 건수를 계산하면 다음과 같다.

(단위 : 건)

구분	판매 건수	반품 건수	환불 건수
1월	1,000	1,000×0.03=30	1,000×0.02=20
2월	1,200	1,200×0.02=24	1,200×0.03=36
3월	1,500	1,500×0.04=60	1,500×0.01=15
4월	1,300	1,300×0.03=39	1,300×0.02=26
합계	5,000	153	97

따라서 반품 건수와 환불 건수를 모두 합하면 153+97=250건이다.

20
정답 ⑤

자발적 취업자의 수는 매년 증가하고 있고, 정부 지원형 취업자 수는 매년 감소하고 있으므로 독립적인 증가 추세를 보이고 있다.

오답분석

① 정부 지원형 취업자 수는 꾸준히 감소하고 있다.
② 전체 취업자 수는 매년 증가하고 있지만, 정부 지원형 취업자 수는 매년 감소하고 있으므로 옳지 않다.
③ 전체 노인 취업자 수와 자발적 취업자 수 모두 증가하고 있다.
④ 자발적으로 취업하는 노인의 수는 매년 증가하고 있지만, 정부 지원 취업자 수는 매년 감소하므로 옳지 않다.

21
정답 ④

브레인스토밍은 창의적인 아이디어를 얻기 위해 여러 사람이 자유롭게 의견을 제시하는 기법으로, 비판이나 평가를 하지 않고, 자유로운 사고를 장려함으로써 다양하고 독창적인 아이디어를 최대한 많이 도출하는 것을 목표로 하며, 진행 방법은 다음과 같다.

- 주제를 구체적이고 명확하게 정한다.
- 구성원의 얼굴을 볼 수 있도록 좌석을 배치하고 큰 용지를 준비한다.
- 구성원의 다양한 의견을 도출할 수 있는 사람을 리더로 선출한다.
- 구성원은 다양한 분야의 5 ~ 8명 정도로 구성한다.
- 발언은 누구나 자유롭게 하고 모든 발언 내용을 기록한다.
- 아이디어를 비판해서는 안 된다.

22

정답 ④

월 ~ 목요일에 출발하는 일반승차권은 출발 3시간 전까지 무료로 환불이 가능하므로 4시간 전에 환불을 신청했다면 위약금이 부과되지 않는다.

오답분석

① 단체승차권은 11명 이상의 단체가 동일 구간을 여행할 경우 적용된다. 따라서 최소 환불액은 11×400=4,400원이다.

② 일반승차권의 경우 월 ~ 목요일에 출발하는 승차권은 1개월 전부터 출발 3시간 전까지 무료로 환불이 가능하지만, 단체승차권의 경우 출발 1개월 전부터 11일 전까지 400원×(인원수)에 해당하는 위약금이 부과된다.

③ 코레일의 승차권은 출발 1개월 전부터 구매할 수 있으므로 40일 전에는 구매할 수 없다. 따라서 환불 신청도 불가능하다.

⑤ 금 ~ 일요일, 설, 추석에는 출발 후 20분까지 30%의 위약금이 부과된다.

23

정답 ④

서울역에서 평택역으로 가는 KTX는 오전 9시 26분에 출발하므로 D는 출발시각 이후 환불을 신청하였다. 출발시각 이후에는 세 번째 안내사항에 의해 역의 창구에서 환불을 신청해야 하며, 코레일톡으로는 환불신청을 할 수 없으므로 승차권 환불을 받지 못한다.

오답분석

① 대구로 가는 A는 출발시각인 오전 9시 42분 전에 역의 창구에서 환불을 신청하였으므로 20%의 위약금을 내고 환불받을 수 있다.

② 대전으로 가는 B는 도착시각인 오전 10시 24분 전에 역의 창구에서 환불을 신청하였고, 출발 후 20분이 초과되지 않았으므로 30%의 위약금을 내고 환불받을 수 있다.

③ 부산으로 가는 C는 도착시각인 오전 11시 37분 전에 역의 창구에서 환불을 신청하였고, 출발 후 60분이 초과되었으므로 70%의 위약금을 내고 환불받을 수 있다.

⑤ 전주로 가는 E는 열차에 승차하지 못하고, 일주일 이후에 승차권과 천재지변으로 인해 승차할 수 없었던 사유를 확인할 수 있는 증명서를 역에 제출하였으므로 여섯 번째 안내사항에 의해 50%에 해당하는 금액을 환불받을 수 있다.

24

정답 ①

첫 번째와 세 번째 조건에 따라 A, C, E의 과제 시작 순서는 C → A → E이다. 두 번째 조건에 따라 B와 D는 연달아 과제를 시작하므로 하나로 묶어서 생각하면 된다. B와 D의 묶음을 ○○라고 할 때, 위치할 수 있는 경우는 다음과 같다.

• 양 끝에 위치
  - ○○ → C → A → E : C가 세 번째로 시작한다.
  - C → A → E → ○○ : E가 세 번째로 시작한다.

• C, A, E 사이에 위치
  - C → ○○ → A → E : B나 D가 세 번째로 시작한다.
  - C → A → ○○ → E : B나 D가 세 번째로 시작한다.

따라서 절대 세 번째로 시작할 수 없는 사람은 A이다.

25

정답 ⑤

제시된 사례는 지난 세 달간 공연 매진이라는 과거의 일정한 경험이 미래의 모든 경우에도 동일할 것이라고 단정하는 사례이므로 성급한 일반화의 오류에 해당한다.

오답분석

① 무지의 오류 : '외계인이 존재한다는 증거가 없으므로 외계인은 존재하지 않는다.'처럼 어떤 것이 증명되지 않았다고 해서 그 반대의 주장이 참인 것이라고 단정하는 오류이다.

② 애매성의 오류 : '모든 사람은 평등하므로 시험에서 모두 같은 점수를 받아야 한다.'에서 평등이라는 단어를 기회의 평등과 결과의 평등을 구분하지 않고 사용하는 것처럼 단어나 문장의 의미를 모호하게 사용하여 잘못된 결론을 이끌어내는 오류이다.

③ 연역법의 오류 : '비가 오면 길이 젖는다. 집 앞의 길이 젖어 있다. 따라서 집 앞에는 비가 왔다.'처럼 길이 젖은 이유가 반드시 비 때문이라고 단정할 수 없음에도 잘못된 삼단논법에 의해 참이라고 단정하는 오류이다.

④ 과대 해석의 오류 : '퇴근길에 조심하세요.'를 퇴근길 말고는 조심하지 말라고 받아들이는 것처럼 문맥을 무시하고 한 단어나 문구에만 과도하게 집착하여 원래의 의도와 다르게 해석하는 오류이다.

26

정답 ①

제시된 사례에서는 "신고를 확인하지 않았는가?"와 "확인하지 않은 것이 실수인가, 고의인가?"를 결합하여 신고를 확인하지 않았는지에 대한 여부를 이미 참으로 전제하고 있다. 이는 겉으로는 하나의 질문처럼 보이지만, 실제로는 두 개 이상의 질문을 결합해 한 번에 물어 답변자가 숨겨진 전제를 사실로 인정하도록 만드는 복합질문의 오류이다.

"당신은 음주운전을 한 것이 나쁘다고 생각하지 않나요?"는 "당신은 음주운전을 하였는가?"와 "음주운전을 하는 것은 나쁘다고 생각하는가?"를 결합하여 답변자가 음주운전을 한 것을 전제하고 사실로 인정하게 하는 것이므로 복합질문의 오류에 해당한다.

오답분석

② 문제에 대한 비판을 아예 고려하지 않고 단정하여 논의 자체를 차단하고 있으므로 원천봉쇄의 오류에 해당한다.

③ 벽돌 하나가 가볍다는 부분의 성질을 전체에 그대로 적용하여 건물이 가볍다고 하는 것이므로 결합의 오류에 해당한다.

④ 본래의 논제(교통사고 감소 방안)에서 벗어나 다른 논점(자동차의 필수성)을 제시함으로써 결론과 관련 없는 내용을 언급하므로 논점 일탈의 오류에 해당한다.

⑤ 먼지라는 표현을 비유적 의미와 물리적 구성요소의 의미로 구분하지 않고 사용한 애매성의 오류에 해당한다.

27 정답 ①

A직원은 직원들의 호흡기 질환이라는 문제 현상을 인지하였고, 질의응답을 통해 역사 내 공기질 저하가 주요 문제임을 파악하고 있다. 이는 문제의 존재 자체를 인식하는 초기단계인 '문제 인식' 단계에 해당한다. 이후 문제 도출 단계에서 역사 내 분진 현황, 환기 시스템의 출력 저하 등 역사 내 공기질 저하에 대한 세부적인 문제점을 설정해야 하고, 원인 분석을 통해 각 문제점의 근본 원인을 파악하여 해결안을 개발하고, 해결안을 실행 및 평가하는 단계를 거쳐야 한다.

문제해결 절차 5단계

1. 문제 인식 : 해결해야 할 전체 문제를 파악하여 우선순위를 정하고 선정 문제에 대한 목표를 명확히 하는 단계
2. 문제 도출 : 선정된 문제를 분석하여 해결해야 할 것이 무엇인지를 명확히 하는 단계로, 현상에 대한 문제를 분해하여 인과관계 및 구조를 파악하는 단계
3. 원인 분석 : 파악된 핵심 문제에 대한 분석을 통해 근본 원인을 도출해 내는 단계
4. 해결안 개발 : 문제로부터 도출된 근본 원인을 효과적으로 해결할 수 있는 최적의 해결 방안을 수립하는 단계
5. 실행 및 평가 : 해결안 개발을 통해 만들어진 실행 계획을 실제 상황에 적용하는 단계로, 해결안을 통해 문제의 원인들을 제거해 나가는 단계

28 정답 ①

A주임은 복잡한 역사 구조로 승객들이 길을 헤매는 문제를 해결하기 위한 아이디어를 지하철역과 비슷한 대상인 쇼핑센터의 증강현실 지도 기술에서 얻었고, 지하철역에서 이용 가능한 증강현실 길 안내 서비스를 기획하였다. 따라서 주어진 사례에서 나타나는 창의적 사고 개발방법으로 가장 적절한 것은 대상과 비슷한 것을 찾아내 그것을 힌트로 새로운 아이디어를 생각해 내는 비교발상법인 NM법이다.

오답분석

② Synectics : 서로 관련이 없어 보이는 것들을 조합하여 새로운 것을 도출해 내는 비교발상법이다.
③ 체크리스트 : 미리 준비된 힌트들을 시각화하고, 주제를 힌트에 연결 지어 발상하는 강제연상법이다.
④ SCAMPER : 체크리스트의 발전된 기법으로, 대체, 결합, 응용, 수정, 전용, 제거, 반전과 같이 7가지 키워드를 주제와 연결 지어 발상하는 강제연상법이다.
⑤ 브레인스토밍 : 어떤 주제에서 자유롭게 생각나는 것을 계속해서 열거하여 창의적인 아이디어를 이끌어 내는 자유연상법이다.

29 정답 ②

ㄱ. 철도 이용객 수 증가는 외부환경요인인 법안에 의한 긍정적 효과이므로 기회에 해당한다.
ㄷ. 민간투자의 확대는 외부환경요인의 긍정적인 효과이므로 기회에 해당한다.
ㅂ. 기업 외부에서 발생한 공동 프로젝트에 참여하는 것은 기술혁신 등 긍정적인 측면에 해당하므로 기회에 해당한다.

오답분석

ㄴ. 내부환경요인인 운영 노하우는 기업 내부의 긍정적인 요소로 강점(Strength)에 해당한다.
ㄹ. 외부환경요인인 정부에서의 부정적 요소인 교통요금 동결 정책은 위협(Threat)에 해당한다.
ㅁ. 내부환경요인인 직원 수 부족으로 인한 저조한 고객 만족도는 약점(Weakness)에 해당한다.

30 정답 ④

ㄱ. A차장은 노인 이용자 대표와 논리적 토론을 통해 합리적 타협점을 찾고 있다. 이는 상이한 문화적 토양을 가지고 있는 구성원을 가정하여 서로의 생각을 직설적으로 주장하고 논쟁이나 협상을 통해 의견을 조정하는 하드 어프로치에 해당한다.
ㄴ. A센터장은 역할극과 브레인스토밍 기법을 통하여 직원들이 자발적으로 의견을 제시하고, 창의적인 해결방법을 도모할 수 있도록 촉진하고 있다. 이는 어떤 그룹이나 집단이 자발적으로 창의적인 문제해결을 할 수 있도록 촉진하는 퍼실리테이션에 해당한다.
ㄷ. A팀장은 B사원에게 실수에 대한 결과를 시사하여 실수를 줄일 수 있도록 넌지시 제안하였으며, 다른 팀원들에게도 B사원을 잘 도와줄 수 있도록 요청하였다. A팀장은 중재자로서 같은 문화적 토양을 가지고 있는 팀원들이 서로를 이해할 수 있도록 돕고, 권위와 공감에 의지하여 의견을 중재하고 있으므로 소프트 어프로치에 해당한다.

제2영역 전공(경영학)

31	32	33	34	35	36	37	38	39	40
⑤	②	①	③	④	②	④	④	④	⑤
41	42	43	44	45	46	47	48	49	50
①	④	③	②	④	⑤	④	⑤	②	⑤
51	52	53	54	55	56	57	58	59	60
④	⑤	①	⑤	④	④	②	③	③	②

31
정답 ⑤

마이클 포터의 5 Forces 모델은 기업의 경쟁력을 산업 구조의 5가지 요인(기존 경쟁자 간 경쟁, 신규 진입자의 위협, 대체재의 위협, 공급자의 교섭력, 구매자의 교섭력)을 통해 분석한다. 이때 대체재가 많을수록, 진입장벽이 낮을수록, 퇴출장벽이 높을수록, 구매자가 많을수록, 공급자가 많을수록 기업 간 경쟁이 심화되고 각 기업은 경쟁우위를 확보하기 위한 전략을 수립하게 된다. 한편, 공급자가 적을수록 기업 간 경쟁이 약해지므로 가격이 상승할 가능성이 커진다.

32
정답 ②

제시된 내용은 테일러의 과학적 관리론에 대한 설명이다. 과학적 관리론은 산업 현장에서 작업 방법을 과학적으로 분석하고 표준화하여 생산성을 높이려는 관리이론이다.

33
정답 ①

직무명세서, 직무기술서, 직무평가, 직무분석은 모두 인사관리에 사용되는 개념이지만, 목적과 내용에 있어 차이가 있다. 직무분석을 통해 직무의 성격과 요구사항을 분석할 수 있으며, 그 결과로 직무기술서(직무내용 중심)와 직무명세서(인적요건 중심)를 작성한다. 또한, 직무평가는 직무의 상대적 가치를 평가하는 절차로, 직무분석을 바탕으로 이루어진다. 따라서 설명이 바르게 연결된 것은 ①이다.

34
정답 ③

유통 커버리지 전략은 집약적 유통, 전속적 유통, 선택적 유통으로 나눌 수 있다. 집약적 유통은 가능한 많은 소매점을 통해 제품을 판매하여 접근성을 극대화하는 것으로, 대중적인 소비재에 주로 사용되며, 전속적 유통은 특정 지역에서 단 하나의 판매업체에만 판매권을 부여하여 통제력을 강화하는 것으로, 고급제품이나 특정 브랜드의 이미지 구축에 적합하다. 또한, 선택적 유통은 집약적 유통과 전속적 유통의 중간 형태로, 지역별 자격을 갖춘 소수의 판매점과 거래하는 전략이며, 소비자가 비교적 신중하게 선택하는 제품에 적합하다.

35
정답 ④

인바스켓 기법(In-Basket Technique)은 조직에서 관리자의 문제해결능력과 의사결정 능력을 평가하거나 훈련하기 위해 사용되는 모의 상황 평가 방법이다. 인바스켓 기법은 실제 업무와 유사한 상황을 통해 현실적인 판단력을 평가할 수 있고, 단순 지식보다 실무형 의사결정 능력을 볼 수 있으며, 관리직이나 리더 후보의 업무 처리 스타일을 파악할 수 있는 장점이 있으나, 평가 준비에 많은 시간과 비용이 소요되고, 평가자의 주관적 판단이 개입될 가능성이 있는 단점이 있다.

오답분석

① 구조적 피드백 : 구체적인 예시, 영향, 변화가 필요한 부분을 명확하게 전달하는 체계적인 방법이다.
② 직무순환 : 직무의 단조로움을 줄이고 다양한 직무 경험을 통해 직원의 능력과 만족도를 높이는 방법이다.
③ OJT : 현업에서 실제 업무를 통해 직접적으로 지식과 기술을 배우는 방법이다.
⑤ 시뮬레이션 : 실제 직무 상황과 유사한 모의 상황을 만들어 놓고, 참가자가 그 상황 속에서 역할을 수행하며 문제를 해결해 나가는 행동·상황 재현을 중심으로 하는 방법이다.

36
정답 ②

중립가격(Neutral Pricing)은 제품이나 서비스의 가격을 소비자가 인식하는 가치(경제적 가치)에 맞추어 책정하는 가격전략이다. 소비자가 느끼는 심리적 균형점에 가격을 맞추므로 가격에 대한 저항을 최소화하고, 가격 신뢰도를 형성한다.

오답분석

① 탄력가격제 : 판매자가 시장 수요와 공급 상황, 경쟁사 가격, 소비자 행동 등 다양한 요인들을 실시간으로 고려하여 제품이나 서비스의 가격을 유동적으로 변경하는 전략이다.
③ 침투가격 : 신규 시장 진입 시 시장 점유율을 빠르게 확보하기 위해 제품 가격을 의도적으로 낮게 설정하는 전략이다.
④ 종속가격 : 본체는 저렴하게 판매하고, 주기적으로 교체해야 하는 소모품은 비싸게 파는 전략이다.
⑤ 유인가격 : 일부 제품의 가격을 원가 이하로 낮게 책정하여 고객을 매장으로 유인하고, 다른 상품 판매를 촉진하는 전략이다.

37
정답 ④

앤소프의 다각화 전략은 기업이 기존의 제품이나 시장을 벗어나 새로운 제품을 새로운 시장에 출시하는 전략으로, 새로운 수익원 창출, 기존 시장의 성장 한계 극복, 위험 분산을 목적으로 한다. 다각화 전략은 기존 시장이나 사업에 대한 의존도를 낮출 수 있고, 성공 시 새로운 수익을 기대할 수 있지만, 실패 시 위험도 크다. 다각화 전략은 다음의 세부 유형으로 구분된다.

- 동심형 다각화 전략 : 기존 사업과 연관성이 있는 새로운 제품을 새로운 시장에 출시하는 전략
- 수평형 다각화 전략 : 기존 제품과 다른 제품을 기존 고객에게 판매하는 전략

• 비관련 다각화 전략 : 기존 사업과 직접적인 연관이 없는 완전히 새로운 사업 분야에 진출하는 전략

38

정답 ④

SWOT 분석은 기업이나 조직의 내부환경과 외부환경을 종합적으로 분석하여 전략을 수립하는 기법으로, 다음 4가지 요소를 분석하고, 조합하여 전략 방향을 도출하는 것이다.

• Strength(강점) : 자사에 긍정적인 내부환경 요소
• Weakness(약점) : 자사에 부정적인 내부환경 요소
• Opportunity(기회) : 자사에 긍정적인 외부환경 요소
• Threat(위협) : 자사에 부정적인 외부환경 요소

WT전략은 외부위협을 피하고 약점을 최소화하는 전략이다. 한편, 외부기회를 활용하기 위해 내부약점을 보완하는 전략은 WO전략이다.

오답분석

② 내부환경 분석을 통해 조직의 내부적인 강점과 약점을 파악할 수 있다.
③ SO전략은 내부강점을 활용해 외부기회를 포착하는 전략을 말한다.
⑤ SWOT 분석은 내부 및 외부환경 요소를 한 번에 파악하여 분석할 수 있다는 특징을 갖는다.

39

정답 ④

포디즘(Fordism, 포드주의)은 미국의 자동차 회사 창립자 헨리 포드가 도입한 대량생산 중심의 산업체제로, 조립라인(컨베이어 시스템)을 이용하여 표준화된 제품을 효율적으로 대량생산하는 방식이다. 포디즘에서는 생산과정의 단계를 단순화·분업화·표준화하여 생산속도와 효율성을 향상시킨다. 또한, 노동자들에게 높은 임금을 지급하여 구매력을 높여 생산제품을 대량 소비할 수 있도록 유도하였다. 반면 컨베이어 시스템에 의한 대량생산이 특징이기 때문에 고객의 다양한 기호 변화에는 적응하기 어려운 한계가 있다. 따라서 보기에서 포디즘에 대한 설명으로 옳은 것은 모두 4개이다.

40

정답 ⑤

최근오류(Recency Error)는 평가자가 피평가자의 최근의 행동이나 성과에 지나치게 영향을 받아 전체 평가를 왜곡하는 인사평가 오류이다. 이러한 오류를 방지하기 위해서는 피평가자의 주요 행동, 성과, 사건 등을 정기적으로 메모하거나 기록하고 다면평가를 활용하는 것이 좋다.

오답분석

① 후광효과 : 특정한 긍정적인 특성이 다른 특성에 대한 평가에 영향을 끼치는 현상이다.
② 스테레오타이핑 : 특정 그룹이나 개인에 대한 고정관념이나 선입견이 작용하는 현상이다.
③ 중심화경향 : 평가방법에 대한 이해나 평가능력 부족으로 평가가 평균값에 집중되는 현상이다.
④ 투사오류 : 자신의 특성과 기준을 피평가자에게 투영하여 평가하는 현상이다.

41

정답 ①

경영참가제도는 크게 간접참가제도와 직접참가제도로 구분할 수 있으며, 간접참가제도는 자본참가로, 종업원지주제도 등이 해당한다. 한편, 직접참가제도는 이윤참가와 경영의사결정참가로, 성과분배제도, 이익분배제도, 노사협의제 등이 해당한다.

42

정답 ④

인적자원관리의 주요 요소는 노사관계 관리, 인적자원 유지, 인적자원 개발, 직무관리, 고용관리, 보상관리 등 총 6개의 요소로 나눌 수 있다. 따라서 평가관리는 해당하지 않는다.

인적자원관리의 6가지 요소

• 노사관계 관리 : 경영자와 근로자의 상하관계 및 사용자와 노동조합 간 협력관계 등의 관리
• 인적자원 유지 : 기업이 확보하고 있는 인적자원을 유지시키기 위한 복리후생 등
• 인적자원 개발 : 교육, 훈련, 경력개발 등을 통해 인적자원이 필요한 역량을 갖추도록 지원
• 직무관리 : 구성원의 직무에 대한 분석 등을 통해 효율적인 인사활동을 지원
• 고용관리 : 우수한 인적자원을 계획적으로 선발하고, 승진 등을 통해 최적의 성과 추구
• 보상관리 : 구성원의 기여에 따른 적정하고 공정한 급여 및 보상 제공

43

정답 ③

제품변형은 경쟁 우위를 확보하기 위해 기존 제품을 수정하거나 새로운 변형 제품을 출시하는 전략으로, 색상, 디자인 등을 차별화하는 수평적 차별화와 품질, 기능 등을 향상시키는 수직적 차별화로 나눌 수 있다.

오답분석

① 리브랜딩 : 기존 브랜드의 아이덴티티를 재정립하는 전략이다.
② 제품다양화 : 기존 제품 외의 새로운 제품을 추가하여 다양한 고객의 니즈를 충족시키며, 시장 변화에 대응하고 위험을 분산하는 전략이다.
④ 상품개발 : 아이디어 발굴부터 시장 출시, 이후 관리까지의 전 과정을 포괄하는 전략이다.
⑤ 가격결정 : 원가, 고객의 가치 인식, 경쟁 환경 등 다양한 요소를 고려하여 가격을 설정하는 전략이다.

44

정답 ②

팝업스토어는 특정 테마를 가진 임시 매장을 활용하는 것으로, 브랜드 인지도를 높이고 제품을 홍보하는 전략으로 볼 수 있다.

오답분석

① 판매촉진 : 소비자의 즉각적인 구매를 유도하기 위해 단기적으로 제공되는 가격 할인, 쿠폰, 샘플 증정, 경품, 사은품 등의 마케팅 기법이다.
③ 광고 : 제품, 서비스, 브랜드 등을 알리고, 구매, 이용 등 소비자의 태도와 행동 변화를 유도하기 위한 마케팅 기법이다.
④ 직접마케팅 : 기업이 고객에게 직접 메시지를 전달하고, 고객의 직접적인 응답을 유도하는 마케팅 기법이다.
⑤ 인적판매 : 판매원이 잠재 고객 또는 기존 고객과 직접 대면하거나 접촉하여 자사의 제품이나 서비스를 구매하도록 설득하는 마케팅 기법이다.

45

정답 ④

마케팅 믹스 4P는 기업이 효과적인 마케팅 전략을 수립하기 위해 고려하는 네 가지 핵심 요소를 말한다.

- Product(제품) : 소비자의 욕구를 충족시키기 위해 기업이 제공하는 재화나 서비스로, 제품의 품질, 디자인, 브랜드, 포장, 보증, 사후서비스 등이 포함된다.
- Price(가격) : 제품의 가치에 대한 금전적 평가로, 소비자가 지불해야 하는 금액이며, 할인과 같은 다양한 가격 전략이 포함된다.
- Place(유통) : 제품이 소비자에게 전달되는 경로와 과정으로, 유통채널, 재고관리, 물류 등이 해당된다.
- Promotion(촉진) : 제품이나 브랜드를 알리고 구매를 유도하기 위한 커뮤니케이션 활동으로, 광고, 판매촉진, PR, 인적판매, 온라인 마케팅 등이 포함된다.

오답분석

①·② Product(제품)에 해당한다.
③ Price(가격)에 해당한다.
⑤ Promotion(촉진)에 해당한다.

46

정답 ⑤

오답분석

ㄱ. 주식회사는 주식의 소유비율에 따라 주주들이 의사결정권한을 나누어 가지며, 주주총회가 최고 의사결정기구의 역할을 한다.
ㄷ. 주주는 주식회사에 대하여 본인이 투자한 금액만큼의 출자의무를 가지며, 그 이상의 금액에 대해서는 어떠한 책임이나 의무도 갖지 않는다.

47

정답 ④

조정은 목표를 달성하기 위해 자원의 중복, 부족 등을 보완하는 과정을 말한다.

48

정답 ⑤

매슬로의 욕구 5단계는 아래부터 생리적 욕구 → 안전 욕구 → 사랑과 소속 욕구(관계 욕구) → 존경 욕구 → 자아실현 욕구이다. 따라서 관계 욕구 이하의 욕구는 생리적 욕구와 안전 욕구이다.

매슬로의 욕구 5단계
- 1단계(생리적 욕구) : 음식, 물, 잠 등 생존에 필요한 최소한의 욕구
- 2단계(안전 욕구) : 신체적, 경제적 안전에 대한 욕구
- 3단계(사랑과 소속 욕구) : 가족, 친구, 동료 등으로부터 갖는 소속감, 애정 욕구
- 4단계(존경 욕구) : 자신을 존중하고 타인에게 존중받고 싶어 하는 욕구
- 5단계(자아실현 욕구) : 자신의 잠재력을 끌어내어 의미 있는 삶을 살고 싶어 하는 욕구

49

정답 ②

유사한 특징을 가진 고객을 그룹으로 분류하는 것은 고객 세그먼트에 대한 설명이다. 고객 페르소나는 특정 고객 그룹을 대표하는 가상의 프로필을 생성하여 행동패턴, 라이프스타일 등 다양한 데이터로 전략을 수립하는 고객 맞춤형 마케팅 전략이다.

50

정답 ⑤

제품 수명주기(PLC; Product Life Cycle)

- 개발기 : 제품 수명주기의 첫 번째 단계로, 제품 출시 전 제품 콘셉트를 구체화하고 테스트 등을 거치는 단계이며 매출은 발생하지 않으나 비용이 많이 소요된다.
- 도입기 : 제품 판매가 완만히 상승세를 타기 시작하나, 생산량이 적고 생산원가는 높아 적자상태가 지속된다.
- 성장기 : 제품 판매가 급속히 증가하여 이익이 크게 발생하고, 생산량도 크게 증가한다.
- 성숙기 : 제품 판매가 체감적으로는 증가하나 안정된 상태를 유지하고, 경쟁이 심화됨에 따라 이익이 차츰 감소하게 된다.
- 쇠퇴기 : 제품 판매가 빠르게 감소하여 매출이 하락하고 경쟁 제품들이 시장에서 철수하게 된다.

51

정답 ④

SMS 마케팅은 휴대폰 문자메시지(SMS; Short Message Service)를 활용해 상품·서비스 홍보, 이벤트 안내 등을 하는 모바일 마케팅 기법으로, 저비용으로 고객에게 간결한 핵심 정보를 즉각적으로 전달하는 특징이 있다.

오답분석

① 드립 마케팅 : 미리 작성된 마케팅 메시지를 일정 시간 이후에 고객 또는 잠재고객에게 발송하는 마케팅이다.
② 뉴로 마케팅 : 소비자의 무의식적 반응과 뇌 활동을 분석하여 적용하는 마케팅이다.

③ 애드네트워크 : 광고 지면을 수집 및 중개하여 수수료를 받고 광고주에게 판매하는 마케팅이다.
⑤ PPL 마케팅 : 각종 콘텐츠 속에 기업제품을 소품이나 배경으로 등장시켜 소비자들에게 홍보하는 마케팅이다.

52

정답 ⑤

명목집단법(NGT; Nominal Group Technique)은 참여자들이 서로 문제나 이슈 등을 분석하고 순위를 정하는 가중서열화 방법으로, 의사결정 과정 동안 토론이나 대인 커뮤니케이션을 제한하고, 서면을 통해 아이디어를 작성해서 투표를 통해 결정한다. 명목집단법은 참여자가 생각하고 있는 아이디어를 제약조건 없이 빠르게 이끌어 낼 수 있다. 한편, 자유분방하게 다양한 아이디어를 비판 없이 제시하는 자유연상법은 브레인스토밍에 해당한다.

53

정답 ①

인바운드 마케팅은 고객이 제품이나 서비스 등에 관심을 가지고 먼저 오도록 하여 잠재고객을 유치하고 구매를 유도하는 마케팅 전략이다.

오답분석

② 아웃바운드 마케팅 : 기업이 고객에게 찾아가 적극적으로 상품 및 서비스를 판매하는 마케팅이다.
③ 프로모션 마케팅 : 할인, 사은품 등 프로모션을 통해 고객을 유도하고 판매를 촉진하는 마케팅이다.
④ 소셜미디어 마케팅 : 인스타그램, 페이스북 등 소셜미디어를 활용하는 마케팅이다.
⑤ 콘텐츠 마케팅 : 제품, 서비스 등에 대한 콘텐츠를 제작하여 고객참여 및 브랜드이미지를 제고하는 마케팅이다.

54

정답 ⑤

호손실험은 1924 ~ 1932년 미국 웨스턴일렉트릭사의 호손공장에서 수행된 사회심리학 실험으로, 조직 내 인간행동의 비합리적 · 감정적 측면을 규명한 연구이다. 이 실험을 통해 좋은 근무조건과 같은 물질적 요인보다 사회적 · 심리적 요인이 생산성에 큰 영향을 준다는 것을 파악하여 과학적 관리론의 한계점을 규명하고, 조직관리에서의 비물질적 요소의 중요성을 인지하였다.

55

정답 ④

빈칸에 들어갈 단어는 가치사슬(Value Chain)이다. 가치사슬 모형은 마이클 포터가 기업의 모든 활동을 주요 활동(생산, 마케팅, 서비스 등)과 지원 활동(인프라, 인사, 기술개발 등)으로 구분해 경쟁우위 원천을 분석한 것을 말한다. 이를 통해 기업의 경쟁전략을 가장 잘 적용할 수 있고, 정보시스템이 가장 효과적으로 운영될 수 있는 특정 활동을 강조할 수 있다고 제시하였다.

56

정답 ④

트러스트는 카르텔이나 콘체른보다 더 강력한 기업연합으로, 각 기업이 독립성을 상실하고 합동하여 시장을 독점하는 형태를 말한다.

오답분석

① · ② 카르텔에 대한 설명이다.
③ 신디케이트에 대한 설명이다.
⑤ 콘체른에 대한 설명이다.

57

정답 ②

인기형 리더는 직원들에 대한 관심은 매우 높으나, 업무성과는 좋지 않은 리더를 의미한다. 직원들의 사기 및 조직목표를 이상적으로 조합하여 성과를 추구하는 리더는 관리형 리더이다.

58

정답 ③

변혁적 리더십은 구성원들에게 자율성과 권한을 부여하여 스스로 의사결정 및 책임을 질 수 있게 한다.

59

정답 ③

중간경영자는 하위경영자들을 관리하며, 조직의 효율성을 높이는 역할을 한다. 현장에서 직접 업무를 감독 및 조정하고, 생산성을 높이는 역할을 하는 것은 일선관리자이다.

60

정답 ②

B2C는 'Business to Customer'의 약자로, 기업이 소비자에게 제품이나 서비스를 판매하는 것을 의미한다. 기업이 다른 기업에게 제품이나 서비스를 판매하는 것은 B2B에 해당한다.

제3영역 철도법령

61	62	63	64	65	66	67	68	69	70
②	⑤	③	①	③	④	②	⑤	①	②

61

정답 ②

철도산업발전기본법의 목적은 철도산업의 경쟁력, 효율성, 공익성의 향상과 국민경제 발전에 이바지하기 위함이다. 따라서 전문성 향상은 철도산업발전기본법의 목적에 해당하지 않는다.

목적(철도산업발전기본법 제1조)
이 법은 철도산업의 경쟁력을 높이고 발전기반을 조성함으로써 철도산업의 효율성 및 공익성의 향상과 국민경제의 발전에 이바지함을 목적으로 한다.

62

정답 ⑤

철도관계법령(철도사업법 시행령 제2조)
철도사업법 제7조 제1호 다목 및 라목에서 대통령령으로 정하는 철도관계법령이란 각각 다음 각 호의 법령을 말한다.
1. 철도산업발전기본법
2. 철도안전법
3. 도시철도법
4. 국가철도공단법
5. 한국철도공사법

63

정답 ③

부가 운임의 징수(철도사업법 제10조 제1항)
철도사업자는 열차를 이용하는 여객이 정당한 운임·요금을 지급하지 아니하고 열차를 이용한 경우에는 승차 구간에 해당하는 운임 외에 그의 30배의 범위에서 부가 운임을 징수할 수 있다.

64

정답 ①

철도산업발전기본법 제12조에 따라 국토교통부장관은 철도산업에 관한 정보를 효율적으로 수집·관리 및 제공하기 위하여 철도산업정보센터를 설치·운영하며, 철도산업발전기본법 시행령 제16조에 따라 철도산업정보센터는 철도산업정보의 수집·분석·보급 및 홍보와 철도산업의 국제동향 파악 및 국제협력사업의 지원 업무를 수행한다.

철도산업정보센터의 업무 등(철도산업발전기본법 시행령 제16조 제1항)
법 제12조 제2항의 규정에 의한 철도산업정보센터는 다음 각 호의 업무를 행한다.
1. 철도산업정보의 수집·분석·보급 및 홍보
2. 철도산업의 국제동향 파악 및 국제협력사업의 지원

65

정답 ③

전용철도 운영의 휴업·폐업(철도사업법 제38조)
전용철도운영자가 그 운영의 전부 또는 일부를 휴업 또는 폐업한 경우에는 1개월 이내에 국토교통부장관에게 신고하여야 한다.

66

정답 ④

한국철도공사는 이사회의 의결을 거쳐 사채를 발행할 수 있으며, 사채의 발행액은 공사의 자본금과 적립금을 합한 금액의 5배를 초과하지 못한다(한국철도공사법 제11조 제1항·제2항).

사채의 발행 등(한국철도공사법 제11조)
① 공사는 이사회의 의결을 거쳐 사채를 발행할 수 있다.
② 사채의 발행액은 공사의 자본금과 적립금을 합한 금액의 5배를 초과하지 못한다.
③ 국가는 공사가 발행하는 사채의 원리금 상환을 보증할 수 있다.
④ 사채의 소멸시효는 원금은 5년, 이자는 2년이 지나면 완성한다.
⑤ 공사는 공공기관의 운영에 관한 법률 제40조 제3항에 따라 예산이 확정되면 2개월 이내에 해당 연도에 발행할 사채의 목적·규모·용도 등이 포함된 사채발행 운용계획을 수립하여 이사회의 의결을 거쳐 국토교통부장관의 승인을 받아야 한다. 운용계획을 변경하려는 경우에도 또한 같다.

67

정답 ②

수지전망에 관한 서류는 철도사업법 제42조 제1항에 따라 국가가 소유·관리하는 철도시설의 점용허가를 받고자 하는 자가 점용허가신청서에 첨부하여 국토교통부장관에게 제출해야 하는 서류이다(철도사업법 시행령 제13조 제1항 제4호).

평가결과의 공표(철도사업법 시행령 제11조 제1항)

국토교통부장관이 법 제27조의 규정에 의하여 철도서비스의 품질평가결과를 공표하는 경우에는 다음 각 호의 사항을 포함하여야 한다.

1. 평가지표별 평가결과
2. 철도서비스의 품질 향상도
3. 철도사업자별 평가순위
4. 그 밖에 철도서비스에 대한 품질평가결과 국토교통부장관이 공표가 필요하다고 인정하는 사항

68

정답 ⑤

한국철도공사법 제5조에 따라 공사는 주된 사무소의 소재지에서 설립등기를 함으로써 성립한다. 공사의 등기에 필요한 사항은 한국철도공사법 시행령 제2조에 따라 다음과 같다.

1. 설립목적
2. 명칭
3. 주된 사무소 및 하부조직의 소재지
4. 자본금
5. 임원의 성명 및 주소
6. 공고의 방법

따라서 설립등기에 필요한 사항이 아닌 것은 공익 서비스 비용 서류이다.

69

정답 ①

철도사업자란 한국철도공사법에 따라 설립된 한국철도공사 및 제5조에 따라 철도사업 면허를 받은 자를 말한다(철도사업법 제2조 제8호).

70

정답 ②

국가부담비용의 지급(철도산업발전기본법 시행령 제41조)

철도운영자는 국가부담비용의 지급을 신청하고자 하는 때에는 국토교통부장관이 지정하는 기간 내에 국가부담비용지급신청서에 다음 각 호의 서류를 첨부하여 국토교통부장관에게 제출하여야 한다.

1. 국가부담비용지급신청액 및 산정내역서
2. 당해 연도의 예상수입·지출명세서
3. 최근 2년간 지급받은 국가부담비용내역서
4. 원가계산서

코레일 한국철도공사 사무직 신입사원 필기시험

제1회 모의고사 정답 및 해설

제 1 영역 NCS

01	02	03	04	05	06	07	08	09	10
③	②	③	②	③	③	⑤	②	③	③
11	12	13	14	15	16	17	18	19	20
③	④	①	②	②	④	③	②	②	④
21	22	23	24	25	26	27	28	29	30
③	⑤	④	④	②	①	②	③	②	③

01 정답 ③

제시문의 '최고의 진리는 언어 이전, 혹은 언어 이후의 무언(無言)의 진리이다.', '동양 사상의 정수(精髓)는 말로써 말이 필요 없는 경지'라는 내용을 보았을 때 '동양 사상은 언어적 지식을 초월하는 진리를 추구한다.'는 것이 글의 주제로 가장 적절하다.

02 정답 ②

제시문에서 A씨는 지난날의 자신의 삶을 반성하고 변화하는 모습을 보이고 있다. 따라서 A씨의 상황과 가장 관련 있는 한자성어는 지난날의 잘못을 고쳐 착하게 된다는 의미의 '개과천선(改過遷善)'이다.

오답분석

① 새옹지마(塞翁之馬) : 세상의 좋고 나쁨은 예측할 수 없음을 뜻한다.
③ 전화위복(轉禍爲福) : 안 좋은 일이 좋은 일로 바뀌는 것을 뜻한다.
④ 사필귀정(事必歸正) : 모든 일은 반드시 바른 길로 돌아감을 뜻한다.
⑤ 자과부지(自過不知) : 자신의 잘못을 알지 못함을 뜻한다.

03 정답 ③

빈칸의 앞 문장의 '정상적인 기능을 할 수 없는 상태'와 대조를 이루는 표현이면서 마지막 문장의 '자기 조절과 방어 시스템이 작동하는 과정인 것'이라는 내용에 어울리는 표현인 ③이 빈칸에 들어갈 내용으로 가장 적절하다.

04 정답 ②

먼저 K공사의 '5대 안전서비스 제공을 통한 스마트도시 시민안전망'과 관련한 업무 협약을 맺었다고 시작하는 (다)가 와야 하고, 앞서 소개한 오산시의 다양한 정책을 소개하는 (나)가 이어져야 한다. 또한, 오산시에 구축할 5가지 시민안전망에 대해 설명하는 (가)와 (마)가 이어지며, 마지막으로 기존의 문제점을 보완하며 인프라 구축을 예고하는 (라)의 순서로 나열하는 것이 적절하다.

05 정답 ③

기존 안전 체계의 문제점을 고치고 발전했다는 문장의 흐름상 빈칸에 들어갈 단어로는 '모자라거나 부족한 것을 보충하여 완전하게 함'을 의미하는 '보완'이 가장 적절하다.

06 정답 ③

甲은 현실적으로 지배 체제에 맞게 지배자들이 법률을 제정하기 때문에 정의는 강자의 이익이라고 주장한다. 이에 반해 乙은 지배자들이 꼭 자신들의 이익을 위해 법률을 만드는 것은 아니라고 주장한다. 이때 乙은 자신의 주장을 강화하기 위해서 유비추리의 방식을 이용하여 의사와 환자라는 비슷한 사례를 제시하고 있다.

07 정답 ⑤

세 번째 문단에서 최종 단계를 통과하지 못한 사람들이 지방 사회에 기여하도록 하여 과거제의 부작용을 완화하고자 노력했다는 내용을 통해 알 수 있다.

오답분석

① 다섯 번째 문단에서 일군의 유럽 계몽사상가들은 학자의 지식이 귀족의 세습적 지위보다 우위에 있는 체제를 정치적 합리성을 갖춘 것으로 보았다고 했으므로 적절하지 않다.
② 다섯 번째 문단에서 동아시아에서 실시된 과거제가 유럽에 전해져 유럽에서도 관료 선발에 시험을 바탕으로 한 경쟁이 도입되기도 했었다고 했으므로 적절하지 않다.
③ 세 번째 문단에서 과거제로 인해 통치에 참여할 능력을 갖춘 지식인 집단이 폭넓게 형성되었다고 했으므로 적절하지 않다.
④ 세 번째 문단에서 과거 시험의 최종 단계까지 통과하지 못한 사람들도 국가로부터 여러 특권을 부여받았다고 했으므로 적절하지 않다.

08
정답 ②

주택 또는 상가의 임대차계약은 민법에 대한 특례를 규정한 주택임대차보호법 및 상가건물 임대차보호법의 적용을 받는다.

09
정답 ③

'대가로'가 옳은 표기이다. '대가'가 [대:까]로 발음되기 때문에 사이시옷을 붙여 '댓가'로 표기하는 오류가 많지만, 한자어의 경우 2음절로 끝나는 6개의 단어(숫자, 횟수, 셋방, 곳간, 툇간, 찻간)만 예외적으로 사이시옷이 붙는다.

10
정답 ③

제시문은 4차 산업혁명의 신기술로 인해 금융의 종말이 올 것이라는 예상에 대해 설명하는 글이다. 따라서 앞으로도 기술 발전이 금융업의 본질을 바꾸지는 못할 것임을 나타내는 ③이 제시문에 대한 비판으로 가장 적절하다.

11
정답 ③

출발하는 역부터 도착하는 역까지 지하철의 이동거리를 $x$km라 하자. 이상이 생겼을 때 지하철의 속력은 $60\times0.4=24$km/h이다. 이때 평소보다 45분 늦게 도착하였으므로 다음 식이 성립한다.

$\frac{x}{24}-\frac{x}{60}=\frac{45}{60}$

→ $5x-2x=90$

→ $3x=90$

∴ $x=30$

따라서 P사원이 출발하는 역부터 도착하는 역까지 지하철의 이동거리는 30km이다.

12
정답 ④

제시된 수열은 홀수 항은 $+\frac{1}{4}$, 짝수 항은 $-\frac{1}{6}$인 수열이다.

따라서 ( )$=\frac{5}{4}+\frac{1}{4}=\frac{6}{4}=\frac{3}{2}$이다.

13
정답 ①

서로 다른 8명 중 순서를 고려하지 않고 3명을 선택하는 방법은 다음과 같다.

$${}_8C_3=\frac{8!}{(8-3)!\times3!}=56$$

따라서 8명의 후보 중 3명을 선출하는 경우는 총 56가지이다.

14
정답 ②

광주, 울산, 제주 지역 모두 초등학교 수와 중학교 수의 수치가 바뀌었다.

15
정답 ②

i) 먼저 마지막 조건을 살펴보면, 업체 수가 2배의 관계를 가지는 것은 D와 (E, F)뿐이다. 그러므로 D를 철강과 연결시킬 수 있으며 E 또는 F가 지식서비스임을 알 수 있다.

ii) 다음으로 첫 번째 조건을 살펴보면, 종사자 수의 관계가 3배의 관계를 가지는 것은 A와 B, 그리고 E와 F인데 i)에서 E와 F 중 하나는 지식서비스라고 하였으므로 결국 A가 IT, B가 의료임을 알 수 있다.

iii) 또한 두 번째 조건을 살펴보면, 10대 미래산업 전체 부가가치액의 50% 이상은 약 12,000억 원인데 B(의료)와 합해서 이 수치를 만들 수 있는 산업은 C뿐이다. 그러므로 C가 석유화학임을 알 수 있다.

iv) 마지막으로 항공우주는 E와 F 중 하나가 되어야 하는데 이미 i)에서 E 또는 F가 지식서비스라고 하였다. 이제 세 번째 조건을 결합시켜 판단해 보면, 매출액은 $\frac{(\text{부가가치액})}{(\text{부가가치율})}\times100$으로 나타낼 수 있다. 이를 어림하면 E의 매출액은 300을 넘는 데 반해, F는 200에도 미치지 못하고 있어 F가 더 작다는 것을 알 수 있다. 그러므로 F가 항공우주이며 E가 지식서비스이다.

따라서 B, C, E는 각각 의료, 석유화학, 지식서비스임을 알 수 있다.

16
정답 ④

2020년 대비 2024년 소포우편 분야의 매출액 증가율은 $\frac{5,017-3,390}{3,390}\times100≒48\%$이므로 옳지 않은 설명이다.

오답분석

① 매년 매출액이 가장 높은 분야는 일반통상 분야임을 알 수 있다.
② 일반통상 분야의 매출액은 2021년, 2022년에, 특수통상 분야의 매출액은 2023년, 2024년에 감소하고 있다. 반면 소포우편 분야는 매년 매출액이 꾸준히 증가하고 있다.
③ 2024년 1분기 특수통상 분야의 매출액이 차지하고 있는 비율은 $\frac{1,406}{5,354}\times100≒26.3\%$이므로 20% 이상이다.
⑤ 2023년 전체 매출액에서 일반통상 분야의 매출액이 차지하는 비율은 $\frac{11,107}{21,722}\times100≒51.1\%$이므로 옳은 설명이다.

17

정답 ③

제시된 삼각형 내부의 숫자와 외부의 숫자의 합이 같다.
따라서 ?는 $8+4+3=15$이다.

18

정답 ②

SOC, 산업·중소기업, 통일·외교, 공공질서·안전, 기타의 5개 분야에서 전년 대비 재정지출액이 증가하지 않았으므로 옳다.

오답분석

① 교육 분야의 전년 대비 재정지출 증가율은 다음과 같다.

- 2021년 : $\frac{27.6-24.5}{24.5}\times100 ≒ 12.7\%$
- 2022년 : $\frac{28.8-27.6}{27.6}\times100 ≒ 4.3\%$
- 2023년 : $\frac{31.4-28.8}{28.8}\times100 ≒ 9.0\%$
- 2024년 : $\frac{35.7-31.4}{31.4}\times100 ≒ 13.7\%$

따라서 교육 분야의 전년 대비 재정지출 증가율이 가장 높은 해는 2024년이다.

③ 2020년에는 기타 분야가 예산에서 차지하고 있는 비율이 더 높았다.

④ SOC(−8.6%), 산업·중소기업(2.5%), 환경(5.9%), 기타(−2.9%) 분야의 연평균 증가율이 더 낮다.

⑤ 통일·외교 분야의 증감추이는 '증가－증가－감소－증가'이고, 기타 분야의 증감추이는 '감소－감소－증가－증가'이므로 두 분야의 증감추이는 동일하지 않다.

19

정답 ②

- 사회복지·보건 분야의 2022년 대비 2023년 재정지출 증감률
  : $\frac{61.4-56.0}{56.0}\times100 ≒ 9.6\%$
- 공공질서·안전 분야의 2022년 대비 2023년 재정지출 증감률
  : $\frac{10.9-11.0}{11.0}\times100 ≒ -0.9\%$

따라서 두 분야의 2022년 대비 2023년 재정지출 증감률 차이는 $9.6-(-0.9)=10.5\%p$이다.

20

정답 ④

연령대를 기준으로 남성과 여성의 인구비율을 계산하면 다음과 같다.

구분	남성	여성
0 ~ 14세	$\frac{323}{627}\times100 ≒ 51.5\%$	$\frac{304}{627}\times100 ≒ 48.5\%$
15 ~ 29세	$\frac{453}{905}\times100 ≒ 50.1\%$	$\frac{452}{905}\times100 ≒ 49.9\%$
30 ~ 44세	$\frac{565}{1,110}\times100 ≒ 50.9\%$	$\frac{545}{1,110}\times100 ≒ 49.1\%$
45 ~ 59세	$\frac{630}{1,257}\times100 ≒ 50.1\%$	$\frac{627}{1,257}\times100 ≒ 49.9\%$
60 ~ 74세	$\frac{345}{720}\times100 ≒ 47.9\%$	$\frac{375}{720}\times100 ≒ 52.1\%$
75세 이상	$\frac{113}{309}\times100 ≒ 36.6\%$	$\frac{196}{309}\times100 ≒ 63.4\%$

남성 인구가 40% 이하인 연령대는 75세 이상(36.6%)이며, 여성 인구가 50% 초과 60% 이하인 연령대는 60 ~ 74세(52.1%)이다.
따라서 ④가 옳다.

21

정답 ③

- (가) : 외부의 기회를 활용하면서 내부의 강점을 더욱 강화시키는 SO전략에 해당한다.
- (나) : 외부의 기회를 활용하여 내부의 약점을 보완하는 WO전략에 해당한다.
- (다) : 외부의 위협을 회피하며 내부의 강점을 적극 활용하는 ST전략에 해당한다.
- (라) : 외부의 위협을 회피하고 내부의 약점을 보완하는 WT전략에 해당한다.

22

정답 ⑤

놀이공원에서 놀이기구는 못 타고 기다리다 걷기만 했다는 하나의 경험으로 모든 놀이공원에 대한 부정적 평가를 하였으므로 성급한 일반화의 오류에 해당한다.

오답분석

① 인신공격의 오류 : 주장의 내용이 아닌 화자 자체를 비난함으로써 주장을 비판하는 오류이다.

② 복합 질문의 오류 : 2가지 이상의 질문을 하나의 질문에 욱여넣음으로써 상대방이 '예' 또는 '아니오'로 대답 시 공격의 여지를 남기는 오류이다.

③ 순환 논증의 오류 : 주장이 참일 때 낼 수 있는 결론으로 주장에 대한 근거를 내세움으로써 발생하는 오류이다.

④ 허수아비 공격의 오류 : 상대방의 입장을 곡해하여 주장을 비판하는 오류이다.

23

정답 ④

브레인스토밍은 어떤 문제의 해결책을 찾기 위해 여러 사람이 자유롭게 아이디어를 제시하도록 요구하는 방법으로, 가능한 많은 양의 아이디어를 모아 그 속에서 해결책을 찾는 방법이다. 따라서 제시된 아이디어에 대해 비판해서는 안 되며, 다양한 아이디어를 결합하여 최적의 방안을 찾아야 한다.

브레인스토밍 진행 방법
- 주제를 구체적이고 명확하게 정한다.
- 구성원의 얼굴을 볼 수 있도록 좌석을 배치하고 큰 용지를 준비한다.
- 구성원들의 다양한 의견을 도출할 수 있는 사람을 리더로 선출한다.
- 구성원은 다양한 분야의 5 ~ 8명 정도로 구성한다.
- 발언은 누구나 자유롭게 할 수 있도록 하며, 모든 발언 내용을 기록한다.
- 아이디어를 비판해서는 안 된다.

24

정답 ④

고객 맞춤형 서비스 실행방안에 대한 개선 방향을 제안해야 하므로 고객유형별 전문 상담사를 사전 배정할 수 있도록 하는 ④가 가장 적절한 방안이다.

오답분석

① 직원에게 전용 휴대폰을 지급하는 것은 고객 맞춤형 서비스로 보기 어렵다.
②·③·⑤ 고객지원센터의 운영을 보완하는 것은 고객지원의 편의성을 높이는 것일 뿐 고객 맞춤형 서비스로 보기 어렵다.

25

정답 ②

여섯 번째 조건에 의해 E는 1층에서 살고, C가 살 수 있는 층을 기준으로 A ~ D의 위치는 다음과 같다.

- C가 1층에 살 때
  첫 번째 조건에 의해 C와 E가 같은 층에 살 수 있으며, 다섯 번째 조건에 의해 D는 2층에 산다. 세 번째, 네 번째 조건에 의해 A는 4층에 살고, B는 3층 또는 5층에 산다. 이때, 빈 층은 홀수 번째 층이므로 두 번째 조건을 만족한다.
- C가 2층에 살 때
  다섯 번째 조건에 의해 D는 3층에 살고, 세 번째, 네 번째 조건에 의해 A는 4층에 산다. B는 두 번째 조건에 의해 5층에 살 수 없고, 첫 번째 조건에 의해 B는 1층 또는 3층에 산다.
- C가 3층에 살 때
  다섯 번째 조건에 의해 D는 4층에 살고, 세 번째, 네 번째 조건에 의해 A는 2층에 산다. B는 두 번째 조건에 의해 5층에 살 수 없고, 첫 번째 조건에 의해 B는 1층 또는 3층에 산다.
- C가 4층에 살 때
  일곱 번째 조건에 의해 D는 5층에 살 수 없으므로 불가능하다.

따라서 B가 5층에 산다면 C는 1층에 산다.

오답분석

① A가 2층에 산다면 B와 C는 3층에 같이 살 수 있다.
③ C가 2층에 산다면 B와 E는 1층에 같이 살 수 있다.
④ D가 4층에 산다면 B와 C는 3층에 같이 살 수 있다.
⑤ E가 1층에 혼자 산다면 C가 2층에 살 때, 3층에 B와 D가 같이 살 수 있다.

26

정답 ①

비율점수법의 적용 결과와 순위점수법의 적용 결과를 정리하면 다음과 같다.

(단위 : 점)

구분	비율점수법		순위점수법
	전체합	중앙 3합	순위점수합
종현	28	19	11
유호	33	21	10
은진	28	18	9

따라서 순위점수합이 가장 큰 지원자는 종현(11점)이므로 옳은 내용이다.

오답분석

② 비율점수법 중 중앙 3합이 가장 큰 지원자는 유호(21점)이나 순위점수합이 가장 큰 지원자는 종현(11점)이므로 옳지 않은 내용이다.
③ 비율점수법 적용 결과에서 중앙 3합이 높은 값부터 등수를 정하면 1등 유호(21점), 2등 종현(19점), 3등 은진(18점)이므로 옳지 않은 내용이다.
④ 비율점수법 적용 결과에서 평가점수의 전체합이 가장 큰 지원자는 유호(33점)이므로 옳지 않은 내용이다.
⑤ 비율점수법 적용 결과에서 평가점수의 전체합이 큰 값부터 등수를 정하면 1등 유호, 2등 종현, 은진이나 중앙 3합이 큰 값부터 등수를 정하면 1등 유호, 2등 종현, 3등 은진이므로 옳지 않은 내용이다.

27

정답 ②

고객의 주문 내용을 토대로 상품 기호를 정리하면 다음과 같다.

- 메탈쿨링=AX
- 프리 스탠딩=F
- 313L=31
- 1도어=DE

따라서 고객이 주문한 상품은 'AXF31DE'이다.

오답분석

① EDC60DE : 다용도, 키친 핏, 605L, 1도어
③ AXEFC48TE : 메탈쿨링, 독립냉각, 키친 핏, 486L, 4도어
④ AXF31DA : 메탈쿨링, 프리 스탠딩, 313L, 2도어
⑤ RCEDB84TE : 김치보관, 다용도, 빌트인, 840리터, 4도어

28

정답 ③

가변형 기능을 가진 상품은 'RQ', 키친 핏 형태의 상품은 'C'이다. 따라서 주문된 상품 중 가변형 기능과 키친 핏 형태가 포함되어 있는 것은 EDC60DE, RQB31DA, AXEFC48TE, RQEDF84TE, EDC58DA, EFRQB60TE, EFC48DA로 총 7개이다.

29

정답 ②

독립냉각 기능을 가진 상품은 'EF'이다. 따라서 주문된 상품 중에서 무상수리 대상이 되는 상품은 AXEFC48TE, EFB60DE, EFRQB60TE, EFC48DA로 총 4개이다.

30

정답 ③

첫 번째 조건에 따라 주거복지기획부가 반드시 참석해야 하므로 네 번째 조건의 대우에 의해 산업경제사업부는 참석하지 않는다. 다섯 번째 조건에 따라 두 경우로 나타내면 다음과 같다.

- 노사협력부가 참석하는 경우
  세 번째 조건의 대우에 따라 인재관리부는 참석하지 않으며, 다섯 번째 조건에 따라 공유재산관리부는 참석하지 않고, 공유재산개발부는 참석할 수도 있고 참석하지 않을 수도 있다.
  그러므로 주거복지기획부, 노사협력부, 공유재산개발부가 주간 회의에 참석할 수 있다.
- 공유재산관리부가 참석하는 경우
  두 번째 조건에 따라 공유재산개발부도 참석하며, 다섯 번째 조건에 따라 노사협력부는 참석하지 않고, 인재관리부는 참석할 수도 있고 참석하지 않을 수도 있다.
  그러므로 주거복지기획부, 공유재산관리부, 공유재산개발부, 인재관리부가 주간 회의에 참석할 수 있다.

따라서 이번 주 주간 회의에 참석할 부서의 최대 수는 4개이다.

제2영역 전공(경영학)

31	32	33	34	35	36	37	38	39	40
①	⑤	⑤	②	④	⑤	③	⑤	⑤	⑤
41	42	43	44	45	46	47	48	49	50
②	⑤	⑤	③	③	⑤	③	②	①	③
51	52	53	54	55	56	57	58	59	60
⑤	③	③	⑤	④	④	③	②	④	⑤

31

정답 ①

목표관리(MBO)는 환경과 상황의 변동 요인을 제대로 반영하기 어렵기 때문에 외부환경 대응이 어렵다.

오답분석

② · ③ MBO는 효과적인 목표관리를 위해 SMART 원칙인 구체적인 목표(S), 측정 가능한 목표(M), 달성 가능한 목표(A), 결과지향적인 목표(R), 정해진 시간 내의 목표(T)를 고려한다.

④ MBO는 조직 내 상하의 조직원들이 함께 목표를 정하고 업무를 수행하기 때문에 동기가 부여되고 일체감을 높일 수 있다.

⑤ MBO는 피드백을 통한 관리계획의 개선을 추구한다.

32

정답 ⑤

운송재고는 수송 중에 있어 상당한 조달기간을 요하며, 대금을 미리 지급한 재고이다.

재고유형

- 안전 · 완충재고 : 불확실성에 대처하기 위해 보유하고 있어야 할 최소 수량의 재고이다.
- 예비 · 비축재고 : 수요가 높아질 것을 기대하고 미리 마련해 두는 재고이다.
- 로트사이즈 · 주기재고 : 경제성을 위해 정해진 주기에 따라 창고에 보관해 두는 재고이다.
- 운송 · 이동 · 파이프라인재고 : 구매는 이미 완료했으나, 아직 창고에 도착하지 않은 재고이다.
- 사재기재고 : 가격 인상이 예상되는 경우 수익을 위해 확보한 재고이다.
- 수량할인을 받기 위한 재고 : 수량할인을 받기 위해 필요 이상의 대량 구매로 발생하는 재고이다.

33
정답 ⑤

대인적 책임은 직무평가의 간접적 요소에 해당한다. 이 외에도 대물적 책임, 불쾌한 조건, 재해 위험 등이 간접적 요소에 해당한다.

오답분석

①·②·③·④ 직무평가의 직접적 요소에는 기술(지식, 경험 등), 노력(육체적·정신적) 등이 해당한다.

34
정답 ②

나. 진입장벽이 높을수록, 즉 잠재적 진입자의 위협이 낮을수록 높은 수익률을 기대할 수 있다.

다. 대체재의 위협이 낮을수록 높은 수익률을 기대할 수 있다.

오답분석

가. 현재 기업이 속한 산업 내의 경쟁이 심할수록 기업의 경제적 성과에는 위협이 된다.

라·마. 기업 입장에서는 공급자의 교섭력과 구매자의 교섭력이 낮을수록 매력적인 산업이다.

35
정답 ④

고관여 소비자 의사결정에서는 광고 횟수보다 광고 내용이 소비자에게 더 큰 영향을 미친다.

36
정답 ⑤

기업합병이란 기업의 생산이나 판매과정 전후에 있는 기업 간의 합병으로, 원자재 공급의 안정성 등을 목적으로 하는 것은 수직적 합병이다.

한편, 수평적 합병은 동종 산업에서 유사한 생산단계에 있는 기업 간의 합병으로, 주로 규모의 경제적 효과나 시장지배력을 높이기 위해서 이루어진다.

37
정답 ③

맥그리거(Mcgregor)는 두 가지의 상반된 인간관 모형을 제시하고, 인간모형에 따라 조직관리 전략이 달라져야 한다고 주장하였다.

- X이론 : 소극적·부정적 인간관을 바탕으로 한 전략 – 천성적 나태, 어리석은 존재, 타율적 관리, 변화에 저항적
- Y이론 : 적극적·긍정적 인간관을 바탕으로 한 전략 – 변화지향적, 자율적 활동, 민주적 관리, 높은 책임감

38
정답 ⑤

포드 시스템은 설비에 대한 투자비가 높아 손익분기점까지 걸리는 시간이 장기화될 가능성이 높아져 사업진입장벽을 형성하며, 조업도가 낮아지면 제조원가가 증가한다는 단점이 있다.

39
정답 ⑤

행동기준고과법은 평가직무에 적용되는 행동패턴을 측정하여 점수화하고 등급을 매기는 방식으로 평가한다. 따라서 등급화하지 않고 개별행위 빈도를 나눠서 측정하는 기법은 아니다. 또한 BARS는 구체적인 행동의 기준을 제시하고 있으므로 향후 종업원의 행동변화를 유도하는 데 도움이 된다.

40
정답 ⑤

질문지법은 구조화된 설문지를 이용하여 직무에 대한 정보를 얻는 직무분석 방법이다.

41
정답 ②

서브리미널 광고는 자각하기 어려울 정도의 짧은 시간 동안 노출되는 자극을 통하여 잠재의식에 영향을 미치는 현상을 의미하는 서브리미널 효과를 이용한 광고이다.

오답분석

① 애드버커시 광고 : 기업과 소비자 사이에 신뢰관계를 회복하려는 광고이다.
③ 리스폰스 광고 : 광고 대상자에게 직접 반응을 얻고자 메일, 통신 판매용 광고전단을 신문·잡지에 끼워 넣는 광고이다.
④ 키치 광고 : 설명보다는 기호와 이미지를 중시하는 광고이다.
⑤ 티저 광고 : 소비자의 흥미를 유발시키기 위해 처음에는 상품명 등을 명기하지 않다가 점점 대상을 드러내어 소비자의 관심을 유도하는 광고이다.

42
정답 ⑤

주어진 사례는 기업이 고객의 수요를 의도적으로 줄이는 디마케팅이다. 프랑스 맥도날드사는 청소년 비만 문제에 대한 이슈로 모두가 해당 불매운동에 동감하고 있을 때, 청소년 비만 문제를 인정하며 소비자들의 건강을 더욱 생각하는 회사라는 이미지를 위해 단기적으로는 수요를 하락시킬 수 있는 메시지를 담아 디마케팅을 실시하였다. 결과적으로는 소비자를 더욱 생각하는 회사로 이미지 마케팅에 성공하며, 가장 대표적인 디마케팅 사례로 알려지게 되었다.

43
정답 ⑤

전사적 자원관리는 사용자 인터페이스의 디자인, 기능 등을 통일화하여 직원 이동 등에 따른 진입장벽을 낮춘다.

44
정답 ③

원가우위 전략은 경쟁사보다 저렴한 원가로 경쟁하며 동일한 품질의 제품을 경쟁사보다 낮은 가격에 생산 및 유통한다는 점에 집중되어 있다. 한편, 디자인, 브랜드 충성도 또는 성능 등으로 우위를 점하는 전략은 차별화 전략이다.

45

정답 ③

오답분석

① 지명 반론자 기법 : 의사결정 시 잠재된 문제를 노출해 철저한 분석과 논의를 거치는 방법이다.
② 명목 집단 기법 : 구성원 간 의견교환 없이 개인의 아이디어에 대한 평가 및 토의를 통해 결정하는 방법이다.
④ 브레인스토밍 기법 : 특정 주제에 대해 여러 참가자가 다양한 토론을 거쳐 결정하는 방법이다.
⑤ 변증법적 질의법 : 상반된 의견을 가진 두 집단을 구성하여 각각의 장단점을 비교 분석하여 결정하는 방법이다.

46

정답 ⑤

ㄱ·ㄴ·ㄷ·ㄹ. 모두 서비스의 특성이다.

서비스의 특성
- 무형적이며 재판매가 불가능하다.
- 소유는 일반적으로 이전되지 않으며 저장할 수 없다.
- 소비를 동시에 하며 같은 장소에서 발생한다.
- 운송할 수 없으며 구매자가 직접 생산에 참가한다.
- 대부분 직접적인 접촉이 요구되며 생산과 판매는 기능적으로 분리될 수 없다.

47

정답 ③

직무 내용은 직무기술서에 기록되는 항목이다.

오답분석

①·②·④·⑤ 직무명세서는 직무분석의 결과를 직무에 요구되는 자격요건에 맞추어 정리한 문서로, 직무 명칭, 소속, 교육 수준, 기술 수준, 지식, 정신적 특성, 업무 경험 등을 기재한다.

48

정답 ②

연속생산과 단속생산의 비교

구분	연속생산	단속생산
생산시기	계획생산	주문생산
생산량	대량생산	소량생산
생산속도	빠름	느림
생산원가	낮음	높음
생산설비	전용설비	범용설비

49

정답 ①

B2G란 기업과 정부 간 전자상거래로, 정부가 조달 예정상품을 가상 상점에 공시하고, 기업들은 가상 상점을 통해서 공급할 상품을 확인하고, 거래를 성사시키는 일련의 과정을 인터넷을 통해 처리하는 것이다.

50

정답 ③

수직적 통합은 원료를 공급하는 기업이 생산기업을 통합하는 등의 전방 통합과 유통기업이 생산기업을 통합하거나 생산기업이 원재료 공급기업을 통합하는 등의 후방 통합이 있으며, 원료 독점으로 경쟁자 배제, 원료 부문에서의 수익, 원료부터 제품까지의 기술적 일관성 등의 장점이 있다.

오답분석

①·②·⑤ 수평적 통합은 동일 업종의 기업이 동등한 조건하에서 합병·제휴하는 일로, 수평적 통합의 장점에 해당한다.
④ 대규모 구조조정은 수직적 통합의 이유와 관련이 없다.

51

정답 ⑤

촉진에 대응하는 것은 커뮤니케이션이다.

4P	4C
기업 관점	소비자 관점
제품	고객 솔루션
유통	편의성
촉진	커뮤니케이션
가격	고객 부담 비용

52

정답 ③

학습, 관여도 등은 행동적 요인에 해당한다.

오답분석

①·②·④ 인지적 요인에 해당한다.
⑤ 사회적 요인에 해당한다.

53

정답 ③

㉡ 명성가격은 가격이 높으면 품질이 좋다고 판단하는 경향으로 인해 설정되는 가격이다.
㉢ 단수가격은 가격을 단수(홀수)로 적어 소비자에게 싸다는 인식을 주는 가격이다(예 9,900원).

오답분석

㉠ 구매자가 어떤 상품에 대해 지불할 용의가 있는 최고가격은 유보가격이다.
㉣ 심리적으로 적당하다고 생각하는 가격 수준을 의미하는 것은 준거가격이다. 최저수용가격이란 소비자들이 품질에 대해 의심 없이 구매할 수 있는 가장 낮은 가격을 의미한다.

54

정답 ⑤

주어진 매트릭스에서 시장 지위를 유지하며 집중 투자를 고려해야 하는 위치는 사업의 강점과 시장의 매력도가 높은 프리미엄이다. 프리미엄에서는 성장을 위하여 투자를 적극적으로 하며, 사업 다각화 전략과 글로벌 시장 진출을 고려해야 하고, 너무 미래지향적인 전략보다는 적정선에서 타협을 하는 단기적 수익을 수용하는 전략이 필요하다.

GE 매트릭스

3×3 형태의 매트릭스이며, Y축 시장의 매력도에 영향을 끼치는 요인은 시장 크기, 시장성장률, 시장수익성, 가격, 경쟁강도, 산업평균 수익률, 리스크, 진입장벽 등이 있다. 반면 X축 사업의 강점에 영향을 끼치는 요인은 자사의 역량, 브랜드 자산, 시장점유율, 고객충성도, 유통 강점, 생산 능력 등이 있다.

55

정답 ④

리스트럭처링(Restructuring)은 미래의 모습을 설정하고 그 계획을 실행하는 기업혁신방안으로, 기존 사업 단위를 통폐합하거나 축소 또는 폐지하여 신규 사업에 진출하기도 하며 기업 전체의 경쟁력 제고를 위해 사업 단위들을 어떻게 통합해 나갈 것인가를 결정한다.

오답분석

① 벤치마킹(Benchmarking) : 기업에서 경쟁력을 제고하기 위한 방법의 일환으로 타사에서 배워오는 혁신 기법이다.
② 학습조직(Learning Organization) : 조직의 지속적인 경쟁우위를 확보하기 위한 근본적이고 총체적이며 지속적인 경영혁신 전략이다.
③ 리엔지니어링(Re – Engineering) : 전면적으로 기업의 구조와 경영방식을 재설계하여 경쟁력을 확보하고자 하는 혁신 기법이다.
⑤ 기업 아이덴티티(企業 Identity) : 기업이 다른 기업과의 차이점을 나타내기 위하여 기업의 이미지를 통합하는 작업이다.

56

정답 ④

기능별 조직이 아닌 부문별 조직에 대한 설명이다.

기능별 조직과 부문별 조직

- 기능별 조직(Functional Structure)
  - 조직의 목표를 위한 기본적인 기능을 중심으로 나눈 조직으로, 재무, 생산, 마케팅 등 비슷한 업무를 분장하는 사람들을 그룹화하여 규모의 경제를 형성할 수 있다.
  - 주로 원가우위 전략을 펼치는 사업부나 기업 전체에서 사용하기에 유리한 조직구조이다.
  - 부서 간 협업이나 시너지는 기대하기 어렵다.
- 부문별 조직(Divisional Structure)
  - 결과에 초점을 맞춘 조직으로, 사업 단위별로 하나의 독립적인 소규모 조직처럼 운영되어 기능별 조직보다 부서 간 경쟁이 치열하고 비용이 많이 든다.
  - 변화에 민감하고 소비자의 요구에 빠르게 대응해야 하는 사업구조에서 유용하게 사용할 수 있는 조직구조이다.

57

정답 ③

중요사건기록법은 직무행동 중에서 보다 중요한 점에 대해 정보를 수집하는 방법을 말한다. 주로 감독자에 의해 수행되며, 중요사건이 포착되고 직무에 대한 난이도, 빈도, 중요성 또는 기여도가 평가된다. 중요사건기록법은 효율 또는 비효율적인 성과의 체크리스트의 기초가 되기도 한다. 관찰 가능한 직무행동의 이익과 용도를 충분히 인식할 수 있다는 장점이 있지만, 수집, 추상화, 분류에 많은 시간이 소모되고 직무 행동이나 직무 전체의 모습이 기술되지 않는다는 단점이 있다.

58

정답 ②

제품계열은 동일한 욕구를 충족시키거나 기능·고객·유통경로·가격범위 등이 유사한 제품품목을 말한다.

59

정답 ④

소비자의 구매행동에 영향을 미치는 심리적·개인적 요인으로 태도, 동기, 욕구, 가치, 자아, 개성, 라이프스타일, 인구통계적 특성 등이 있고, 사회적·문화적 요인으로 준거집단, 가족, 문화, 사회계층 등이 있다. 주어진 사례는 준거집단에서 영향을 받은 대표적인 사례이다. 이때 준거집단이란 가족, 친구, 직장 동료와 같이 개인의 생각과 행동에 기준이나 가치를 제공하는 방식으로 직·간접적인 영향을 미치는 사람들을 의미한다.

60

정답 ⑤

기존의 패러다임을 바꾸는 것은 5P 전략 중 Perspective에 해당한다.

5P 전략

- Ploy : 목적 달성을 위해 적을 속이는 구체적 전략이다.
- Plan : 상황에 대처하기 위해 의식적으로 의도된 계획이다.
- Pattern : 실현된 전략에서 나타나는 일관된 행동 패턴이다.
- Perspective : 자신과 외부를 바라보는 관점이다.
- Position : 경쟁시장 속 자신이 있어야 할 위치이다.

제 3 영역 철도법령

61	62	63	64	65	66	67	68	69	70
①	⑤	②	②	①	⑤	④	④	③	⑤

61
정답 ①

"전용철도"란 다른 사람의 수요에 따른 영업을 목적으로 하지 아니하고 자신의 수요에 따라 특수 목적을 수행하기 위하여 설치하거나 운영하는 철도를 말한다(철도사업법 제2조 제5호).

오답분석

② · ④ · ⑤ 법령에서 정의하지 않는 명칭이다.

③ "사업용철도"란 철도사업을 목적으로 설치하거나 운영하는 철도를 말한다(철도사업법 제2조 제4호).

62
정답 ⑤

철도산업발전기본법 제34조의 규정을 위반하여 국토교통부장관의 승인을 얻지 아니하고 특정 노선 및 역을 폐지하거나 철도서비스를 제한 또는 중지한 자는 3(㉠)년 이하의 징역 또는 5천(㉡)만 원 이하의 벌금에 처한다(철도산업발전기본법 제40조).

따라서 빈칸 ㉠, ㉡에 들어갈 숫자의 합은 3+5,000=5,003이다.

63
정답 ②

국토교통부장관은 대통령령으로 정하는 바에 의하여 철도산업의 구조개혁을 추진하기 위한 철도자산의 처리계획(이하 철도자산처리계획)을 위원회의 심의를 거쳐 수립하여야 한다(철도산업발전기본법 제23조 제1항).

오답분석

① 철도자산 중 기타자산은 운영자산과 시설자산을 제외한 자산이다(철도산업발전기본법 제22조 제1항 제3호).

③ 철도공사는 현물출자받은 운영자산과 관련된 권리와 의무를 포괄하여 승계한다(철도산업발전기본법 제23조 제3항).

④ 철도청이 건설 중인 시설자산은 철도자산이 완공된 때에 국가에 귀속된다(철도산업발전기본법 제23조 제5항 후단).

⑤ 국가는 철도자산처리계획에 의하여 철도공사에 운영자산을 현물출자한다(철도산업발전기본법 제23조 제2항).

64
정답 ②

- 한국철도공사의 자본금은 22조원으로 하고, 그 전부를 정부가 출자한다(한국철도공사법 제4조 제1항).
- 자본금의 납입 시기와 방법은 재정경제부장관이 정하는 바에 따른다(한국철도공사법 제4조 제2항).

65
정답 ①

하부조직의 설치등기(한국철도공사법 시행령 제3조)

한국철도공사는 하부조직을 설치한 경우에는 설치 후 2주일 이내에 주된 사무소의 소재지에서 설치된 하부조직의 명칭, 소재지 및 설치 연월일을 등기해야 한다.

66
정답 ⑤

목적(한국철도공사법 제1조)

한국철도공사법은 한국철도공사를 설립하여 철도 운영의 전문성과 효율성을 높임으로써 철도산업과 국민경제의 발전에 이바지함을 목적으로 한다.

67
정답 ④

국토교통부장관은 과징금을 부과하고자 하는 때에는 그 위반행위의 종별과 해당 과징금의 금액 등을 명시하여 이를 납부할 것을 서면으로 통지하여야 하며, 과징금 통지를 받은 자는 20일 이내에 과징금을 국토교통부장관이 지정한 수납기관에 납부해야 한다(철도사업법 시행령 제10조 제1항 · 제2항).

68
정답 ④

점용허가의 신청 및 점용허가기간(철도사업법 시행령 제13조 제2항)

국토교통부장관은 법 제42조 제1항의 규정에 의하여 국가가 소유 · 관리하는 철도시설에 대한 점용허가를 하고자 하는 때에는 다음 각 호의 기간을 초과하여서는 아니된다. 다만, 건물 그 밖의 시설물을 설치하는 경우 그 공사에 소요되는 기간은 이를 산입하지 아니한다.

1. 철골조 · 철근콘크리트조 · 석조 또는 이와 유사한 견고한 건물의 축조를 목적으로 하는 경우에는 50년
2. 제1호 외의 건물의 축조를 목적으로 하는 경우에는 15년
3. 건물 외의 공작물의 축조를 목적으로 하는 경우에는 5년

69
정답 ③

철도의 관리청은 국토교통부장관으로 한다(철도산업발전기본법 제19조 제1항).

70
정답 ⑤

선로배분지침에는 선로의 효율적 활용을 위하여 필요한 사항이 포함되어야 한다(철도산업발전기본법 시행령 제24조 제2항 제5호).

코레일 한국철도공사 사무직 신입사원 필기시험

제2회 모의고사 정답 및 해설

제 1 영역 NCS

01	02	03	04	05	06	07	08	09	10
②	①	②	④	③	①	③	⑤	③	③
11	12	13	14	15	16	17	18	19	20
①	⑤	②	③	③	④	③	③	②	①
21	22	23	24	25	26	27	28	29	30
③	③	⑤	④	②	②	①	③	①	②

01 정답 ②

제시문은 신앙 미술에 나타난 동물의 상징적 의미와 사례, 변화와 그 원인, 그리고 동물의 상징적 의미가 지닌 문화적 가치에 대하여 설명하는 글이다. 따라서 (나) 신앙 미술에 나타난 동물의 상징적 의미와 그 사례 – (다) 동물의 상징적 의미의 변화 – (라) 동물의 상징적 의미가 변화하는 원인 – (가) 동물의 상징적 의미가 지닌 문화적 가치의 순서로 나열해야 한다.

02 정답 ①

'무우'는 비표준어이고, '무'가 표준어이다(표준어규정 제14항).

03 정답 ②

제시문에서 우려하고 있는 것은 외환 위기라는 표면적인 이유 때문에 무조건 외제 상품을 배척하는 행위이다. 즉, 문제의 본질을 잘못 이해하여 임기응변식의 대응을 하는 것에 문제를 제기하고 있다. 따라서 제시문의 요지를 정리하면 언 발에 오줌 누기 식의 대응을 해서는 안 된다는 것이다.

오답분석

① 일이 이미 잘못된 뒤에는 손을 써도 소용이 없음
③ 성미가 몹시 급함
④ 위급한 상황에 처해도 정신만 바로 차리면 위기를 벗어날 수 있음
⑤ 부지런히 움직이는 사람이 더 많은 기회를 얻음

04 정답 ④

제시문에서는 산업 혁명을 거치면서 일자리가 오히려 증가했으므로 로봇 사용으로 인해 일자리가 줄어들 가능성은 낮다고 말한다. 그러나 보기에서는 로봇 사용으로 인한 일자리 대체 규모가 기하급수적으로 커져 인간의 일자리는 줄어들 것이라고 말한다. 즉, 로봇 사용으로 인한 일자리의 증감에 대해 반대로 예측하는 것이다. 따라서 보기의 내용을 근거로 제시문을 반박하려면 제시문의 예측에 문제가 있음을 지적해야 하므로 ④가 가장 적절하다.

05 정답 ③

㉠은 '인간에게 반사회성이 없다면 인간의 모든 재능이 꽃피지(발전하지) 못하고 사장될 것'이라는 내용이므로 '사회성만으로도 재능이 계발될 수 있다.'는 내용이 ㉠에 대한 반박으로 가장 적절하다.

06 정답 ①

제시문에서는 한 개인의 특수한 감각을 지시하는 용어는 올바른 사용 여부를 판단할 수 없기 때문에 아무런 의미를 갖지 않는다고 하였다. 따라서 본인만이 느끼는 감각을 지시하는 용어는 아무 의미도 없을 것이라는 것을 추론할 수 있다.

07 정답 ③

제시문은 전지적 작가 시점으로, 등장인물의 행동이나 심리 등을 서술자가 직접 자유롭게 서술하고 있다.

오답분석

① 배경에 대한 묘사로 사건의 분위기를 조성하지는 않는다.
② 등장인물 중 성격의 변화가 나타난 인물은 존재하지 않는다.
④ 과장과 희화화 수법은 나타나지 않는다.
⑤ 과거와 현재가 교차되는 부분은 찾을 수 없다.

08
정답 ⑤

- (가) : 빈칸 뒤의 보호지역으로 지정되었음에도 실제로는 최소한의 것도 실시되지 않는 곳이 많다는 내용을 통해 형식적인 보호지역 지정에 더해 실질적인 행동, 즉 보호조치(ㄹ)가 필요하다는 내용이 들어가야 함을 알 수 있다.
- (나) : 빈칸 뒤의 생태계 훼손에 대한 비용 부담은 높이고 생물다양성의 보존 등에 대해서는 보상을 한다는 내용을 통해 경제적인 유인책(ㄴ)에 대한 내용이 들어가야 함을 알 수 있다.
- (다) : 빈칸 뒤의 요금을 부과함으로써 생태계의 무분별한 이용을 억제한다는 내용을 통해 생태계 사용료(ㄱ)에 대한 내용이 들어가야 함을 알 수 있다.
- (라) : 빈칸 앞의 생물다양성 친화적 제품 시장이라는 표현을 통해 생물다양성 보호 제품(ㄷ)에 대한 내용이 들어가야 함을 알 수 있다.

09
정답 ③

제시문의 내용에 따르면 ⓒ에는 관심이나 영향이 미치지 못하는 범위를 비유적으로 이르는 말인 '사각(死角)'이 사용되어야 한다.

- 사각(四角) : 네 개의 각이 있는 모양.

오답분석

① 창안(創案) : 어떤 방안, 물건 따위를 처음으로 생각하여 냄 또는 그런 생각이나 방안
② 판정(判定) : 판별하여 결정함
④ 종사(從事) : 어떤 일을 일삼아서 함
⑤ 밀집(密集) : 빈틈없이 빽빽하게 모임

10
정답 ③

'펴다'는 '굽은 것을 곧게 하다. 또는 움츠리거나 구부리거나 오므라든 것을 벌리다.'의 의미를 지닌 타동사이다. 반면 '피다'는 '꽃봉오리 따위가 벌어지다.' 등의 의미를 지닌 자동사이다. 따라서 ⓒ에는 '펴고'가 적절하다.

11
정답 ①

소금물 A의 농도를 $x\%$, 소금물 B의 농도를 $y\%$라고 하면 다음 두 식이 성립한다.

$\frac{x}{100}\times200+\frac{y}{100}\times300=\frac{9}{100}\times500 \rightarrow 2x+3y=45 \cdots$ ㉠

$\frac{x}{100}\times300+\frac{y}{100}\times200=\frac{10}{100}\times500 \rightarrow 3x+2y=50 \cdots$ ㉡

㉠, ㉡을 연립하면

$\therefore x=12,\ y=7$

따라서 소금물 A의 농도는 12%이고, 소금물 B의 농도는 7%이다.

12
정답 ⑤

오답분석

① 제시된 자료보다 2018년 남성 사망자 수의 수치가 높다.
② 제시된 자료보다 2018년 여성 사망자 수의 수치가 높다.
③ 제시된 자료보다 2021년 남성 사망자 수의 수치가 낮다.
④ 제시된 자료보다 2022년 여성 사망자 수의 수치가 높다.

13
정답 ②

제시된 수열은 첫 번째 항부터 $\times\frac{3}{2}$, $\times\frac{4}{3}$을 번갈아 적용하는 수열이다.

따라서 ($)=528\times\frac{4}{3}=704$이다.

14
정답 ③

(65세 이상 인구)=[고령화지수(%)]×(0 ~ 14세 인구)÷100

$=19.7\times50,000\div100=9,850$

따라서 2004년 65세 이상 인구는 9,850명이다.

15
정답 ③

2024년의 2019년 대비 고령화지수는 $\frac{107.1-69.9}{69.9}\times100 ≒ 53\%$ 증가했다.

16
정답 ④

㉠ 노인부양비 추이는 5년 단위로 계속 증가하고 있다.
ⓒ 2009년 대비 2014년의 노인부양비 증가폭은 $11.3-7.0=4.3\%p$이므로 옳은 설명이다.
㉣ 5년 단위의 고령화지수 증가폭은 다음과 같다.
- 2004년 대비 2009년 증가폭 : $27.6-19.7=7.9\%p$
- 2009년 대비 2014년 증가폭 : $43.1-27.6=15.5\%p$
- 2014년 대비 2019년 증가폭 : $69.9-43.1=26.8\%p$
- 2019년 대비 2024년 증가폭 : $107.1-69.9=37.2\%p$

따라서 5년 단위의 고령화지수 증가폭은 2019년 대비 2024년의 증가폭이 가장 크다.

오답분석

㉡ 고령화지수 추이는 계속 증가하고 있지만, 같은 비율로 증가하고 있지는 않다.

17

정답 ③

2019년과 2024년을 비교했을 때, 국유지 면적의 차이는 24,087 − 23,033 = 1,054km^2이고, 법인 면적의 차이는 6,287 − 5,207 = 1,080km^2이므로 법인 면적의 차이가 더 크다.

오답분석

① 국유지 면적은 매년 증가하고, 민유지 면적은 매년 감소하는 것을 확인할 수 있다.

② 전년 대비 2020 ~ 2024년 군유지 면적의 증가량은 다음과 같다.

- 2020년 : 4,788 − 4,741 = 47km^2
- 2021년 : 4,799 − 4,788 = 11km^2
- 2022년 : 4,838 − 4,799 = 39km^2
- 2023년 : 4,917 − 4,838 = 79km^2
- 2024년 : 4,971 − 4,917 = 54km^2

따라서 군유지 면적의 증가량은 2023년에 가장 크다.

④ 전체 국토 면적은 매년 증가하고 있는 것을 확인할 수 있다.

⑤ 전년 대비 2024년 전체 국토 면적의 증가율은 $\frac{100,033-99,897}{99,897}\times 100 \fallingdotseq 0.14\%$이므로 1% 미만이다.

18

정답 ③

K공사에서 거래처까지의 거리를 $x$km라고 하면, 거래처까지 가는 데 걸린 시간은 $\frac{x}{80}$시간이고, 거래처에서 돌아오는 데 걸리는 시간은 $\frac{x}{120}$시간이다.

$\frac{x}{80}+\frac{x}{120}\le 1$

→ $3x+2x\le 240$

→ $5x\le 240$

∴ $x\le 48$

따라서 거래처와 K공사의 거리는 최대 48km이다.

19

정답 ②

조건을 식으로 정리하면 다음과 같다.

C+D<A … ㉠

A+C<E … ㉡

A+B>C+E … ㉢

B=C+D … ㉣

㉠에 ㉣을 대입하면 B<A

㉢에 ㉣을 대입하면 A+B>C+E → A+C+D>C+E

→ A+D>E … ㉤

㉤을 ㉡과 비교하면 A+D>E>A+C → D>C … ㉥

㉥을 ㉣과 비교하면 C<D<B이며, B<A이기 때문에 C<D<B<A임을 알 수 있다. 이때, ㉡에서 A<E이므로 C<D<B<A<E 순서이다.

20

정답 ①

전체 판매량 중 수출량은 2020 ~ 2023년 동안 매년 증가하였으므로 옳다.

오답분석

② 전체 판매량은 2020 ~ 2023년 동안 매년 증가하였으나, 2024년에는 감소하였다.

③ 2022 ~ 2023년 사이 수출량은 약 50,000대에서 약 130,000대로 증가하였고, 증가폭이 가장 크다.

④ 전체 판매량이 가장 많은 해는 2024년이 아닌 2023년이다.

⑤ 2018년과 2019년의 수출량은 그래프를 통해 알 수 없다.

21

정답 ③

문제해결을 위한 방법으로는 소프트 어프로치, 하드 어프로치, 퍼실리테이션(Facilitation)이 있다. 그중 마케팅 부장은 연구소 소장과 기획팀 부장 사이에서 의사결정에 서로 공감할 수 있도록 도와주는 일을 하고 있다. 또한 상대의 입장에서 공감하며, 서로 타협점을 좁혀 생산적인 결과를 도출할 수 있도록 대화를 하고 있다. 따라서 마케팅 부장이 취하는 문제해결 방법은 퍼실리테이션이다.

오답분석

① 창의적 사고 : 당면한 문제를 해결하기 위해 이미 알고 있는 경험과 지식을 해체하여 다시 새로운 정보로 결합함으로써 가치 있고 참신한 아이디어를 산출하는 사고이다.

② 비판적 사고 : 어떤 주제나 주장 등에 대해 적극적으로 분석하고 종합하며 평가하는 능동적인 사고로, 어떤 논증, 추론, 증거, 가치를 표현한 사례를 타당한 것으로 받아들일 것인지 결정을 내릴 때 요구되는 사고력이다.

④ 하드 어프로치 : 다른 문화적 토양을 가지고 있는 구성원을 가정하고, 서로의 생각을 직설적으로 주장하며 논쟁이나 협상을 하는 방법으로, 사실과 원칙에 근거한 토론이다.

⑤ 소프트 어프로치 : 대부분의 기업에서 볼 수 있는 전형적인 스타일로, 조직 구성원들은 같은 문화적 토양으로 가지고 이심전심으로 서로를 이해하려고 하며, 직접적인 표현보다 무언가를 시사하거나 암시를 통한 의사전달로 문제를 해결하는 방법이다.

22

정답 ③

K사는 기존 커피믹스가 잘 팔리고 있어 새로운 것에 도전하지 않는 모습을 보인다. 또한 기존에 가지고 있는 커피를 기준으로 틀에 갇혀 블랙커피 커피믹스는 만들기 어렵다는 부정적인 시선으로 보고 있기 때문에 '발상의 전환'이 필요하다.

오답분석

① 전략적 사고 : 지금 당면하고 있는 문제와 해결 방법에만 국한되어 있지 않고, 상위 시스템 및 다른 문제와 관련이 있는지 생각하는 것이다.

② 분석적 사고 : 전체를 각각의 요소로 나누어 그 요소의 의미를 도출한 다음 우선순위를 부여하고 구체적인 문제해결 방법을 실행하는 것이다.

④ 성과지향 사고 : 분석적 사고 중 기대하는 결과를 명시하고, 효과적으로 달성하는 방법을 사전에 구상하고 실행에 옮기는 것이다.

⑤ 내·외부자원의 효과적 활용 : 문제해결 시 기술·재료·방법·사람 등 필요한 자원 확보 계획을 수립하고, 내·외부자원을 활용하는 것이다.

23

정답 ⑤

각 펀드의 총점을 통해 비교 결과를 유추하면 다음과 같다.

- A펀드 : 한 번은 우수(5점), 한 번은 우수 아님(2점)
- B펀드 : 한 번은 우수(5점), 한 번은 우수 아님(2점)
- C펀드 : 두 번 모두 우수 아님(2점+2점)
- D펀드 : 두 번 모두 우수(5점+5점)

각 펀드의 비교 대상은 다른 펀드 중 두 개이며, 총 4번의 비교를 했다고 하였으므로 다음과 같은 경우를 고려할 수 있다.

경우 1)

A		B		C		D	
B	D	A	C	B	D	A	C
5	2	2	5	2	2	5	5

결과를 정리하면 D>A>B>C이다.

경우 2)

A		B		C		D	
B	C	A	D	A	D	B	C
2	5	5	2	2	2	5	5

결과를 정리하면 D>B>A>C이다.

경우 3)

A		B		C		D	
D	C	C	D	A	B	A	B
2	5	5	2	2	2	5	5

결과를 정리하면 D>A·B>C이다.

ㄱ. 세 가지 경우 모두 D펀드는 C펀드보다 우수하다.

ㄴ. 세 가지 경우 모두 B펀드보다 D펀드가 우수하다.

ㄷ. 경우 3)에서 A펀드와 B펀드의 우열을 가릴 수 있으면 A～D까지 우열 순위를 매길 수 있다.

24

정답 ④

제시된 상황의 소는 2,000만 원을 요구하는 것이므로 소액사건에 해당한다. 이에 따라 심급별 송달료를 계산하면 다음과 같다.

- 민사 제1심 소액사건 : 2×3,200×10=64,000원
- 민사 항소사건 : 2×3,200×12=76,800원

따라서 갑이 납부해야 하는 송달료의 합계는 64,000+76,800=140,800원이다.

25

정답 ②

ㄱ. 한류의 영향으로 한국 제품을 선호하므로 한류 배우를 모델로 하여 적극적인 홍보 전략을 추진한다.

ㄷ. 빠른 제품 개발 시스템이 있으므로 소비자 기호를 빠르게 분석하여 제품 생산에 반영한다.

오답분석

ㄴ. 인건비 상승과 외국산 저가 제품 공세 강화로 인해 적절한 대응이라고 볼 수 없다.

ㄹ. 선진국은 기술 보호주의를 강화하고 있으므로 적절한 대응이라고 볼 수 없다.

26

정답 ②

두 번째 조건에 의해 A는 2층, C는 1층, D는 2호에 살고 있음을 알 수 있다. 또한 네 번째 조건에 따라 A와 B는 2층, C와 D는 1층에 살고 있음을 알 수 있다. 따라서 1층 1호에는 C, 1층 2호에는 D, 2층 1호에는 A, 2층 2호에는 B가 살고 있다.

27

정답 ①

오답분석

② 서랍장의 가로 길이와 붙박이 수납장 문을 여는 데 필요한 간격과 폭을 더한 길이는 각각 1,100mm, 1,200mm(=550+650)이고, 사무실 문을 여닫는 데 필요한 1,000mm의 공간을 포함하면 총 길이는 3,300mm이다. 따라서 사무실의 가로 길이인 3,000mm를 초과하므로 불가능한 배치이다.

③ 서랍장과 캐비닛의 가로 길이는 각각 1,100mm, 1,000mm이고, 사무실 문을 여닫는 데 필요한 1,000mm의 공간을 포함하면 총 길이는 3,100mm이다. 따라서 사무실의 가로 길이인 3,000mm를 초과하므로 불가능한 배치이다.

④ 회의 탁자의 세로 길이와 서랍장의 가로 길이는 각각 2,110mm, 1,100mm이고, 붙박이 수납장 문을 여는 데 필요한 간격과 폭을 더한 길이인 1,200mm(=550+650)을 포함하면 총 길이는 4,410mm이다. 따라서 사무실의 세로 길이인 3,400mm를 초과하므로 불가능한 배치이다.

⑤ 회의 탁자의 가로 길이와 서랍장의 가로 길이는 각각 1,500mm, 1,100mm이고, 사무실 문을 여닫는 데 필요한 1,000mm의 공간을 포함하면 총 길이는 3,600mm이다. 따라서 사무실의 세로 길이인 3,400mm를 초과하므로 불가능한 배치이다.

28

정답 ③

조건에 의해서 각 팀이 새로운 과제를 3, 2, 1, 1, 1개로 나눠서 맡아야 한다. 기존에 수행하던 과제를 포함해서 한 팀이 맡을 수 있는 과제는 최대 4개라는 점을 고려하면 다음과 같은 경우가 가능하다.

구분	기존 과제 수(개)	새로운 과제 수(개)		
(가)팀	0	3	3	2
(나)팀	1	1	1	3
(다)팀	2	2	1	1
(라)팀	2	1	2	1
(마)팀	3	1		

ㄱ. a는 새로운 과제 2개를 맡는 팀이 수행해야 하므로 (나)팀이 맡을 수 없다.

ㄷ. 기존에 수행하던 과제를 포함해서 2개 과제를 맡을 수 있는 팀은 기존 과제 수가 0개인 (가)팀과 1개인 (나)팀인데 위의 세 경우 모두 2개 과제를 맡는 팀이 반드시 있다.

오답분석

ㄴ. f는 새로운 과제 1개를 맡는 팀이 수행해야 하므로 (가)팀이 맡을 수 없다.

29

정답 ①

- (가)·(바) : 곤충 사체 발견, 방사능 검출은 현재 직면한 문제로 발생형 문제에 해당한다.
- (다)·(마) : 더 많은 전압을 회복시킬 수 있는 충전지 연구와 근로시간 단축은 현재 상황보다 효율을 더 높이기 위한 문제로 탐색형 문제에 해당한다.
- (나)·(라) : 초고령사회와 드론시대를 대비하여 미래지향적인 과제를 설정하는 것은 설정형 문제에 해당한다.

30

정답 ②

- ㉠, ㉤, ㉥, ㉨에 의해 언어영역 순위는 '형준 – 연재 – 소정(또는 소정 – 연재) – 영호' 순서로 높다.
- ㉠, ㉡, ㉤, ㉥, ㉦에 의해 수리영역 순위는 '소정 – 형준 – 연재 – 영호' 순서로 높다.
- ㉢, ㉣, ㉥, ㉧에 의해 외국어영역 순위는 '영호 – 연재(또는 연재 – 영호) – 형준 – 소정' 순서로 높다.

따라서 항상 참인 것은 ②이다.

오답분석

① 언어영역 2위는 연재 또는 소정이다.

③ 영호는 외국어영역에서는 1위 또는 2위이다.

④ 연재의 언어영역 순위는 2위 또는 3위이므로 여기에 1을 더한 값이 형준이의 외국어영역 순위인 3위와 항상 같다고 할 수 없다.

⑤ 외국어영역에서 소정이는 영호보다 순위가 낮다.

제2영역 전공(경영학)

31	32	33	34	35	36	37	38	39	40
①	①	⑤	②	①	③	②	⑤	③	④
41	42	43	44	45	46	47	48	49	50
⑤	②	⑤	⑤	④	⑤	④	④	③	⑤
51	52	53	54	55	56	57	58	59	60
⑤	③	③	⑤	①	④	⑤	⑤	①	⑤

31

정답 ①

집약적 유통은 포괄되는 시장의 범위를 확대시키려는 전략으로, 소비자가 제품 구매를 위해 많은 노력을 기울이지 않기 때문에 주로 편의품 등이 해당한다.

32

정답 ①

오답분석

② 상동적 태도 : 평가대상이 속한 집단의 특성에 근거하여 대상을 판단하는 경향이다.

③ 항상 오차 : 평가자가 실제 평가할 경우에 일어나기 쉬운 가치판단의 심리적 오차이다.

④ 논리 오차 : 평가요소 간 논리적인 상관관계가 있는 경우 평가요소 중 하나가 우수할 때 다른 요소도 우수하다고 판단하는 경향이다.

⑤ 대비 오차 : 직무기준, 직무능력 등 절대기준이 아닌 자신과 평가대상을 비교하여 평가하는 것이다.

33

정답 ⑤

기대이론에서 유의성은 조직의 보상이 개인목표나 욕구를 충족시키는 정도를 말하며, 종업원들은 각자 주어진 보상에 대하여 서로 다른 유의성(주어지는 보상에 느끼는 매력의 정도)을 가진다.

34

정답 ②

허즈버그(Herzberg)는 직무만족에 영향을 주는 요인을 동기요인(Motivator)으로, 직무불만족에 영향을 주는 요인을 위생요인(Hygiene Factor)으로 분류했다. 동기요인에는 성취, 인정, 책임소재, 업무의 질 등이 있으며, 위생요인에는 회사의 정책, 작업조건, 동료직원과의 관계, 임금, 지위 등이 있다. 그리고 인간이 자신의 일에 만족감을 느끼지 못하게 되면 위생요인에 관심을 기울이게 되고, 이에 만족하지 못할 경우에는 일의 능률이 크게 저하된다고 주장했다.

35

정답 ①

스캔런 플랜은 보너스 산정 방식에 따라 3가지로 분류된다. 단일 비율 스캔런 플랜은 노동비용과 제품생산액의 산출 과정에서 제품의 종류와 관계없이 전체 공장의 실적을 보너스 산출에 반영한다. 한편, 분할비율 스캔런 플랜은 노동비용과 제품생산액을 산출할 때 제품별로 가중치를 둔다. 마지막으로 다중비용 스캔런 플랜은 노동비용뿐만 아니라 재료비와 간접비의 합을 제품생산액으로 나눈 수치를 기본비율로 사용한다. 이러한 모든 공식에는 재료 및 에너지 등을 포함하여 계산한다.

오답분석

② 러커 플랜(Rucker Plan) : 러커(Rucker)는 스캔런 플랜에서의 보너스 산정 비율은 생산액에 있어서 재료 및 에너지 등 경기 변동에 민감한 요소가 포함되어 있어 종업원의 노동과 관계없는 경기 변동에 따라 비효율적인 수치 변화가 발생할 수 있는 문제점이 있다고 제시하면서 노동비용을 판매액에서 재료 및 에너지, 간접비용을 제외한 부가가치로 나누는 것을 공식으로 하였다.

③·⑤ 임프로쉐어 플랜(Improshare Plan) : 회계처리 방식이 아닌 산업공학의 기법을 사용하여 생산단위당 표준노동시간을 기준으로 노동생산성 및 비용 등을 산정하여 조직의 효율성을 보다 직접적으로 측정하며, 집단성과급제들 중 가장 효율성을 추구한다.

④ 커스터마이즈드 플랜(Customized Plan) : 집단성과배분제도를 각 기업의 환경과 상황에 맞게 수정하여 사용하는 방식으로, 성과측정의 기준으로서 노동비용이나 생산비용, 생산 이외에도 품질 향상, 소비자 만족 등 각 기업이 중요성을 부여하는 부분에 초점을 둔 새로운 지표를 사용한다. 성과를 측정하는 항목으로 제품의 품질, 납기준수실적, 생산비용의 절감, 산업안전 등 여러 요소를 정하고, 매 분기별로 각 사업부서의 성과를 측정하고 성과가 목표를 초과하는 경우에 그 부서의 모든 사원들이 보너스를 지급받는 제도이다.

36

정답 ③

델파이법(Delphi Method)은 문제해결 또는 미래 예측을 위해 전문가들에게 개별적으로 익명의 의견을 받아서 진행하는 의사결정 기법이다.

오답분석

① OJT(On – the – Job Training) : 현장에 근무하는 감독자의 지도하에 현장 실무에 대한 지식과 기술을 배우는 훈련이다.

② 역할연기법(Role Playing) : 주어진 상황에서 어떻게 행동할 것인지를 연기하며 이상적인 행동은 무엇인지 참가자들끼리 토의하는 방식의 훈련이다.

④ 집단구축 기법(Team Building) : 집단 정체성을 구축하고 대인관계를 이해하며 참가자들이 서로의 경험을 공유하는 훈련이다.

⑤ 인바스켓 훈련(In – Basket Training) : 가상의 상황들을 바구니에 담아 참가자들로 하여금 해당 상황들에 대한 대처 능력을 제고하게 하는 훈련이다.

37

정답 ②

마케팅의 미시적 환경과 거시적 환경

- 미시적 환경 : 기업 자신의 핵심역량, 원료공급자, 마케팅 중간상, 고객, 경쟁기업, 공중 및 이해관계자 등
- 거시적 환경 : 인구통계적 환경, 경제적 환경, 자연적 환경, 기술적 환경, 정치적 환경, 문화적 환경 등

38

정답 ⑤

익명성을 보장하는 것은 델파이법에서 지켜야 할 규칙이다.

오답분석

①·②·③·④ 브레인스토밍은 참여 대상에 제한을 두지 않고, 최대한 많은 아이디어가 자유롭게 제시될 수 있도록 하는 것이 핵심이다. 또한, 제시된 아이디어에 대해 비판이나 비난하지 않고 존중함으로써 전체 아이디어를 보완하고 발전시켜야 한다.

39

정답 ③

집단성과 배분제도는 임금을 차등화하므로 임금의 안정성이 감소하여 근로자들의 파업이 증가할 수 있다.

오답분석

① 단기적 성과에 치중하여 고정급보다 더 많은 보너스를 받으려고 하는 현상이 나타날 수 있다.

② 회사가 어려워도 해당 조직이 우수한 성과를 냈다면 보너스를 지급해야 하므로 그만큼 회사 자본에 부정적 영향을 미칠 수 있다.

④ 신기술이 도입되면 업무 효율성이 증대되고, 그만큼 근로자의 업무량이 줄어들어 보너스가 줄어드는 것을 기피하게 된다.

⑤ 집단성과 배분제도를 운영하는 데 필요한 각종 투입물이나 인적·물적 자원으로 인한 비용이 증가한다.

40

정답 ④

ISO 26000은 기업의 사회적 책임을 위한 기존 방법이나 계획을 대체하는 역할을 하는 것이 아니라 보완하는 역할을 하며, 이를 통해 사회적 책임에 대한 공동의 이해를 증진시키는 것을 목표로 한다.

> **ISO 26000**
> 국제표준화기구(ISO)에서 2010년 발표한 기업의 사회적 책임(CSR; Corporate Social Responsibility)에 대한 국제표준이다. 책임성, 투명성, 윤리적 행동, 이해관계자의 이익 존중, 법규 준수, 국제 행동규범 존중, 인권 존중 7개의 기본 원칙을 바탕으로 기업이 사회적 책임을 이행하고 커뮤니케이션을 제고하는 방법과 관련하여 지침을 제공한다.

41 정답 ⑤

의류 생산공장은 자본집약도가 상대적으로 낮으며 노동집약적인 산업으로, 많은 노동량이 투여되고 낮은 가격으로 판매되는 저부가가치 상품을 생산한다. 이때 선진국이 아닐 경우 노동집약적 산업이 지배적이다.

오답분석

①·②·③·④ 노동력 또는 생산량에 비해서 자본의 투입비율이 상대적으로 높은 기술이 채용되고 있는 산업으로, 노동자 1인당 설비투자액, 즉 노동의 자본장비율이 높다.

42 정답 ②

포드 시스템은 생산의 표준화와 이동조립법(Moving Assembly Line)을 실시한 생산 시스템으로, 차별적 성과급이 아닌 일급제 급여 방식이다.

테일러 시스템과 포드 시스템의 비교

구분	테일러 시스템	포드 시스템
통칭	과업 관리	동시 관리
중점	개별 생산	계속 생산
원칙	고임금 · 저노무비	고임금 · 저가격
방법	직능직 조직, 차별적 성과급제	컨베이어 시스템 (이동조립법, 연속생산공정), 일급제 급여
표준	작업의 표준화	제품의 표준화

43 정답 ⑤

오답분석

① 집단사고(Groupthink) : 의사결정 시 만장일치에 도달하려는 분위기가 다른 대안들을 현실적으로 평가하려는 경향을 억압할 때 나타나는 구성원들의 왜곡되고 비합리적인 사고방식으로, 구성원 사이에 강한 응집력을 보이는 집단에서 주로 나타난다.
② 직무만족(Job Satisfaction) : 개인이 자신의 직무에 대해 만족하는 정도를 말한다.
③ 직무몰입(Job Involvement) : 근로자가 특정 조직에 동일시하고 몰입하는 정도를 말한다.
④ 감정노동(Emotional Labor) : 정서노동이라고도 하며, 서비스 업종에 종사하는 사람들이 직무를 수행하다가 마주치는 정서적인 요구를 뜻한다.

44 정답 ⑤

논리 오차가 아닌 항상 오차의 제거 방법이다.

45 정답 ④

종단조사는 동일한 대상을 일정 시간을 두고 반복적으로 측정하여 조사 대상의 변화를 정기적으로 측정하는 조사로, 다시점 조사라고도 불린다.

오답분석

① FGI 설문법 : 표준화된 질문이나 설문지를 통한 조사가 아닌 질문방식이나 응답 방법 등이 비교적 자유로운 질적 조사이다.
② 탐색조사 : 질문에 있어서 약간의 지식이 있을 때 본 조사에 앞서 수행하는 소규모의 조사이다.
③ 서베이법 : 다수의 조사자에게 직접 묻거나 설문지, 컴퓨터 등을 통해 자료를 조사하는 방법이다.
⑤ 횡단조사 : 특정 시점을 기준으로 여러 샘플을 조사함으로써 상이한 집단 간의 차이를 규명하고자 하는 조사 방법이다.

46 정답 ⑤

성과급은 성과에 따라 임금을 산정하는 제도이므로 성과나 직무가치 등의 직무적 요소를 기본으로 임금을 결정하는 직무급에 해당한다. 또한 성과급의 임금 수령액은 각자의 성과에 따라 증감하므로 변동급에 해당한다.

임금 산정 방법의 유형

- 연공급 : 종업원의 근속연수(Tenure)를 기준으로 임금 결정, 생활보장의 원칙, 숙련상승설
- 직무급 : 직무평가를 바탕으로 직무의 상대적 가치를 기준으로 임금 결정, 노동대가의 원칙, 임금공정성 제고
- 직능급 : 종업원이 보유하고 있는 직무수행능력을 바탕으로 임금 결정, 노동대가의 원칙, 직능 자격제도

47 정답 ④

기업이 글로벌 전략을 수행하면 외국 현지법인과의 커뮤니케이션 비용이 증가하고, 외국의 법률이나 제도 개편 등 기업 운영상 리스크에 대한 본사 차원의 대응 역량이 더욱 요구되므로, 경영상의 효율성은 오히려 낮아질 수 있다.

오답분석

① 글로벌 전략을 통해 대량생산을 통한 원가절감, 즉 규모의 경제를 이룰 수 있다.
② 글로벌 전략을 통해 세계 시장에서 외국 기업들과의 긴밀한 협력이 가능하다.
③ 외국의 무역장벽이 높으면 국내 생산 제품을 수출하는 것보다 글로벌 전략을 통해 외국에 직접 진출하는 것이 효과적일 수 있다.
⑤ 글로벌 전략을 통해 국내보다 상대적으로 인건비가 저렴한 국가의 노동력을 고용하여 원가를 절감할 수 있다.

48
정답 ④

유통업자의 판매촉진은 제조업체가 유통업체를 대상으로 하는 판매촉진 활동으로, 경영활동 지원, 판매활동 지원, 콘테스트, 협동광고, 진열보조금 지원, 판매장려금 지원, 판매도우미 파견 등이 있다. 한편, 소비자에게 특정 제품을 소량으로 포장하여 무료로 샘플을 제공하는 판매촉진은 소비자 판매촉진에 해당한다.

49
정답 ③

통계적 품질관리에 대해 바르게 설명한 사람은 준호, 민영 총 2명이다.

오답분석

- 진영 : 원자재 불량, 공구 마모, 작업자의 부주의 등 특별한 원인에 의하여 발생하는 변동은 이상변동이라고 한다.
- 아현 : 관리도의 독립성 속성의 가정으로 데이터들 사이는 서로 부분 집단적이 아닌 서로 독립적이어야 한다.

50
정답 ⑤

GT(Group Technology : 집단관리기법)의 기본적인 사고방법은 복잡하고 다양한 가공물에 대한 정보를 일정한 분류 규칙에 따라 질서정연하게 표기하고, 이들을 유사성이나 동질성에 따라 집단화하여 설계, 가공, 조립 등 일련의 생산작업을 합리적으로 배치하고 운영하는 것이다.

51
정답 ⑤

마일즈 & 스노우 전략(Miles & Snow Strategy) 유형

- 방어형(Defender) : 기존 제품으로 기존 시장 공략, 현상 유지 전략, 비용 및 효용성 확보가 관건
- 혁신형(Prospector) : 신제품 또는 신시장 진출, M/S 확보, 매출액 증대 등 성장 전략, Market Insight 및 혁신적 마인드가 필요
- 분석형(Analyzer) : 방어형과 혁신형의 중간, Fast Follower가 해당, Market Insight가 관건
- 반응형(Reactor) : 무반응 · 무전략 상태, 시장도태 상태

52
정답 ③

기업의 사회적 책임이란 기업의 의사결정 과정에서 모든 이해자 집단에 끼치게 될 의사결정의 영향력을 고려하고, 그 이해자 집단에게 최선의 결과가 주어질 수 있는 의사결정을 내리기 위한 노력이라 할 수 있다. 구체적인 내용으로는 기업유지 및 존속에 대한 책임, 이해자 집단에 대한 이해 조정책임, 후계자 육성의 책임, 정부에 대한 책임, 지역사회 발전의 책임 등이 있다.

53
정답 ③

직무분류법은 서로 유사한 직무를 함께 묶어 직무를 분류하여야 정확한 분류가 가능하며, 직무 수가 많아지고 내용이 복잡해지면 정확한 분류를 할 수 없다.

54
정답 ⑤

기업 다각화는 범위의 경제를 추구한다. 이는 1개의 기업이 2개의 제품을 동시에 생산하는 비용이 2개의 기업이 2개의 제품을 각각 생산하는 비용보다 더 작은 것을 의미한다.

오답분석

① 산업구조 변화, 기술 발달 등 급변하는 환경에서 다각화를 통해 성장동력을 찾는다.
② 개별 사업 부문별로 경기순환주기에 따라 노출되는 리스크나 강력한 경쟁자가 생겨날 때 기술이 발전하여 진부한 사업이 되어 버리는 위험 등을 최소화할 수 있다.
③ 가격경쟁우위, 상호구매협정 등으로 시장에서의 지배력을 강화할 수 있다.
④ 다각화를 통해 여러 사업 분야에서 다양한 인력 및 안정된 자금을 마련할 수 있다.

55
정답 ①

포지셔닝 전략은 자사 제품의 큰 경쟁우위를 찾아내어 선정된 목표시장의 소비자들의 마음 속에 자사의 제품을 자리잡게 하는 전략이다.

56
정답 ④

과학적 관리법은 노동자의 작업요소를 기존 경험에 의존하지 않고 과학적인 분석을 통해 판단한다.

57
정답 ⑤

U자형 배치가 아닌 셀형 배치에 대한 설명이다.

58
정답 ⑤

코즈 마케팅은 기업이 환경, 보건, 빈곤 등과 같은 사회적인 이슈인 명분(Cause)을 기업의 이익 추구에 활용하는 것이다. 광고비용이 많이 들고, 수익 증대 및 공익을 동시에 추구하여 브랜드가치 제고를 목표로 하므로 규모가 큰 대기업 등에서 많이 활용하는 전략이다.

59

정답 ①

생산시스템 측면에서 신제품 개발 프로세스는 아이디어 창출 → 제품 선정 → 예비 설계 → 설계의 평가 및 개선 → 제품원형 개발 및 시험 마케팅 → 최종 설계의 순서로 진행된다.

60

정답 ⑤

정인은 시스템 이론이 아닌 시스템적 접근의 추상성을 극복하고자 하는 상황 이론에 대한 설명을 하고 있다.

제3영역 철도법령

61	62	63	64	65	66	67	68	69	70
③	①	③	④	②	④	④	③	④	⑤

61

정답 ③

국토교통부장관은 기본계획을 수립하거나, 수립된 계획을 변경할 경우 철도산업위원회의 심의를 거쳐야 한다. 이때 대통령령으로 정하는 경미한 변경은 제외된다(철도산업발전기본법 제5조 제4항). 여기서 경미한 변경은 사업 규모·비용·기간별로 구분되며 다음과 같다(철도산업발전기본법 시행령 제4조).

- 사업 규모 : 철도시설투자사업 규모의 100분의 1의 범위 안에서의 변경
- 사업 비용 : 철도시설투자사업 총투자비용의 100분의 1의 범위 안에서의 변경
- 사업 기간 : 철도시설투자사업 기간의 2년의 기간 내에서의 변경

따라서 밑줄 친 경미한 변경의 해당하는 범위는 철도시설투자사업 규모의 100분의 1의 범위 이내의 변경이다.

62

정답 ①

과태료(한국철도공사법 제20조)

법 제8조의2를 위반하여 공사가 아닌 자가 한국철도공사 또는 이와 유사한 명칭을 사용한 경우 이를 위반한 자에게는 500만 원 이하의 과태료를 부과한다.

63

정답 ③

민간위탁계약에는 위탁업무의 재위탁에 관한 사항이 포함된다(철도산업발전기본법 시행령 제31조 제2항 제6호).

민간위탁계약의 체결(철도산업발전기본법 시행령 제31조 제2항)

제1항의 규정에 의한 위탁계약에는 다음 각 호의 사항이 포함되어야 한다.

1. 위탁대상 철도자산
2. 위탁대상 철도자산의 관리에 관한 사항
3. 위탁계약기간(계약기간의 수정·갱신 및 위탁계약의 해지에 관한 사항을 포함한다)
4. 위탁대가의 지급에 관한 사항
5. 위탁업무에 대한 관리 및 감독에 관한 사항
6. 위탁업무의 재위탁에 관한 사항
7. 그 밖에 국토교통부장관이 필요하다고 인정하는 사항

64

정답 ④

국토교통부장관은 여객에 대한 운임(이하 여객 운임)의 상한을 지정하는 때에는 물가상승률, 원가수준, 다른 교통수단과의 형평성, 사업용철도노선의 분류와 철도차량의 유형 등을 고려하여야 하며, 여객 운임의 상한을 지정한 경우에는 이를 관보에 고시하여야 한다(철도사업법 시행령 제4조 제1항).

65

정답 ②

국가가 한국철도공사에 출자를 할 때에는 국유재산의 현물출자에 관한 법률에 따른다(한국철도공사법 제4조 제4항).

66

정답 ④

철도운영자가 국가의 특수목적사업을 수행함으로써 발생하는 비용은 원인제공자가 부담하는 공익서비스비용 범위이다(철도산업발전기본법 제32조 제2항 제3호).

공익서비스 제공에 따른 보상계약의 체결(철도산업발전기본법 제33조 제2항)

제1항에 따른 보상계약에는 다음 각 호의 사항이 포함되어야 한다.

1. 철도운영자가 제공하는 철도서비스의 기준과 내용에 관한 사항
2. 공익서비스 제공과 관련하여 원인제공자가 부담하여야 하는 보상내용 및 보상방법 등에 관한 사항
3. 계약기간 및 계약기간의 수정·갱신과 계약의 해지에 관한 사항
4. 그 밖에 원인제공자와 철도운영자가 필요하다고 합의하는 사항

67

정답 ④

한국철도공사는 하부조직을 설치한 경우에는 설치 후 2주일 이내에 주된 사무소의 소재지에서 설치된 하부조직의 명칭, 소재지 및 설치 연월일을 등기해야 한다(한국철도공사법 시행령 제3조).

오답분석

① 공사는 주된 사무소를 이전한 경우에는 이전 후 2주일 이내에 종전 소재지 또는 새 소재지에서 새 소재지와 이전 연월일을 등기해야 한다(한국철도공사법 시행령 제4조 제1항).

② 공사는 하부조직을 이전한 경우에는 이전 후 2주일 이내에 주된 사무소의 소재지에서 새 소재지와 이전 연월일을 등기해야 한다(한국철도공사법 시행령 제4조 제2항).

③·⑤ 공사는 제2조 각 호 또는 제3조의 등기사항이 변경된 경우(제4조에 따른 이전등기에 해당하는 경우는 제외한다)에는 변경 후 2주일 이내에 주된 사무소의 소재지에서 변경사항을 등기해야 한다(한국철도공사법 시행령 제5조).

68

정답 ③

면허취소 등(철도사업법 제16조 제1항)

국토교통부장관은 철도사업자가 다음 각 호의 어느 하나에 해당하는 경우에는 면허를 취소하거나, 6개월 이내의 기간을 정하여 사업의 전부 또는 일부의 정지를 명하거나, 노선 운행중지·운행제한·감차 등을 수반하는 사업계획의 변경을 명할 수 있다. 다만, 제4호와 제7호의 경우에는 면허를 취소하여야 한다.

1. 면허받은 사항을 정당한 사유 없이 시행하지 아니한 경우
2. 사업 경영의 불확실 또는 자산상태의 현저한 불량이나 그 밖의 사유로 사업을 계속하는 것이 적합하지 아니할 경우
3. 고의 또는 중대한 과실에 의한 철도사고로 대통령령으로 정하는 다수의 사상자(死傷者)가 발생한 경우
4. 거짓이나 그 밖의 부정한 방법으로 제5조에 따른 철도사업의 면허를 받은 경우
5. 제5조 제1항 후단에 따라 면허에 붙인 부담을 위반한 경우
6. 제6조에 따른 철도사업의 면허기준에 미달하게 된 경우. 다만, 3개월 이내에 그 기준을 충족시킨 경우에는 예외로 한다.
7. 철도사업자의 임원 중 제7조 제1호 각 목의 어느 하나의 결격사유에 해당하게 된 사람이 있는 경우. 다만, 3개월 이내에 그 임원을 바꾸어 임명한 경우에는 예외로 한다.
8. 제8조를 위반하여 국토교통부장관이 지정한 날 또는 기간에 운송을 시작하지 아니한 경우
9. 제15조에 따른 휴업 또는 폐업의 허가를 받지 아니하거나 신고를 하지 아니하고 영업을 하지 아니한 경우
10. 제20조 제1항에 따른 철도사업자 준수사항을 1년 이내에 3회 이상 위반한 경우
11. 제21조에 따른 사업의 개선명령을 위반한 경우
12. 제23조에 따른 명의 대여 금지를 위반한 경우

69

정답 ④

지도·감독(한국철도공사법 제16조)

국토교통부장관은 한국철도공사의 업무 중 다음 각 호의 사항과 그와 관련되는 업무에 대하여 지도·감독한다.

1. 연도별 사업계획 및 예산에 관한 사항
2. 철도서비스 품질 개선에 관한 사항
3. 철도사업계획의 이행에 관한 사항
4. 철도시설·철도차량·열차운행 등 철도의 안전을 확보하기 위한 사항
5. 그 밖에 다른 법령에서 정하는 사항

70

정답 ⑤

사업계획의 변경을 제한할 수 있는 철도사고의 기준(철도사업법 시행령 제6조)

사업계획의 변경을 신청한 날이 포함된 연도의 직전 연도의 열차운행거리 100만 km당 철도사고(철도사업자 또는 그 소속 종사자의 고의 또는 과실에 의한 철도사고를 말한다)로 인한 사망자 수 또는 철도사고의 발생횟수가 최근(직전연도를 제외한다) 5년간 평균보다 10분의 2 이상 증가한 경우를 말한다.

코레일 한국철도공사 사무직 신입사원 필기시험

제3회 모의고사 정답 및 해설

제 1 영역 NCS

01	02	03	04	05	06	07	08	09	10
④	⑤	③	⑤	①	①	②	②	②	⑤
11	12	13	14	15	16	17	18	19	20
③	③	③	④	③	①	④	③	②	③
21	22	23	24	25	26	27	28	29	30
③	①	②	④	④	④	④	③	④	③

01

정답 ④

제시문에 따르면 최근 수면장애 환자의 급격한 증가를 통해 한국인의 수면의 질이 낮아지고 있음을 알 수 있다. 최근 한국인의 경우 짧은 수면시간도 문제지만, 수면의 질 저하도 심각한 문제가 되고 있다.

02

정답 ⑤

제시문에서는 한 고객이 패스트푸드점의 직원을 폭행한 사건을 통해 고객들의 끊이지 않는 갑질 행태를 이야기하고 있다. 따라서 제시문과 관련 있는 한자성어로는 '곁에 사람이 없는 것처럼 아무 거리낌 없이 함부로 말하고 행동하는 태도가 있음'을 의미하는 '방약무인(傍若無人)'이 가장 적절하다.

오답분석

① 견마지심(犬馬之心) : 개나 말이 주인을 위하는 마음이라는 뜻으로, 신하나 백성이 임금이나 나라에 충성하는 마음을 낮추어 이르는 말이다.
② 빙청옥결(氷淸玉潔) : 얼음같이 맑고 옥같이 깨끗한 심성을 비유적으로 이르는 말이다.
③ 소탐대실(小貪大失) : 작은 것을 탐하다가 오히려 큰 것을 잃음을 이르는 말이다.
④ 호승지벽(好勝之癖) : 남과 겨루어 이기기를 좋아하는 성미나 버릇을 이르는 말이다.

03

정답 ③

오답분석

- 웬지 → 왠지
- 어떡게 → 어떻게
- 말씀드리던지 → 말씀드리든지
- 바램 → 바람

04

정답 ⑤

제시문에서는 충청도 방언이 충청도 특유의 언어 요소만을 가리키는 것이 아니라 충청도 토박이들이 전래적으로 써온 한국어 전부를 뜻한다고 하였으므로 한국어란 표준어와 지역 방언이 모두 하나로 모여진 개념이라고 할 수 있다. 따라서 (마)에 들어갈 내용으로 ⑤는 적절하지 않다.

오답분석

① 방언을 비표준어로서 낮잡아 보는 인식이 담겨 있다고 하였으므로 적절한 내용이다.
② 방언이 표준어보다 열등하다는 오해와 편견이 포함되어 있다고 하였으므로 방언을 낮추어 부른다는 의미가 들어가는 것이 적절하다.
③ 그 지역의 말 가운데 표준어에는 없는, 그 지역 특유의 언어 요소만을 지칭한다고 하였으므로 다른 지역과의 이질성을 강조하는 내용이 들어가야 한다.
④ 한국어를 이루고 있는 각 지역의 말 하나하나 즉, 그 지역의 언어 체계를 방언이라고 하였으므로 각 지역의 방언들은 한국어라는 언어의 하위 구성요소라고 볼 수 있다.

05

정답 ①

제시문에서는 싱가포르가 어떻게 자동차를 규제하고 관리하는지를 설명하고 있다. 따라서 제시문의 주제로 ①이 가장 적절하다.

06

정답 ①

제시문에 따르면 똑같은 일을, 똑같은 노력으로 했을 때, 돈을 많이 받으면 과도한 보상을 받았다고 생각하여 부담을 느낀다. 또한 적게 받으면 충분히 받지 못했다고 느끼므로 만족하지 못한다. 따라서 인간은 공평한 대우를 받을 때 더 행복함을 느낀다는 것을 추론할 수 있다.

07

정답 ②

- 구상(求償) : 무역 거래에서 수량・품질・포장 따위에 계약 위반 사항이 있는 경우에 매주(賣主)에게 손해 배상을 청구하거나 이의를 제기하는 일
- 구제(救濟) : 자연적인 재해나 사회적인 피해를 당하여 어려운 처지에 있는 사람을 도와줌

08

정답 ②

매몰비용은 이미 지불한 비용에 대한 노력을 계속하려는 경향이며, 하나의 비용에 하나의 이익이 연결되어 거래커플링이 강할 때 높게 나타난다고 했다. 따라서 ②는 이 두 가지 조건을 모두 만족하고 있으므로 매몰비용효과가 높게 나타난다.

09

정답 ②

㉠의 앞에는 동북아시아 지역에서 삼원법에 따른 다각도에서 그리는 화법이 통용되었다는 내용이, 뒤에는 우리나라의 민화는 그보다 더 자유로운 시각이라는 내용이 나온다. 따라서 ㉠에는 전환 기능의 접속어 '그런데'가 들어가야 한다.

한편, ㉡의 앞에서는 기층민들이 생각을 자유분방하게 표현할 수 있는 사회적 여건의 성숙을 다루고, 뒤에서는 자기를 표현할 수 있는 경제적・신분적 근거가 확고하게 되었다는 내용을 다루고 있다. 따라서 ㉡에는 환언 기능의 접속어 '즉'이 들어가야 한다.

10

정답 ⑤

제시문에 따르면 민화의 화가들은 객관적을 보이는 현실을 무시하고 자신의 의도에 따라 표현하고 싶은 것을 마음대로 표현했다고 하였다. 즉, 자신의 자유로운 판단이나 내면의 목소리에 집중하였음을 알 수 있다.

오답분석

① '민화에 나타난 화법에 전혀 원리가 없다고는 할 수 없다.'라고 하였으므로 적절하지 않다.
② 민화의 화법이 서양의 입체파들이 사용하는 화법과 종종 비교된다고 하였을 뿐, 입체파의 화법이 서민층의 성장을 배경으로 하고 있는지는 제시문의 내용만으로는 알 수 없다.
③ 제시문에서는 민화의 화법이나 내용 면에서 보이는 것을 억압에서 벗어나려는 해방의 염원이라고 설명하고 있을 뿐 이를 신분 상승의 욕구라고 보기는 어렵다.
④ 삼원법은 다각도에서 보고 그리는 화법이며, 민화는 이보다 더 자유롭다고 하였다.

11

정답 ③

우람이네 집에서 도서관까지의 거리를 $x$km라 하면, 집에서 출발하여 도서관에 갔다가 집을 거쳐 우체국에 가는 데 걸리는 시간은 $\left(\frac{x}{5}+\frac{x+10}{3}\right)$시간이다. 이때, 걸리는 시간이 4시간 이내여야 하므로 식을 정리하면 다음과 같다.

$$\frac{x}{5}+\frac{x+10}{3}\leq 4$$

$\rightarrow 3x+5(x+10)\leq 60$

$\rightarrow 8x\leq 10$

$\therefore x\leq \frac{5}{4}$

따라서 도서관은 집에서 $\frac{5}{4}$km 이내에 있어야 한다.

12

정답 ③

제시된 수열은 $n\geq 3$일 때, $(n-2)$항$+(n-1)$항$+1=n$항인 수열이다.

따라서 (　)$=27+44+1=72$이다.

13

정답 ③

기혼 취업여성의 수는 기혼여성에서 기혼 비취업여성을 빼면 나오는 값이다. 이를 토대로 기혼 취업여성의 연령대별 비중을 구하면 다음과 같다.

연령대	기혼 취업여성 (천 명)	기혼 취업여성의 연령대별 비중(%)
25 ~ 29세	264	4.6%
30 ~ 34세	640	11.1%
35 ~ 39세	956	16.6%
40 ~ 44세	1,302	22.6%
45 ~ 49세	1,337	23.3%
50 ~ 54세	1,256	21.8%
합계	5,755	100%

오답분석

① 경제활동인구는 취업자와 실업자의 합으로 표현할 수도 있지만 기혼여성과 비경제활동인구의 차로도 표현할 수 있다. 따라서 첫 번째 표에서 (기혼여성)−(비경제활동인구)를 계산하여 나타낸 그래프로 옳다.
② 기혼여성 중 비취업여성은 첫 번째 표에서, 경력단절 여성은 두 번째 표에서 확인할 수 있다.
④ 두 번째 표에서 30 ~ 34세와 35 ~ 39세 연령대의 자료의 합을 이용하여 나타낸 그래프로 옳다.
⑤ 경력단절 여성의 전체인 2,905천 명에서 각 연령대가 차지하는 비율을 구하면 원그래프와 같다.

14

정답 ④

그래프를 통해 2022년부터 녹지의 면적이 유원지 면적을 추월하였다는 것을 알 수 있다.

15

정답 ③

• 9명의 신입사원을 3명씩 3조로 나누는 경우의 수

: ${}_9C_3 \times {}_6C_3 \times {}_3C_3 \times \frac{1}{3!}$

$= \frac{9\times8\times7}{3\times2\times1} \times \frac{6\times5\times4}{3\times2\times1} \times 1 \times \frac{1}{3\times2\times1} = 280$가지

• A, B, C에 한 조씩 배정하는 경우의 수 : $3! = 3\times2\times1 = 6$가지

따라서 가능한 모든 경우의 수는 $280\times6 = 1,680$가지이다.

16

정답 ①

i) 첫 번째 조건과 표를 통해 2024년 독신 가구와 다자녀 가구의 실질세부담률 차이가 덴마크보다 큰 국가는 A, C, D이므로 이들이 캐나다, 벨기에, 포르투갈임을 알 수 있다.

ii) 두 번째 조건과 표를 통해 2024년 독신 가구 실질세부담률이 전년 대비 감소한 국가는 A, B, E이므로 이들이 벨기에, 그리스, 스페인임을 알 수 있다. 그러므로 위의 i)과 연결하면 A가 벨기에임을 확정할 수 있다.

iii) 위 ii)에서 B와 E가 그리스와 스페인이라고 하였으므로 이를 세 번째 조건과 결합하면 B가 그리스이고, E가 스페인임을 확정할 수 있다.

iv) 위 i)과 ii)를 통해 C와 D가 캐나다와 포르투갈임을 알 수 있는데, 이를 네 번째 조건과 결합하면 C가 포르투갈이며, 그러므로 남은 D는 캐나다임을 알 수 있다.

따라서 A ~ E에 해당하는 국가를 바르게 나열한 것은 ①이다.

17

정답 ④

옥상 정원의 가로와 세로 길이인 644와 476을 소인수분해하면 다음과 같다.

• $644 = 2^2 \times 7 \times 23$

• $476 = 2^2 \times 7 \times 17$

즉, 644와 476의 최대공약수는 $2^2 \times 7 = 28$이다.

이때 직사각형의 가로에 설치할 수 있는 조명의 개수를 구하면 다음과 같다.

$644 \div 28 + 1 = 23 + 1 = 24$개

직사각형의 세로에 설치할 수 있는 조명의 개수를 구하면 다음과 같다.

$476 \div 28 + 1 = 17 + 1 = 18$개

따라서 조명의 최소 설치 개수를 구하면 $(24+18)\times2-4 = 84-4 = 80$개이다.

18

정답 ③

2015 ~ 2024년 평균 부채 비율은 $(61.6+100.4+86.5+80.6+79.9+89.3+113.1+150.6+149.7+135.3)\div10 = 104.7\%$이므로 10년간의 평균 부채 비율은 90% 이상이다.

오답분석

① 2018년 대비 2019년 자본금 증가폭은 $33,560-26,278=7,282$억 원으로, 자본금의 변화가 가장 큰 해이다.

② 전년 대비 부채 비율이 증가한 해는 2016년, 2020년, 2021년, 2022년이므로 연도별 부채비율 증가폭을 계산하면 다음과 같다.

• 2016년 : $100.4-61.6=38.8$%p

• 2020년 : $89.3-79.9=9.4$%p

• 2021년 : $113.1-89.3=23.8$%p

• 2022년 : $150.6-113.1=37.5$%p

따라서 부채 비율이 전년 대비 가장 많이 증가한 해는 2016년이다.

④ 2024년의 자산과 자본은 10년 중 가장 많았지만, 그만큼 부채도 가장 많은 것을 확인할 수 있다.

⑤ K공사의 자산과 부채는 2017년부터 8년간 꾸준히 증가한 것을 확인할 수 있다.

19

정답 ②

ㄱ. 연도별 지하수 평균 수위 자료를 통해 확인할 수 있다.

ㄴ. 2024년 지하수 온도가 가장 높은 곳은 영양입암 관측소이고, 온도는 27.1℃이다. 2024년 지하수 평균 수온과의 차이는 $27.1-14.4=12.7$℃이다.

오답분석

ㄷ. 2024년 지하수 전기전도도가 가장 높은 곳은 양양손양 관측소이고, 전기전도도는 38,561.0μS/cm이다. 따라서 $38,561.0 \div 516 \fallingdotseq 74.73$이므로 2024년 지하수 전기전도도가 가장 높은 곳의 지하수 전기전도도는 평균 전기전도도의 76배 미만이다.

20

정답 ③

ㄱ. 전출한 직원보다 전입한 직원이 많은 팀은 A(16명), B(13명), C(13명), F(15명)팀이며, 이 팀들의 전입 직원 수의 합은 57명이다. 이는 기업 내 전체 전출·입 직원 수(75명)의 70%인 52.5를 초과하므로 옳은 내용이다.

ㄹ. 식품 사업부 내에서 전출·입한 직원 수는 17명이고, 외식 사업부 내에서 전출·입한 직원 수는 15명이므로 동일한 사업부 내에서 전출·입한 직원 수는 32명이다. 기업 내 전체 전출·입한 직원 수(75명)의 50%는 37.5명이므로 옳은 내용이다.

오답분석

ㄴ. 직원이 가장 많이 전출한 팀은 20명이 전출한 E팀이고, 가장 많이 전입한 팀은 16명이 전입한 A팀이다. 그런데 20명의 40%인 8명이 배치된 부서도 없을 뿐더러 A팀에는 6명만이 배치되었으므로 옳지 않다.

ㄷ. 식품 사업부에서 외식 사업부로 전출한 직원 수는 18명이고, 외식 사업부에서 식품 사업부로 전출한 직원 수는 25명이므로 옳지 않다.

21

정답 ③

각각의 조건에서 해당되지 않는 쇼핑몰을 확인하여 선택지에서 하나씩 제거하는 방법으로 푸는 것이 좋다.

- 철수 : C, D, F는 포인트 적립이 안 되므로 해당 사항이 없다. (선택지 ②, ④ 제외)
- 영희 : 배송비를 고려하였으므로 A는 해당 사항이 없다.
- 민수 : 주문 다음 날 취소가 되지 않았으므로 A, B, C는 해당 사항이 없다. (선택지 ①, ⑤ 제외)
- 철호 : 환불 및 송금수수료, 배송비가 포함되었으므로 A, D, E, F는 해당 사항이 없다.

따라서 철수, 영희, 민수, 철호가 상품을 구입한 쇼핑몰을 순서대로 바르게 나열한 것은 ③이다.

22

정답 ①

제시문에서는 논증의 결론 자체를 전제의 일부로 받아들이는 순환논증의 오류를 범하고 있다.

오답분석

② 무지의 오류 : 증명할 수 없거나 알 수 없음을 이유로 하여 거짓이라고 추론하는 오류이다.

③ 논점 일탈의 오류 : 논점과 관계없는 것을 제시하여 무관한 결론에 이르게 되는 오류이다.

④ 대중에 호소하는 오류 : 군중심리를 자극하여 논지를 받아들이게 하는 오류이다.

⑤ 허수아비 공격의 오류 : 상대가 의도하지 않은 것을 강조하거나 허점을 비판하여 자신의 주장을 내세울 때 발생하는 오류이다.

23

정답 ②

제시문에 따르면 '문제'는 목표와 현실의 차이이고, '문제점'은 목표가 어긋난 원인이 명시되어야 한다. 따라서 미란이의 이야기를 보면 교육훈련이 부족했다는 원인이 나와 있으므로 '문제점'을 말했다고 볼 수 있다.

오답분석

① 지혜는 매출액이 목표에 못 미쳤다는 '문제'를 말한 것이다.

③ 건우는 현재 상황을 말한 것이다.

④ 경현이는 목표를 정정했다는 사실을 말한 것이다.

⑤ 연준이는 생산율이 목표에 못 미쳤다는 '문제'를 말한 것이다.

24

정답 ④

알파벳 순서에 따라 숫자로 변환하면 다음과 같다.

A	B	C	D	E	F	G	H	I	J	K	L	M
1	2	3	4	5	6	7	8	9	10	11	12	13
N	O	P	Q	R	S	T	U	V	W	X	Y	Z
14	15	16	17	18	19	20	21	22	23	24	25	26

'INTELLECTUAL'의 품번을 규칙에 따라 정리하면 다음과 같다.

- 1단계 : 9(I), 14(N), 20(T), 5(E), 12(L), 12(L), 5(E), 3(C), 20(T), 21(U), 1(A), 12(L)
- 2단계 : $9+14+20+5+12+12+5+3+20+21+1+12=134$
- 3단계 : $|(14+20+12+12+3+20+12)-(9+5+5+21+1)|=|93-41|=52$
- 4단계 : $(134+52)\div4+134=46.5+134=180.5$
- 5단계 : 180.5를 소수점 첫째 자리에서 버림하면 180이다.

따라서 제품의 품번은 180이다.

25

정답 ④

제시문에 따르면 P부서에 근무하는 신입사원은 단 한 명이며, 신입사원은 단 한 지역의 출장에만 참가한다. 그러므로 갑과 단둘이 가는 한 번의 출장에만 참가하는 을이 신입사원임을 알 수 있다. 이때, 네 지역으로 모두 출장을 가는 총괄 직원도 단 한 명뿐이므로 을과 단둘이 출장을 간 갑이 총괄 직원임을 알 수 있다. 또한, 신입사원을 제외한 모든 직원은 둘 이상의 지역으로 출장을 가야 하므로 병과 정이 함께 같은 지역으로 출장을 가면 무는 남은 두 지역 모두 출장을 가야 한다. 이때, 병과 정 역시 남은 두 지역 중 한 지역으로 각각 출장을 가야 한다. 이를 토대로 다섯 명의 직원이 출장을 가는 경우를 정리하면 다음과 같다.

지역	직원	
	경우 1	경우 2
A	갑, 을	갑, 을
B	갑, 병, 정	갑, 병, 정
C	갑, 병, 무	갑, 정, 무
D	갑, 정, 무	갑, 병, 무

따라서 정은 두 곳으로만 출장을 가므로 정이 총 세 곳에 출장을 간다는 ④는 반드시 거짓이 된다.

오답분석

① 갑은 총괄 직원이다.

② 두 명의 직원만이 두 광역시에 모두 출장을 간다고 하였으므로 을의 출장 지역은 광역시에 해당하지 않는다.

③·⑤ 위의 표를 통해 확인할 수 있다.

26

정답 ④

오답분석

① 자사의 유통 및 생산 노하우가 부족하다고 분석하였으므로 적절하지 않다.
② 디지털마케팅 전략을 구사하기에 역량이 미흡하다고 분석하였으므로 적절하지 않다.
③ 분석 자료를 살펴보면, 경쟁자 중 상위 업체가 하위 업체와의 격차를 확대하기 위해서 파격적인 가격정책을 펼치고 있다고 하였으므로 적절하지 않다.
⑤ 브랜드 경쟁력을 유지하기 위해 20대 SPA 시장 진출이 필요하며, 자사가 높은 브랜드 이미지를 가지고 있다는 내용은 자사의 상황분석과 맞지 않는 내용이므로 적절하지 않다.

27

정답 ④

ㄴ. 다수의 풍부한 경제자유구역 성공 사례를 활용하는 것은 강점에 해당하지만, 외국인 근로자를 국내주민과 문화적으로 동화시키려는 시도는 외국인 근로자들의 입주만족도를 저해할 수 있다. 외국인 근로자들의 문화를 존중하는 동시에 외국인 근로자들과 국내주민 간의 문화적 융화를 도모하여야 지역경제 발전을 위한 원활한 사회적 토대를 조성할 수 있다. 따라서 해당 전략은 ST전략으로 적절하지 않다.
ㄹ. 경제자유구역 인근 대도시와의 연계를 활성화하면 오히려 인근 기성 대도시의 산업이 확장된 교통망을 바탕으로 경제자유구역의 사업을 흡수할 위험이 커진다. 또한 인근 대도시와의 연계 확대는 경제자유구역 내 국내·외 기업 간의 구조 및 운영상 이질감을 해소하는 데에 직접적인 도움이 된다고 보기 어렵다.

오답분석

ㄱ. 경제 호황으로 인해 자국을 벗어나 타국으로 진출하려는 해외기업이 증가하는 기회상황에서, 성공적인 경험으로 축적된 우리나라의 경제자유구역 조성 노하우로 이들을 유인하여 유치하는 전략은 SO전략으로 적절하다.
ㄷ. 기존에 국내에 입주한 해외기업의 동형화 사례를 활용하여 국내기업과 외국계 기업의 운영상 이질감을 해소하여 생산성을 증대시키는 전략은 WO전략에 해당한다.

28

정답 ③

A사원의 3박 4일간 교통비, 식비, 숙박비를 계산하면 다음과 같다.

- 교통비 : 39,500+38,150=77,650원
- 식비 : (8,500×3×2)+(9,100×3×2)=105,600원
- 숙박비
  - 가 : (75,200×3)×0.95=214,320원
  - 나 : (81,100×3)×0.90=218,970원
  - 다 : (67,000×3)=201,000원

  A사원은 숙박비가 가장 저렴한 다 숙소를 이용했으므로 숙박비는 201,000원이다.

따라서 A사원의 출장 경비 총액을 구하면 77,650+105,600+201,000=384,250원이다.

29

정답 ④

직급에 따른 업무항목별 계산 기준에 따르면 B차장의 업무평점은 (80×0.3)+(85×0.2)+(90×0.5)=86점이다.

30

정답 ③

직급에 따른 업무평점 계산 기준에 따르면 A사원의 업무평점은 (86×0.5)+(70×0.3)+(80×0.2)=80점이다.
승진심사 평점 계산식은 업무(80%)+능력(10%)+태도(10%)이다.
따라서 A사원의 승진심사 평점은 (80×0.8)+(80×0.1)+(60×0.1)=78점이다.

제2영역 전공(경영학)

31	32	33	34	35	36	37	38	39	40
②	⑤	④	③	①	④	③	④	④	③
41	42	43	44	45	46	47	48	49	50
①	⑤	⑤	③	③	⑤	④	③	④	①
51	52	53	54	55	56	57	58	59	60
②	③	③	⑤	④	④	③	③	④	④

31

정답 ②

동기부여 이론의 구분

- 내용이론
  - 무엇이 동기를 유발하는지를 연구한 이론으로, 인간이 어떤 욕구를 지녔으며 욕구를 자극하는 유인이 무엇인가, 즉 동기를 유발하는 인간 내부적인 실체에 초점을 둔다.
  - 매슬로의 욕구단계 이론(욕구계층 이론), 앨더퍼의 ERG 이론, 맥클랜드의 성취동기 이론, 허즈버그의 2요인 이론 등이 해당한다.
- 과정이론
  - 동기가 어떻게 유발되는가를 설명하는 이론으로, 인간들이 어떤 방법으로 그들의 욕구를 충족시키고 욕구 충족을 위해 여러 가지 행동 대안 중에서 어떤 행동 선택을 하는가에 중점을 둔다.
  - 로크의 목표설정 이론, 브룸의 기대이론, 앳킨슨의 기대모형, 애덤스의 공정성 이론 등이 해당한다.

32

정답 ⑤

MBO는 목표를 합의 기반으로 설정해야 하기에 협의·조정 시간이 많이 들고, 측정 가능한 KPI 설계·관리가 복잡해 관리 비용이 크다. 또한 여러 문서화·보고 절차와 관리자 교육·피드백 부담 때문에 운영에 많은 시간과 비용이 소요된다.

MBO(Management By Objectives)의 목적
- 전략 연계성 : 조직과 개인의 목표 간 전략적 연계
- 동기부여 : 목표 달성을 위한 동기부여
- 의사소통 : 커뮤니케이션 활성화
- 처우 및 보상 : 공정한 처우 및 보상

33

정답 ④

MRP(Material Requirements Planning) 시스템은 제품을 생산하는 데 있어 자재가 투입될 시점과 투입되는 양을 관리하기 위한 시스템을 말하며, 특히 조립 제품 생산에 많이 활용한다.

34

정답 ③

집중적 마케팅 전략은 전체 세분시장 중에서 특정 세분시장을 목표시장으로 삼아 집중 공략하는 전략으로, 해당 시장의 소비자 욕구를 보다 정확히 이해하여 그에 걸맞은 제품과 서비스를 제공함으로써 전문화의 명성을 얻을 수 있으며, 그로 인해 생산·판매 및 촉진활동을 전문화함으로써 비용을 절감시킬 수 있다.

35

정답 ①

리엔지니어링은 해머와 챔피(Hammer & Champy)에 의해 제시된 것으로, 정보기술을 통해 기업경영의 핵심적 과정을 전면 개편함으로써 경영성과를 향상시키려는 경영기법이다. 리엔지니어링은 기존의 관리 패턴을 근본적으로 바꾸어 기업경영의 질을 높이려는 것으로, 철학이나 사고방식, 문명의 전환까지 염두에 둔다.

오답분석

②·③ 다운사이징(Downsizing)에 대한 설명이다.
④ CKD(Complete Knock Down)에 대한 설명이다.
⑤ 다운타임(Downtime)에 대한 설명이다.

36

정답 ④

집단의사결정은 개인의 독단적인 결정에 비해 다양한 의견과 정보가 오간다는 점에서 정확한 의사결정을 도출해 낼 수 있다는 장점이 있으므로, 오히려 문제에 대한 다양한 접근이 가능하다.

37

정답 ③

대각선교섭은 산업별, 지역별, 직종별 초기업노조와 개별 기업의 사용자 간에 이루어지는 교섭 형태이다. 초기업노조에 대응하는 사용자단체가 없거나, 사용자단체가 있더라도 기업에 특별한 사정이 있을 때 사용된다.

38

정답 ④

요소비교법은 직무의 공통된 조건을 비교·평가하여 직무의 중요성을 결정하는 직무평가 방식의 하나로, 기업 내 전체 직무 또는 내용이 유사한 직무들의 상대적 가치를 평가하는 데 용이하다.

오답분석

① 관찰법 : 직무분석자가 직무수행자인 작업자 옆에서 직무수행을 관찰하는 방법이다.
② 면접법 : 직무분석자가 직무수행자에게 면접을 실시하여 직접 정보를 얻는 방법이다.
③ 질문지법 : 직무에 대한 설문지를 작성하고 작업자가 이에 응답하도록 하여 직무분석에 필요한 자료를 수집하는 방법이다.
⑤ 워크샘플링법 : 전체 작업과정 동안 무작위적인 간격으로 관찰을 많이 행하여 직무 행동에 대한 정보를 얻는 방법이다.

39 정답 ④

오답분석

① 단수가격 : 제품가격의 끝자리를 단수(가격에서 끝자리를 홀수로 정하는 것)로 표시하여 제품가격이 저렴하게 보이도록 한다.
② 명성가격 : 가격이 높으면 품질이 좋다고 생각하는 소비자들의 경향을 이용하여 제품가격을 높게 책정한다.
③ 준거가격 : 소비자가 제품의 구매를 결정할 때 기준이 되는 가격으로, 소비자들이 제품 구입 시 과거 경험이나 기억, 외부에서 들어온 정보로 적정하다고 생각하는 가격으로 책정한다.
⑤ 유보가격 : 소비자가 제품에 대해 지불할 의사가 있는 최대가격으로, 소비자는 유보가격으로 정한 수준보다 낮은 가격에 판매되는 제품을 구매하게 된다.

40 정답 ③

컨조인트 분석은 고객이 상품에 부여하는 가치와 효용을 추정하여 소비자의 구매 패턴을 분석하는 방법이다.

오답분석

① SWOT 분석 : 기업의 환경 분석을 통해 강점, 약점, 기회, 위협 요인을 규정하고, 이를 바탕으로 마케팅 전략을 수립하는 기법이다.
② 시계열 분석(Time Series Analysis) : 어떤 사건에 대하여 시간의 흐름에 따라 기록한 시계열 데이터를 바탕으로 분석하는 방법이다.
④ 상관관계 분석(Correlation Analysis) : 변수 간의 밀접한 정도인 상관관계를 분석하는 통계적 분석 방법이다.
⑤ 다차원척도 분석(Multidimensional Analysis) : 변수를 이용하여 개체들 사이의 거리 또는 비유사성을 측정한 뒤 개체들을 2차원 또는 3차원 공간상의 점으로 표현하는 통계적 분석 방법이다.

41 정답 ①

같은 브랜드의 상품이 서로 다른 유통경로로 판매될 경우 경로 간의 갈등을 일으킬 위험이 있다.

42 정답 ⑤

변혁적 리더십에서는 구성원의 성과 측정뿐만 아니라 구성원들을 리더로 얼마나 육성했는지도 중요한 평가 요소라 할 수 있다.

43 정답 ⑤

특성요인도란 결과인 특성과 그것에 영향을 미치는 원인인 요인의 관계를 나타내는 관리 기법이다. 특성에 대하여 요인이 어떤 관계로 영향을 미치고 있는지를 규명하는 것으로, 현상 파악이나 문제 개선에 있어서 실마리를 얻기 위해 사용되는 기법이다. 각각의 요소들이 서로 어떤 관계를 갖는지 체계적으로 표현할 수 있어 인과관계를 발견하는 데 효과적이다.

44 정답 ③

고객의 개별적 요구에 대응하기 위해서는 개발・생산・판매・배달의 모든 기업 활동의 과정에서 고객의 주문에 맞출 수 있는 가능성을 찾아내는 것이 관건이다. 대량 맞춤화(Mass Customization)는 개별 고객의 다양한 요구(Customization)와 기대를 충족시키면서도 대량생산(Mass Production)에 못지않게 낮은 원가를 유지할 수 있다. 이는 정보기술과 생산기술이 비약적으로 발전함으로써 다품종 대량생산이 가능해졌기 때문이다.

45 정답 ③

상황적합적 관리는 관료제에서 나타나는 규칙의 경직성 및 형식주의를 극복하기 위한 관리법으로, 관료제의 특징에 해당하지 않는다.

막스 베버(Max Weber) 관료제의 특징
- 안정적이면서 명확한 권한계층
- 태도 및 대인관계의 비개인성
- 과업전문화에 기반한 체계적인 노동의 분화
- 규제 및 표준화된 운용절차의 일관된 시스템
- 관리자는 생산수단의 소유자가 아님
- 문서로 된 규칙, 의사결정, 광범위한 파일
- 기술적인 능력에 의한 승진을 기반으로 한 평생의 경력관리

46 정답 ⑤

ㄱ・ㄴ・ㄷ・ㄹ. 불공정성 해소방법에 해당한다.

애덤스의 공정성 이론 중 불공정성 해소방법
- 투입의 변경 : 직무에 투입하는 시간, 노력, 기술, 경험 등을 줄인다.
- 산출의 변경 : 임금인상이나 작업조건의 개선 등을 요구한다.
- 준거대상의 변경 : 자신과 비교대상이 되는 인물, 집단 등을 비슷한 수준의 대상으로 변경한다.
- 현장 또는 조직으로부터의 이탈 : 직무환경에 불평등을 느낀 사람은 직무를 전환하거나 조직을 이탈한다.

47 정답 ④

빠르게 변화하는 환경에 적응하기 위해서는 내부노동시장에서 지원자를 모집하는 내부모집보다 외부모집이 효과적이다.

48 정답 ③

오답분석

ㄴ. 수직적 마케팅시스템은 구성원인 제조업자, 도매상, 소매상, 소비자를 각각 개별적으로 파악하는 것이 아니라, 구성원 전체가 소비자의 필요와 욕구를 만족시키는 유기적인 전체 시스템을 이룬 유통경로체제이다.

ㄷ. 수직적 마케팅시스템에서는 구성원들의 행동이 각자의 이익을 극대화하는 방향이 아닌 시스템 전체의 이익을 극대화하는 방향으로 조정된다.

49

정답 ④

오답분석

① JIT(Just – In – Time) : 과잉생산이나 대기시간 등의 낭비를 줄이고 재고를 최소화하여 비용 절감과 품질 향상을 달성하는 생산 시스템이다.

② MRP(Material Requirement Planning, 자재소요계획) : 최종제품의 제조과정에 필요한 원자재 등의 종속수요 품목을 관리하는 재고관리기법이다.

③ MPS(Master Production Schedule, 주생산계획) : MRP의 입력자료 중 하나로, APP를 분해하여 제품이나 작업장 단위로 수립한 생산계획이다.

⑤ APP(Aggregate Production Planning, 총괄생산계획) : 제품군별로 향후 약 1년여간의 수요예측에 따른 월별 생산목표를 결정하는 중기계획이다.

ERP(Enterprise Resource Planning, 전사적 자원관리)의 특징
- 기업의 서로 다른 부서 간의 정보 공유를 가능하게 함
- 의사결정권자와 사용자가 실시간으로 정보를 공유하게 함
- 보다 신속한 의사결정과 효율적인 자원 관리를 가능하게 함

50

정답 ①

집단사고(Groupthink)는 응집력이 높은 집단에서 의사결정을 할 때, 동조압력과 전문가들의 과다한 자신감으로 인해 사고의 다양성이나 자유로운 비판 대신 집단의 지배적인 생각에 순응하여 비합리적인 의사결정을 하게 되는 경향이다.

51

정답 ②

오답분석

① 데이터 웨어하우스(Data Warehouse) : 사용자의 의사결정을 돕기 위해 다양한 운영 시스템에서 추출・변환・통합되고 요약된 데이터베이스를 말한다. 크게 원시 데이터 계층, 데이터 웨어하우스 계층, 클라이언트 계층으로 나뉘며 데이터의 추출・저장・조회 등의 활동을 한다. 고객과 제품, 회계와 같은 주제를 중심으로 데이터를 구축하며, 여기에 저장된 모든 데이터는 일관성을 유지해 데이터 호환이나 이식에 문제가 없다. 또한 특정 시점에 데이터를 정확하게 유지하면서 동시에 장기적으로 유지될 수도 있다.

③ 데이터 마트(Data Mart) : 운영데이터나 기타 다른 방법으로 수집된 데이터 저장소로, 특정 그룹의 지식 노동자들을 지원하기 위해 설계된 것이다. 따라서 특별한 목적을 위해 접근의 용이성과 유용성을 강조해 만들어진 작은 데이터 저장소라고 할 수 있다.

④ 데이터 정제(Data Cleansing) : 데이터베이스의 불완전 데이터에 대한 검출・이동・정정 등의 작업을 말한다. 여기에는 특정 데이터베이스의 데이터 정화뿐만 아니라 다른 데이터베이스로부터 유입된 이종 데이터에 대한 일관성을 부여하는 역할도 한다.

⑤ 데이터 스크러빙(Data Scrubbing) : 스토리지 풀을 검사하는 데이터 유지 관리 기능이다. 크게 파일 시스템 삭제와 RAID 삭제 두 가지 유형이 순차적으로 시행된다.

52

정답 ③

(A) 재무적 관점 : 순이익, 매출액 등

(B) 고객 관점 : 고객만족도, 충성도 등

(C) 업무 프로세스 관점 : 내부처리 방식 등

(D) 학습 및 성장 관점 : 구성원의 능력개발, 직무만족도 등

균형성과표(Balanced Score Card)
조직의 비전과 전략을 달성하기 위한 도구로, 전통적인 재무적 성과지표뿐만 아니라 고객, 업무 프로세스, 학습 및 성장과 같은 비재무적 성과지표 또한 균형적으로 고려한다. 즉, BSC는 통합적 관점에서 미래지향적・전략적으로 성과를 관리하는 도구라고 할 수 있다.

53

정답 ③

오답분석

① 연공승진 : 근로자의 나이, 근속연수, 학력, 경력 등에 따라 자동으로 승진시키는 제도이다.

② 조직변화승진 : 조직을 변화시켜 새로운 직위나 직무를 만들어 승진시키는 제도이다.

④ 역직승진 : 조직 편성과 운영 원리에 따라 직급 체계에 맞춰 승진시키는 제도이다.

⑤ 자격승진 : 승진에 일정한 자격을 설정하여 그 자격을 취득한 자를 승진시키는 제도이다.

54

정답 ⑤

동일한 세분시장 내에서는 소비자들의 동질성이 극대화되도록 하여야 마케팅 믹스를 개발할 수 있다.

55

정답 ④

총괄생산계획은 제품의 재고량, 생산 능력, 고용 인원 등을 고려하여 전체적인 생산량과 품목, 일정을 계획하는 일이다. 단기, 중기, 장기(대일정계획) 계획을 세우고 주단위나 일단위로 운영할 수 있도록 한다. 이는 예측하고 계획하는 것으로, 수요 변동이 생긴다고 즉시 생산수준에 반영하지는 않는다.

56

정답 ④

집단의사결정의 문제점인 A에 해당하는 용어는 '집단양극화'이며, 해결방안인 B에 해당하는 용어는 '델파이법'이다. 집단의사결정의 문제점에는 집단사고, 집단양극화, 많은 시간의 소요, 책임소재의 부재, 동조발생, 사회적 압력과 순응에 의한 문제발생 등이 해당한다. 그에 따른 대표적인 해결방안으로는 브레인스토밍, 명목집단법, 델파이법, 변증법적 토의, 캔미팅, 프리모텀기법 등이 있다.

57

정답 ③

행동수정 전략은 인간의 행동을 개선하기 위하여 환경과 특정 행동 간 기능적 관계를 분석하여 행동에 변화를 주는 것으로, 과거 사건을 강조하지 않으며, 현재의 환경적 사건을 강조한다.

58

정답 ③

형식적 지식은 정형화 혹은 문서화되어 있는 지식으로, 경쟁기업이 쉽게 모방하거나 유출되기 쉽다. 따라서 경쟁우위를 유지하기 위해서는 지식 보안에도 각별히 신경을 써야 한다.

59

정답 ④

생산 자재 품질의 불량은 우연원인이 아닌 이상원인에 해당한다.

오답분석

①·②·③·⑤ 우연원인은 정상적인 생산 조건에서 발생하는 변동으로, 우연적이며 피할 수 없는 변동이다.

60

정답 ④

브룸의 기대이론은 노력, 결과, 기대치, 수단성, 유인가 등의 요인으로 개념이 구성된다.

오답분석

① 노력 : 구성원이 업무를 하는 데 투입하는 것으로, 동기유발력에 의하여 결정된다.
② 결과 : 1차 결과로 성과, 2차 결과로 성과에 따른 보상이 주어진다.
③ 기대치 : 개인의 노력이 성과를 초과하여 달성할 확률을 의미한다.
⑤ 유인가 : 특정 보상이 개인에게 미치는 가치를 의미한다.

제3영역 철도법령

61	62	63	64	65	66	67	68	69	70
④	③	⑤	②	①	④	③	①	④	④

61

정답 ④

- 실무위원회는 위원장을 포함한 20인 이내의 위원으로 구성한다(철도산업발전기본법 시행령 제10조 제2항).
- 제4항 제4호의 규정에 의한 위원의 임기는 2년으로 하되, 연임할 수 있다(철도산업발전기본법 시행령 제10조 제5항).
- 실무위원회에 간사 1인을 두되, 간사는 국토교통부장관이 국토교통부 소속 공무원 중에서 지명한다(철도산업발전기본법 시행령 제10조 제6항).

따라서 빈칸에 들어갈 수를 모두 더한 값은 20+2+1=23이다.

62

정답 ③

대리·대행(한국철도공사법 제7조)

정관으로 정하는 바에 따라 사장이 지정한 한국철도공사의 직원은 사장을 대신하여 공사의 업무에 관한 재판상 또는 재판 외의 모든 행위를 할 수 있다.

63

정답 ⑤

철도이용자의 권익보호 등(철도산업발전기본법 제16조)

국가는 철도이용자의 권익보호를 위하여 다음 각 호의 시책을 강구하여야 한다.

1. 철도이용자의 권익보호를 위한 홍보·교육 및 연구
2. 철도이용자의 생명·신체 및 재산상의 위해 방지
3. 철도이용자의 불만 및 피해에 대한 신속·공정한 구제조치
4. 그 밖에 철도이용자 보호와 관련된 사항

64

정답 ②

국토교통부장관은 철도사업법 제15조 제1항 단서 및 제3항에 따른 신고를 받은 날부터 60일 이내에 신고수리 여부를 신고인에게 통지하여야 한다(철도사업법 제15조 제4항).

65

정답 ①

한국철도공사의 손익금 처리 규정에 의하여 이익준비금 또는 사업확장적립금을 자본금으로 전입하고자 하는 때에는 이사회의 의결을 거쳐 기획재정부장관의 승인을 얻어야 한다(한국철도공사법 시행령 제8조 제1항).

66

정답 ④

정의(철도사업법 제2조)

- 철도 : 여객 또는 화물을 운송하는 데 필요한 철도시설과 철도차량 및 이와 관련된 운영·지원체계가 유기적으로 구성된 운송체계에 따른 철도를 말한다.
- 철도시설 : 선로, 역시설, 철도운영을 위한 시설, 보수·정비 기지 등 철도산업발전 기본법에 따른 철도시설을 말한다.
- 철도차량 : 선로를 운행할 목적으로 제작된 동력차·객차·화차 및 특수차에 따른 철도차량을 말한다.
- 사업용철도 : 철도사업을 목적으로 설치하거나 운영하는 철도를 말한다.
- 전용철도 : 다른 사람의 수요에 따른 영업을 목적으로 하지 아니하고 자신의 수요에 따라 특수 목적을 수행하기 위하여 설치하거나 운영하는 철도를 말한다.
- 철도사업 : 다른 사람의 수요에 응하여 철도차량을 사용하여 유상(有償)으로 여객이나 화물을 운송하는 사업을 말한다.
- 철도운수종사자 : 철도운송과 관련하여 승무 및 역무서비스를 제공하는 직원을 말한다.
- 철도사업자 : 철도공사 및 국토교통부장관으로부터 철도사업 면허를 받은 자를 말한다.
- 전용철도운영자 : 전용철도 등록을 한 자를 말한다.

67

정답 ③

면허취소 또는 사업정지 등의 처분대상이 되는 사상자 수(철도사업법 시행령 제8조)

고의 또는 중대한 과실에 의한 철도사고로 대통령령으로 정하는 다수의 사상자가 발생하여 철도사업자의 면허취소 또는 사업정지 등의 처분대상이 되는 사상자가 발생한 경우는 <u>1회 철도사고로 사망자 5명 이상</u>이 발생하게 된 경우를 말한다.

68

정답 ①

손익금 처리(한국철도공사법 제10조 제1항)

한국철도공사는 매 사업연도 결산 결과 이익금이 생기면 다음 각 호의 순서로 처리하여야 한다.

1. 이월결손금의 보전(補塡)
2. 자본금의 2분의 1이 될 때까지 이익금의 10분의 2 이상을 이익준비금으로 적립
3. 자본금과 같은 액수가 될 때까지 이익금의 10분의 2 이상을 사업확장적립금으로 적립
4. 국고에 납입

69

정답 ④

설립등기(한국철도공사법 시행령 제2조)

한국철도공사의 설립등기사항은 다음 각 호와 같다.

1. 설립목적
2. 명칭
3. 주된 사무소 및 하부조직의 소재지
4. 자본금
5. 임원의 성명 및 주소
6. 공고의 방법

70

정답 ④

공정거래위원회부위원장이 철도산업위원회의 위원이 될 수 있다.

철도산업위원회의 구성(철도산업발전기본법 시행령 제6조 제2항)

철도산업위원회의 위원은 다음의 각 호 자가 된다.

1. 기획재정부차관·과학기술정보통신부차관·교육부차관·행정안전부차관·산업통상부차관·고용노동부차관·국토교통부차관·해양수산부차관 및 공정거래위원회부위원장
2. 국가철도공단의 이사장
3. 한국철도공사의 사장
4. 철도산업에 관한 전문성과 경험이 풍부한 자 중에서 위원회의 위원장이 위촉하는 자

코레일 한국철도공사 사무직 신입사원 필기시험

제4회 모의고사 정답 및 해설

제1영역 NCS

01	02	03	04	05	06	07	08	09	10
①	⑤	④	②	②	①	②	②	④	④
11	12	13	14	15	16	17	18	19	20
⑤	⑤	④	③	②	④	①	①	⑤	②
21	22	23	24	25	26	27	28	29	30
④	②	④	④	⑤	②	②	②	④	④

01 정답 ①

첫 번째 빈칸에 이어지는 문장의 서술어가 '때문이다.'로 되어 있으므로 빈칸에는 이와 호응하는 '왜냐하면'이 와야 한다. 다음으로 두 번째 빈칸에 이어지는 문장의 내용이 앞 문장과 상반되는 내용이 아닌, 앞 문장을 부연하는 내용이므로 빈칸에는 병렬 기능의 접속 부사인 '그리고'가 들어가야 한다. 마지막으로 세 번째 빈칸은 내용상 결론에 해당하므로 '그러므로'가 적절하다.

02 정답 ⑤

제시문에 따르면 쇼펜하우어는 표상의 세계 안에서의 이성의 역할, 즉 시간과 공간, 인과율을 통해서 세계를 파악하는 주인의 역할을 함에도 불구하고 이성이 다시 의지에 종속됨으로써 제한적이며 표면적일 수밖에 없다는 한계를 지적하고 있다. 따라서 글의 중심 주제로 가장 적절한 것은 ⑤이다.

오답분석

① 세계의 본질은 의지의 세계라는 내용은 쇼펜하우어 주장의 핵심 내용이라는 점에서는 옳지만, 중심 내용으로는 적절하지 않다.
② 제시문에서는 표상 세계의 한계를 지적했을 뿐, 표상 세계의 극복과 그 해결 방안에 대한 내용은 없다.
③ 제시문에서 의지의 세계와 표상 세계는 의지가 표상을 지배하는 종속관계라는 차이를 파악할 수는 있으나, 중심 내용으로는 적절하지 않다.
④ 쇼펜하우어가 주관 또는 이성을 표상의 세계를 이끌어 가는 능력으로 주장하고 있지만 중심 내용으로는 적절하지 않다.

03 정답 ④

다른 형태소 뒤에서 [빼기]로 발음되는 경우, '빼기'로 적는다는 한글 맞춤법에 따라 '곱빼기'가 옳은 표기이다.

오답분석

① '적다'의 뜻이 없이 [쩍따]로 발음되는 경우, '쩍다'로 적는다는 한글 맞춤법에 따라 '겸연쩍다'가 옳은 표기이다.
② '거적때기'가 표준어이다.
③ '맛깔'이 표준어이다.
⑤ '발뒤꿈치'가 표준어이다.

04 정답 ②

먼저 지식에 대한 논리 실증주의자와 포퍼의 의견을 제시하는 (가) 문단이 오는 것이 적절하며, 그들의 가설을 판단하는 과학적 방법에 대한 (다) 문단이 그 뒤에 이어지는 것이 적절하다. 이어서 논리 실증주의자나 포퍼와 달리 가설만 가지고서 예측을 도출할 수 없다는 콰인의 의견인 (나) 문단이 오는 것이 적절하며, 마지막으로는 이를 통한 콰인의 총체주의적 입장의 (라) 문단이 이어지는 것이 적절하다. 따라서 문단을 논리적 순서대로 바르게 나열한 것은 ②이다.

05 정답 ②

㉠ 변동(變動) : 바뀌어 달라짐
㉡ 변화(變化) : 사물의 성질, 모양, 상태 따위가 바뀌어 달라짐
㉢ 변형(變形) : 모양이나 형태가 달라지거나 달라지게 함 또는 그런 형태

오답분석

- 변질(變質) : 성질이 달라지거나 물질의 질이 변함 또는 그런 성질이나 물질
- 변별(辨別) : 사물의 옳고 그름이나 좋고 나쁨을 가림

06

정답 ①

제시문에서는 케렌시아가 힐링과 재미에 머무는 것이 아니라 능동적인 취미 활동을 하는 곳이고, 창조적인 활동을 하기 위한 공간으로 변모해 감을 설명하고 있다. 따라서 ①은 적절하지 않다.

오답분석

② 케렌시아 공간의 예로 북카페, 3프리존, 책맥 카페 등을 제시하고 있다.

③ 맨케이브, 자기만의 방과 같은 유사한 표현을 볼 수 있다.

④ 다양한 사례를 통해 케렌시아가 휴식과 힐링을 위한 자기만의 공간을 의미함을 알 수 있다.

⑤ 케렌시아가 필요한 사람들에게 전시장, 음악회 등 문화 현장에 가는 것을 권하고 있음을 알 수 있다.

07

정답 ②

제시문의 마지막 문장을 통해 핀테크는 보는 관점에 따라 금융업에 있어서 해체 요인 또는 통합 요인으로 작용함을 알 수 있다. 따라서 어떤 원칙이 있는 것이 아니라 이렇게도 저렇게도 해석될 수 있음을 설명하는 ②가 가장 적절하다.

08

정답 ②

제시문은 고려의 수도 개경의 구조와 관청의 허가를 받아 영업하는 상점의 여러 형태에 대한 글이다. 먼저 (가)와 (나)는 고려의 수도 개경의 형태와 여러 출입문, 그리고 출입문으로부터 시작된 도로가 교차하는 십자가에 대하여 설명하고 있다. 또한, (마)는 십자가로부터 광화문까지 난 거리인 남대가에서 파는 시전의 종류에 대하여 안내한다. (라)는 십자가에서 숭인문 방향으로 벗어난 자남산과 남대가 사이의 공간에서 기름만 취급하는 시전들이 모인 유시 골목에 대하여 설명하고 있으며, (다)는 십자가 남쪽 길에서 돼지고기만 따로 파는 저전이나 십자가와 선의문 사잇길 중간 수륙교에서 종이만 파는 저시 골목에 대하여 서술하고 있다. 따라서 글의 순서는 (가) – (나) – (마) – (라) – (다)이며, 글의 구조로는 ②가 가장 적절하다.

09

정답 ④

제시문의 첫 번째 문단에서 위계화의 개념을 설명하고, 이러한 불평등의 원인과 구조에 대해 살펴보고 있다. 따라서 글의 제목으로 ④가 가장 적절하다.

10

정답 ④

갑은 노키즈존의 운영에 대하여 반대하는 입장이고 을은 노키즈존의 운영에 대하여 찬성하는 입장이다. 따라서 갑과 을의 주장을 도출할 수 있는 질문은 ④이다

11

정답 ⑤

제시된 수열은 홀수 항은 -4, 짝수 항은 -7의 규칙을 가지는 수열이다. 따라서 ($\quad$)$=23-4=19$이다.

12

정답 ⑤

2020년부터는 한국의 출원 건수가 더 많아지므로 옳지 않은 설명이다.

오답분석

① 한국의 지적재산권 출원 비중은 2024년에는 전년 대비 감소했지만, 다른 해에는 모두 증가하는 추세를 보이고 있다.

② 2018년 대비 2024년 지적재산권 출원 비중이 가장 크게 증가한 국가는 중국으로, $8.86-1.83=7.03\%p$ 증가했다.

③ 2018년 대비 2024년 지적재산권 출원 비중이 낮아진 국가는 독일, 프랑스, 미국이다.

④ 매년 가장 큰 지적재산권 출원 비중을 차지하고 있는 국가는 미국인 것을 확인할 수 있다.

13

정답 ④

1번의 가위바위보에서 1명이 이길 확률은 $\frac{1}{3}$이고, 그렇지 않을 확률은 $\frac{2}{3}$이므로, 3번 안에 1명의 승자가 정해질 확률은 다음과 같다.

- 첫 게임에 승자가 정해질 확률 : $\frac{1}{3}$
- 첫 게임에 승자가 정해지지 않고, 두 번째 게임에 정해질 확률 : $\frac{2}{3}\times\frac{1}{3}=\frac{2}{9}$
- 첫 번째와 두 번째 게임에 승자가 정해지지 않고, 세 번째 게임에 정해질 확률 : $\frac{2}{3}\times\frac{2}{3}\times\frac{1}{3}=\frac{4}{27}$

따라서 가위바위보 3번 안에 1명의 승자가 정해질 확률은 $\frac{1}{3}+\frac{2}{9}+\frac{4}{27}=\frac{19}{27}$이다.

14

정답 ③

- 두 번째 조건에서 등록률이 30% 이상인 의료기관은 '종합병원'과 '치과'라고 하였는데 A의 등록률은 약 31.3%이고, C의 등록률은 약 29.6%이므로 A는 '종합병원' 혹은 '치과'임을 알 수 있다. 그러므로 선택지 ①, ②를 소거할 수 있다.
- 세 번째 조건에서 '종합병원'의 등록 의료기관 수는 '안과'의 등록 의료기관 수의 2.5배 이상이라고 하였으므로 D는 '안과'일 수 없다. 그러므로 선택지 ④를 소거할 수 있다.
- 그리고 네 번째 조건을 살펴보면 B와 D 중 등록 의료기관 수가 적은 것이 '치과'라고 하였으므로 B가 '치과'이고 D가 '한방병원'이 된다. 따라서 바르게 나열한 것은 ③이다.

15 정답 ②

제시된 수열은 아래로 연결된 두 작은 원을 A, B, 위에 있는 큰 원을 C라고 하면 $\frac{A+C}{2}=B$인 수열이다.

$\frac{5+13}{2}=9$, $\frac{18+22}{2}=20$, $\frac{13+35}{2}=24$, $\frac{52+(\quad)}{2}=37$

따라서 ( )=74−52=22이다.

16 정답 ④

예식장 사업 형태별 수익률은 다음과 같다.

- 개인경영 : $\left(\frac{238,789}{124,446}-1\right)\times 100 \fallingdotseq 91.9\%$
- 회사법인 : $\left(\frac{43,099}{26,610}-1\right)\times 100 \fallingdotseq 62\%$
- 회사 이외의 법인 : $\left(\frac{10,128}{5,542}-1\right)\times 100 \fallingdotseq 82.7\%$
- 비법인 단체 : $\left(\frac{791}{431}-1\right)\times 100 \fallingdotseq 83.5\%$

따라서 수익률이 가장 높은 예식장 사업 형태는 개인경영 형태이다.

오답분석

① 사업체 수를 보면 다른 사업 형태보다 개인경영 사업체 수가 많은 것을 확인할 수 있다.

② 예식장 사업 형태별 사업체당 매출액을 구하면 다음과 같다.

- 개인경영 : $\frac{238,789}{1,160} \fallingdotseq 206$백만 원
- 회사법인 : $\frac{43,099}{44} \fallingdotseq 980$백만 원
- 회사 이외의 법인 : $\frac{10,128}{91} \fallingdotseq 111$백만 원
- 비법인 단체 : $\frac{791}{9} \fallingdotseq 88$백만 원

따라서 사업체당 매출액이 가장 큰 예식장 사업 형태는 회사법인 형태이다.

③ 자료에서 예식장 사업의 전체 합계를 보면 매출액은 292,807백만 원이며, 비용은 매출액의 절반 정도인 157,029백만 원이므로 매출액의 절반 정도가 수익이 되는 사업이라고 할 수 있다.

⑤ 사업체당 평균 면적은 면적을 사업체 수로 나눠서 구한다. 예식장 사업 형태별 사업체당 평균 면적을 구하면 다음과 같다.

- 개인경영 : $\frac{1,253,791}{1,160} \fallingdotseq 1,081\text{m}^2$
- 회사법인 : $\frac{155,379}{44} \fallingdotseq 3,531\text{m}^2$
- 회사 이외의 법인 : $\frac{54,665}{91} \fallingdotseq 601\text{m}^2$
- 비법인 단체 : $\frac{3,534}{9} \fallingdotseq 393\text{m}^2$

따라서 사업체당 평균 면적이 가장 작은 예식장 사업 형태는 비법인 단체 형태이다.

17 정답 ①

전체 일의 양을 1이라고 할 때 A ~ C직원이 각각 1분 동안 혼자 할 수 있는 일의 양을 각각 a, b, c라고 하면, 다음과 같은 식이 성립한다.

$a=\frac{1}{120}$

$a+b=\frac{1}{80}$

$\therefore\ b=\frac{1}{80}-\frac{1}{120}=\frac{1}{240}$

$b+c=\frac{1}{60}$

$\therefore\ c=\frac{1}{60}-\frac{1}{240}=\frac{1}{80}$

$a+b+c=\frac{1}{120}+\frac{1}{240}+\frac{1}{80}=\frac{2+1+3}{240}=\frac{1}{40}$

따라서 A ~ C직원이 함께 건조기 1대의 모터를 교체하는 데 걸리는 시간은 40분이다.

18 정답 ①

2022년 서울(2.2%), 부산(3.0%), 광주(6.5%)의 실질 성장률은 각각 2021년 서울(1.0%), 부산(0.6%), 광주(1.5%)에 비해 2배 이상 증가하였으므로 옳은 내용이다.

오답분석

② 실질 성장률이 가장 높은 도시는 2021년에는 울산(4.3%)이고 2022년에는 광주(6.5%)이므로 일치하지 않는다.

③ 부산의 경우 2018년의 실질 성장률(7.9%)이 2017년(5.3%)에 비해 증가하였으므로 옳지 않은 내용이다.

④ 2019년 대비 2020년 실질 성장률이 5%p 이상 감소한 도시는 서울(6.7%p), 인천(8.3%p), 광주(7.9%p), 울산(13.2%p) 총 4곳이므로 옳지 않다.

⑤ 2017년 실질 성장률이 가장 높은 도시는 광주(10.1%)이고 2024년 실질 성장률이 가장 낮은 도시는 대전(3.2%)이므로 일치하지 않는다.

19 정답 ⑤

2024년 각국의 가계 금융자산 구성비와 2024년 각국의 가계 총자산 대비 예금 구성비는 일치하지 않는다.

20

정답 ②

- 농도 10% 설탕물에 들어있는 설탕의 양 : $\frac{10}{100}\times480=48$g
- 농도 20% 설탕물에 들어있는 설탕의 양 : $\frac{20}{100}\times120=24$g
- 두 설탕물을 섞었을 때의 농도 : $\frac{48+24}{480+120}\times100=12\%$

컵으로 퍼낸 설탕물의 양을 xg이라고 하자. 설탕의 양은 $\frac{12}{100}x$g이므로, 컵으로 퍼낸 만큼 물을 부었을 때의 농도는 다음과 같다.

$$\frac{(48+24)-\frac{12}{100}x}{600-x+x}\times100=11$$

$$\rightarrow \frac{\left(72-\frac{12}{100}x\right)\times100}{600}=11$$

$\rightarrow 7,200-12x=600\times11$

$\rightarrow 12x=600$

$\therefore x=50$

따라서 컵으로 퍼낸 설탕물의 양은 50g이다.

21

정답 ④

㉠은 Logic Tree 방법에 대한 설명으로, 문제 도출 단계에서 사용되며, ㉡은 3C 분석 방법에 대한 설명으로, 문제 인식 단계의 환경 분석 과정에서 사용된다. ㉢은 Pilot Test에 대한 설명으로, 실행 및 평가 단계에서 사용된다. 마지막으로 ㉣ 해결안을 그룹화하는 방법은 해결안을 도출하는 해결안 개발 단계에서 사용된다. 따라서 문제해결절차에 따라 문제해결 방법을 나열하면 ㉡－㉠－㉣－㉢의 순서가 된다.

22

정답 ②

등급별 환산점수로 총점을 구하고, 총점이 높은 순서대로 순위를 정한다. 이때, 상여금 지급 규정에 따라 동순위자 발생 시 A등급의 빈도가 높은 순서대로 동순위자를 조정하여 다시 순서를 정한다. 이를 표로 정리하면 다음과 같다.

(단위 : 점, 등)

성명	업무 등급	소통 등급	자격 등급	총점	순위	동순위 조정	상여금 (만 원)
유수연	100	90	90	280	2	2	150
최혜수	70	80	90	240	7	8	20
이명희	80	100	90	270	3	4	100
한승엽	100	100	70	270	3	3	150
이효연	90	90	80	260	5	6	20
김은혜	100	70	70	240	7	7	20
박성진	100	100	100	300	1	1	150
김민영	70	70	70	210	10	10	20
박호수	70	100	90	260	5	5	100
김신애	80	70	70	220	9	9	20

따라서 박성진, 유수연, 한승엽이 150만 원으로 가장 많은 상여금을 받고, 동순위자 발생 시 A등급의 빈도가 높은 순서대로 조정하면 박성진이 1위가 된다.

23

정답 ④

박호수의 소통등급과 자격등급이 C로 정정되면 박호수의 총점은 70+80+80=230점이므로, 총점 240점인 최혜수와 김은혜보다 낮은 순위로 내려간다. 따라서 이효연, 김은혜, 최혜수의 순위가 하나씩 올라가며, 박호수는 8위가 되므로 박호수를 제외한 3명의 순위가 변동된다.

24

정답 ④

ㄱ. 을이 첫 번째와 두 번째 가위바위보 게임에서 모두 이겨 각각 5번과 2번을 점령하는 경우 이후 갑이 세 번째와 네 번째에서 모두 이겨 4번과 7번을 점령한다 하더라도 세 개의 구역을 점령하는 것이 최대이므로 을이 승리한다. 따라서 옳은 내용이다.

ㄷ. 이 상황에서는 갑이 (3번, 7번) 혹은 (3번, 6번)을 점령하거나 을이 (6번, 7번) 혹은 (6번, 3번)을 점령하여야 승자가 결정되므로 최소 2번 이상의 가위바위보 게임을 해야 한다. 따라서 옳은 내용이다.

오답분석

ㄴ. 만약 갑이 네 번째 가위바위보 게임을 승리하여 6번을 점령하면 을이 최대로 점령할 수 있는 것은 총 4개의 구역을 점령하는데 그치므로 갑이 승리하게 된다. 하지만 을이 네 번째 가위바위보 게임을 승리하였다고 하더라도 여전히 갑이 승리하는 방법 즉, 을이 6번을 점령하고 이후에 갑이 3번, 4번을 점령하는 경우가 있으므로 옳지 않은 내용이다.

25

정답 ⑤

제시된 조건을 순서대로 논리 기호화하여 정리하면 다음과 같다.

- 첫 번째 조건 : (~연차∨출퇴근) → 주택
- 두 번째 조건 : 동호회 → 연차
- 세 번째 조건 : ~출퇴근 → 동호회
- 네 번째 조건 : (출퇴근∨~연차) → ~동호회

먼저 두 번째 조건의 경우, 동호회행사비 지원을 도입할 때에만이라는 한정 조건이 있으므로 역(연차 → 동호회) 또한 참이다. 만약 동호회행사비를 지원하지 않는다고 가정하면, 두 번째 조건의 역의 대우(~동호회 → ~연차)와 세 번째 조건의 대우(~동호회 → 출퇴근)에 따라 첫 번째 조건이 참이 되므로, 출퇴근교통비 지원과 주택마련자금 지원을 도입하게 된다. 그러나 다섯 번째 조건에 따라 주택마련자금 지원을 도입했을 때 다른 복지제도를 도입할 수 없으므로 모순이 발생한다. 그러므로 동호회행사비 지원을 도입한다. 동호회행사비 지원을 도입한다면, 네 번째 조건의 대우[동호회 → (~출퇴근∧연차)]에 따라 출퇴근교통비 지원은 도입되지 않고, 연차 추가제공은 도입된다. 그리고 다섯 번째 조건의 대우에 따라 주택마련자금 지원은 도입되지 않는다.

따라서 D사가 도입할 복지제도는 동호회행사비 지원과 연차 추가제공 2가지이다.

26

정답 ②

성급한 일반화의 오류는 제한된 정보, 부적합한 증거, 대표성을 결여한 사례를 근거로 일반화하는 오류이다. 주어진 상황에서는 과거의 경험이라는 제한된 정보를 바탕으로 일반화를 하고 있다. 따라서 이와 같은 논리적 오류가 나타난 사례는 ②이다.

오답분석

① 인신공격의 오류 : 논거의 부당성보다 그 주장을 한 사람의 인품이나 성격을 비난함으로써 그 주장이 잘못이라고 하면서 발생하는 오류이다.
③ 무지의 오류 : 증명할 수 없거나 알 수 없음을 이유로 하여 거짓이라고 추론하는 오류이다.
④ 대중에 호소하는 오류 : 군중심리를 자극하여 논지를 받아들이게 하는 오류이다.
⑤ 순환논증의 오류 : 논증의 결론 자체를 전제의 일부로 받아들이는 오류이다.

27

정답 ②

ㄱ. 기술개발을 통해 연비를 개선하는 것은 막대한 R&D 역량이라는 강점으로 휘발유의 부족 및 가격의 급등이라는 위협을 회피하거나 최소화하는 전략에 해당하므로 적절하다.
ㄹ. 생산설비에 막대한 투자를 했기 때문에 차량모델 변경의 어려움이라는 약점이 있고, 레저용 차량 전반에 대한 수요 침체 및 다른 회사들과의 경쟁이 심화되고 있으므로 생산량 감축을 고려할 수 있다.
ㅁ. 생산 공장을 한 곳만 가지고 있다는 약점이 있지만 새로운 해외시장이 출현하고 있는 기회를 살려서 국내 다른 지역이나 해외에 공장들을 분산 설립할 수 있을 것이다.
ㅂ. 막대한 R&D 역량이라는 강점을 이용하여 휘발유의 부족 및 가격의 급등이라는 위협을 회피하거나 최소화하기 위해 경유용 레저 차량 생산을 고려할 수 있다.

오답분석

ㄴ. 소형 레저용 차량에 대한 수요 증대라는 기회 상황에서 대형 레저용 차량을 생산하는 것은 적절하지 않은 전략이다.
ㄷ. 차량모델 변경의 어려움이라는 약점을 보완하는 전략도 아니고, 소형 또는 저가형 레저용 차량에 대한 선호가 증가하는 기회에 대응하는 전략도 아니다. 또한, 차량 안전 기준의 강화와 같은 규제 강화는 기회 요인이 아니라 위협 요인이다.
ㅅ. 내수 확대에 집중하는 것은 새로운 해외시장의 출현과 같은 기회를 살리는 전략이 아니다.

28

정답 ②

9월 29일은 비가 오는 날이므로 첫 번째 조건에 따라 K사원은 커피류를 마신다. 또한, 두 번째 조건에 따라 평균기온은 27℃로 26℃ 이상이므로 큰 컵으로 마시고, 세 번째 조건에 따라 카페라테를 마신다.

29

정답 ④

9월 27일은 비가 오지 않는 화요일이며, 평균기온은 28℃이므로 K사원은 밀크티 큰 컵을 마신다. 그리고 전날인 26일은 맑은 날이고 26℃이므로, K사원은 자몽에이드 큰 컵을 마셨을 것이다. 그러므로 B사원에게는 자몽에이드 큰 컵을 사준다. 따라서 K사원이 지불할 금액은 4,800+4,700=9,500원이다.

30

정답 ④

주어진 조건에 따라 선반에 놓여 있는 사무용품을 정리하면 다음과 같다.

5층	보드마카, 접착 메모지
4층	스테이플러, 볼펜
3층	2공 펀치, 형광펜
2층	서류정리함, 북엔드
1층	인덱스 바인더, 지우개

따라서 보드마카와 접착 메모지는 5층 선반에 놓여 있으므로 선반의 가장 높은 층에 놓여 있음을 알 수 있다.

제 2 영역 전공(경영학)

31	32	33	34	35	36	37	38	39	40
③	④	①	③	④	①	③	⑤	⑤	②
41	42	43	44	45	46	47	48	49	50
④	③	⑤	④	④	④	⑤	④	①	①
51	52	53	54	55	56	57	58	59	60
②	⑤	⑤	②	③	⑤	①	②	②	⑤

31

정답 ③

가치사슬 모형에서는 기업이 가치를 창출하는 활동을 크게 본원적 활동과 지원활동으로 구분하였는데, 지원활동에 해당하는 활동도 기업의 핵심 역량이 될 수 있다.

오답분석

① · ② 가치사슬 모형은 기업의 내부역량을 평가하는 데 사용된다. 기업이 가진 역량을 평가함으로써 해당 기업의 경쟁상 강점과 약점을 파악할 수 있다.

④ 일반관리 및 경영활동, 인적자원관리, 기술 개발, 구매, 조달 등은 지원활동에 해당한다.

⑤ 본원적 활동은 물류의 투입, 생산, 마케팅 및 서비스 등을 의미한다. 이는 모두 기업이 제품을 생산하고 판매하는 데 직접적으로 관련되는 활동들이다.

32

정답 ④

공급사슬관리(SCM)란 공급자로부터 최종 고객에 이르기까지 자재 조달, 제품 생산, 유통, 판매 등의 흐름을 적절히 관리하는 것으로, 이를 통해 자재의 조달 시간을 단축하고, 재고 비용이나 유통비용 등을 절감할 수 있다.

오답분석

① 자재소요량계획(MRP)에 대한 설명이다.

② 업무재설계(BPR)에 대한 설명이다.

③ 적시생산방식(JIT)에 대한 설명이다.

⑤ 지식관리시스템(KMS)에 대한 설명이다.

33

정답 ①

카츠(Kartz)는 경영자에게 필요한 능력을 크게 인간적 자질, 전문적 자질, 개념적 자질 3가지로 구분하였다. 그중 인간적 자질은 구성원을 리드하고 관리하며, 다른 구성원들과 함께 일을 할 수 있게 하는 것으로, 모든 경영자가 갖추어야 하는 능력이다. 타인에 대한 이해력과 동기부여 능력은 인간적 자질에 속한다.

오답분석

② · ④ 전문적 자질(현장실무)에 해당한다.

③ · ⑤ 개념적 자질(상황판단)에 해당한다.

34

정답 ③

관대화 경향(Ieniency Tendency)은 대상자의 능력이나 성과를 실제보다 더 높게 평가하는 것으로, 이러한 현상은 대상자에게 부정적인 평가를 하여 평가자 혹은 다수에게 긍정적일 것이 없다는 판단으로 주로 발생한다.

오답분석

① 중심화 경향(Central Tendency) : 대상자에 대한 평가점수가 보통 또는 척도상의 중심점에 집중하는 경향이다.

② 후광효과(Halo Effect) : 대상자가 어느 한 면을 기준으로 다른 것까지 함께 평가하는 경향이다.

③ 가혹화 현상(Harsh Tendency) : 대상자의 능력 및 성과를 실제보다 더 낮게 평가하는 경향이다.

⑤ 유사성 오류(Similar-to-Me) : 대상자와 평가자의 가치관, 행동패턴 그리고 태도 면에서 유사한 정도에 따라 평가되는 경향이다.

35

정답 ④

흐름 생산은 연속생산에 해당한다.

오답분석

① 프로젝트 생산 : 생산의 규모가 큰 반면 생산 수량이 적고, 생산에 긴 시간이 소요되는 생산 방식이다.

② 개별 생산 : 주문자의 요구에 의한 생산방식으로, 소량생산방식에 해당한다.

③ 로트 생산 : 동일한 제품을 일정한 간격을 두고 반복하여 생산하는 방식이다.

⑤ 배치 생산 : 주문 생산과 흐름 생산의 중간 형태인 생산방식이다.

36

정답 ①

기준관련 타당성으로는 현직 종업원에 대해 시험을 실시하고, 그 시험성적과 현재 그 종업원의 근무성적을 비교하는 동시타당성과 선발시험의 성적과 입사 후의 직무성과를 비교하는 예측타당성이 있다.

37

정답 ③

워크샘플링법은 직무분석 방법이다.

직무평가 방법

- 서열법 : 직무의 상대적 가치에 따라 서열을 매기는 방법
- 분류법 : 직무를 조사하여 직무 요소에 따라 미리 설정해 둔 등급에 분류 및 배치하는 방법
- 점수법 : 직무의 가치를 점수로 나타내어 평가하는 방법
- 요소비교법 : 기준직무 선정 후, 각 직무와 기준직무의 평가요소를 비교함으로써 직무의 상대적 가치를 결정하는 방법

38

정답 ⑤

평정척도법은 관찰자가 평가하고자 하는 점을 정확하게 표현하기 어렵다는 단점이 있다. 또한 척도마다 관찰값이 달라진다는 점에서 측정에 대한 객관성 증빙이 어렵다.

39

정답 ⑤

오답분석

① 제품의 단순화 : 대량생산을 통한 생산비 절감을 목표로 제품을 단순화한다.
② 작업의 단순화 : 근로자의 동일 작업에 대한 연속 실시로 생산 능률이 향상된다.
③ 부품의 표준화 : 제품의 표준화(단순화)를 위해 호환성 있는 표준화된 부품을 생산한다.
④ 기계의 전문화 : 생산원가의 절감 및 부품의 표준화를 위해 단일목적의 기계로 생산한다.

포드 시스템의 3S
- Simplification(단순화) : 제품, 작업
- Standardization(표준화) : 부품, 작업
- Specialization(전문화) : 기계, 공구, 공정

40

정답 ②

침투가격정책은 수요가 가격에 대하여 민감한 제품(수요의 가격탄력성이 높은 제품)에 많이 사용하는 방법이다.

41

정답 ④

자원기반관점(RBV; Resource Based View)은 기업 경쟁력의 원천을 기업의 외부가 아닌 내부에서 찾는다. 한편, 진입장벽, 제품차별화 정도, 사업들의 산업집중도 등은 산업구조론(I.O)의 핵심요인이다.

42

정답 ③

수요예측기법의 종류
- 정성적 수요예측기법 : 전문가 의견 활용, 컨조인트 분석, 인덱스 분석
- 정량적 수요예측기법 : 시계열 분석, 회귀 분석, 확산 모형
- 시스템 수요예측기법 : 정보 예측 시장, 시스템 다이나믹스, 인공 신경망

43

정답 ⑤

동시화 마케팅은 불규칙적 수요 상태에서 바람직한 수요의 시간 패턴에 실제 수요의 시간 패턴을 맞추기 위한 마케팅 기법으로, 모두가 휴가에서 돌아오는 9월 말 비수기인 여행 산업에서 요금을 할인하여 저렴하게 예약을 한 K씨의 사례에서 찾아볼 수 있다.

44

정답 ④

최종 소비자에게 마케팅 노력을 홍보하는 전략은 풀(Pull) 전략에 해당한다.

푸시 전략과 풀 전략의 비교

비교 기준	푸시 전략	풀 전략
의미	채널 파트너에게 마케팅 방향을 전달하는 전략	최종 소비자에게 마케팅 노력을 홍보하는 전략
목표	고객에게 제품이나 브랜드에 대해 알릴 수 있음	고객이 제품이나 브랜드를 찾도록 권장
용도	영업 인력, 중간상 판촉, 무역 진흥 등	광고, 소비자 판촉 및 기타 의사소통 수단
강조	자원 할당	민감도
상황	브랜드 충성도가 낮을 때	브랜드 충성도가 높을 때
리드타임	길다	짧다

45

정답 ④

비체계적 오차의 발생 가능성을 제거하거나 낮추는 것이 신뢰도를 높이는 방법이다.

46

정답 ④

마케팅 조사법은 마케터가 의사결정에 필요한 정보를 제공하는 것을 목적으로 자료를 체계적으로 수집, 분석, 해석하여 불확실성을 감소시키는 과정이다. 이러한 조사과정은 크게 탐색조사와 기술조사, 인과관계조사로 구분할 수 있으며, 패널조사법은 기술조사에 해당하는 방법이다.

47

정답 ⑤

직무명세서는 특정 직무를 수행함에 있어서 갖추어야 할 직무담당자의 자격요건을 정리한 문서로, 인적사항, 직무명세 정보 등이 기술되어 있다.

오답분석

① 직무급 제도의 기초 작업을 실시하기 위해서는 직무분석이 선행되어야 한다.
② 직무기술서와 직무명세서는 직무분석의 1차적 결과물이다.
③ 직무명세서는 특정 직무를 수행함에 있어서 갖추어야 할 직무담당자의 자격요건을 정리한 문서이다.
④ 직무기술서는 직무분석의 결과로 얻어진 직무 정보를 정리한 문서이다.

48 정답 ④

고정주문기간 모형은 일정한 시점이 되면 정기적으로 필요한 만큼의 양을 주문하는 형태의 주문 시스템 모형으로, 주문량이 매번 달라질 수 있어 수요 변동이 크지만 주문 기간과 간격은 일정하다. 또한 재고의 수시파악이 어려운 다품종 저가 품목 용도로 사용된다.

오답분석

① ABC 관리 : 재고 부품을 A, B, C의 세 종류로 분류하여 관리함으로써 재고 비용을 감소시키려는 재고 관리 방식이다.
② ERP(전사적 자원관리) : 기업의 경쟁력을 강화하기 위하여 경영 활동에 쓰이는 기업 내의 모든 자원을 효율적으로 관리하는 통합 정보 시스템이다.
③ MRP(자재소요량계획) : 컴퓨터를 이용하여 최종제품의 생산계획에 따라 그에 필요한 부품 소요량의 흐름을 종합적으로 관리하는 생산관리 시스템이다.
⑤ 고정주문량 모형 : 현재 재고수준이 미리 정한 재주문점(ROP)에 도달하면 미리 정해 놓은 주문량을 발주하는 시스템이다.

49 정답 ①

카리스마 리더십에서는 비언어적 표현(눈빛, 제스처, 억양 등)을 통해 구성원들에게 의사표시를 할 수 있는 능력을 중요시한다.

카리스마 리더십의 특징
- 비전 제시
  - 비언어적(눈빛, 제스처, 억양, 표정 등) 표현으로 의사표시를 할 수 있다.
  - 현재보다 나은 미래 목표를 제시하며, 구성원이 이해하기 쉽게 목표와 비전을 설명한다.
  - 구성원들로부터 신뢰를 얻는다.
  - 개인적인 매력을 가지고 있다.
- 위험 감수
  - 목표 달성을 위해 개인적인 위험, 비용, 희생을 수용한다.
- 구성원의 능력과 욕구 인정
  - 구성원의 능력을 정확히 평가하고, 욕구와 감정에 알맞게 대응한다.
- 관습 파괴
  - 관습이나 규범에 얽매이지 않고, 환경에 맞는 새로운 행동을 추구한다.
- 환경에 민감
  - 외부 환경을 정확히 판단하고, 변화를 위한 필요 자원에 대해 명확히 인지한다.

50 정답 ①

유연생산시스템(FMS)은 소량의 다품종 제품을 짧은 납기로 해서 수요 변동에 대한 재고를 지니지 않고 대처하면서 자동화된 설비 및 컴퓨터를 통해 생산 효율의 향상 및 원가절감을 실현할 수 있는 생산시스템이다.

51 정답 ②

수직적 통합이란 원재료 획득에서부터 최종제품의 생산, 판매에 이르기까지의 제품의 전체적인 공급과정에서 기업이 어느 일정 부분을 통제하는 전략으로 다각화의 한 방법이며, 이는 전방통합과 후방통합으로 구분할 수 있다. 원재료를 공급하는 기업이 생산기업을 통합하거나, 생산기업이 유통채널을 가진 기업을 통합하는 것을 전방통합이라고 한다. 한편, 유통기업이 생산기업을 통합하거나, 생산기업이 원재료 공급업체를 통합하는 것을 후방통합이라고 한다. 수직적 통합은 경쟁자 배제, 수익의 증대, 기술적 일관성을 높일 수 있는 장점이 있다.

52 정답 ⑤

GE 매트릭스는 기업이 그리드에서의 위치에 따라 제품 라인이나 비즈니스 유닛을 전략적으로 선택하는 데 사용하고, 다중 요인 포트폴리오 매트릭스라고도 부른다.

53 정답 ⑤

마이클 포터(Michael Porter)의 산업구조 분석 모델은 산업에 참여하는 주체를 기존기업(산업 내 경쟁자), 잠재적 진입자(신규 진입자), 대체재, 공급자, 구매자로 나누고 이들 간의 경쟁 우위에 따라 기업 등의 수익률이 결정되는 것으로 본다.

오답분석

① 정부의 규제 완화 : 정부의 규제 완화는 시장 진입장벽이 낮아지게 만들며, 신규 진입자의 위협으로 볼 수 있다.
② 고객 충성도 : 고객의 충성도 정도에 따라 진입자의 위협도가 달라진다.
③ 공급업체의 규모 : 공급업체의 규모에 따라 공급자의 교섭력에 영향을 준다.
④ 가격의 탄력성 : 소비자들은 가격에 민감할 수도, 둔감할 수도 있으므로 구매자 교섭력에 영향을 준다.

54 정답 ②

ESG 경영의 주된 목적은 착한 기업을 키우는 것이 아니라 불확실성 시대의 환경, 사회, 지배구조라는 복합적 리스크에 얼마나 잘 대응하고 지속적 경영으로 이어나갈 수 있느냐 하는 것이다.

55 정답 ③

트러스트는 경제적 자립권과 독립성을 둘 다 포기한 채 시장독점이라는 하나의 목적으로 여러 기업이 뭉쳐서 이룬 하나의 통일체이다.

오답분석

① 카르텔(Kartell) : 기업연합을 의미하는 용어로, 동종 산업에 종사하는 다수의 기업들이 서로 경제적인 자립권과 법률상 독립권을 유지한 채 시장독점을 목적으로 한 연합체이다.
② 신디케이트(Syndicate) : 가장 고도화된 카르텔의 형태로, 생산은 독립성을 유지하나, 판매는 공동판매회사를 통해서 이루어진다.

④ 콘체른(Konzern) : 법률상의 독립권만 유지되는 형태의 기업 연합이다.
⑤ 컨글로머리트(Conglomerate) : 합병 또는 매수에 의해서 상호 관련 없는 이종기업을 결합하는 기업집중형태이다.

56

정답 ⑤

복수 브랜드 전략은 동일한 제품 범주에서 시장을 세분화하여 소비자들의 기대와 욕구의 동질성을 파악한 후, 각각의 세분 시장마다 별도의 개별 브랜드를 도입하는 것으로, 대표적으로 농심 신라면, 농심 너구리, 농심 짜파게티 등을 예시로 들 수 있다. 한편, 회사의 제품믹스를 공통점을 기준으로 제품집단을 나누어 집단마다 공통요소가 있는 개별 상표를 적용하는 것은 혼합 브랜드 전략(Mixed Brand Strategy)이다.

57

정답 ①

직무현장훈련(OJT)이란 업무와 훈련을 겸하는 교육훈련 방법을 의미한다. 실습장훈련, 인턴사원, 경영 게임법 등은 OJT가 아닌 Off-the-Job Training에 해당한다.

58

정답 ②

다수표적시장에서는 그 시장에 맞는 마케팅 전략을 수립, 개발, 홍보할 수 있는 차별적 마케팅 전략을 구사한다.

59

정답 ②

서번트 리더십은 조직의 목표와 역할을 구성원들의 눈높이에서 정할 수 있어 구성원들의 능력을 최대한 활용할 수 있다는 장점이 있다.

오답분석

①·③ 서번트 리더십의 장점에 대한 내용이다.
④·⑤ 서번트 리더십의 단점에 대한 내용이다.

60

정답 ⑤

시장세분화 시 고려해야 하는 변수

- 지리적 변수 : 소비자가 거주하는 지역이나 상점의 위치와 연관이 있는 도시 규모, 인구 밀도, 기후 등
- 인구통계학적 변수 : 나이, 성별, 생활주기, 소득, 종교, 교육 수준 등
- 심리(분석)적 변수 : 소비자의 심리적 특성으로, 가치관이나 개성, 이미지 등
- 행동적 변수 : 상품과 관련된 소비자 행동과 연관이 있는 구매기회, 사용률, 브랜드 충성도, 착용 경험 등

제3영역 철도법령

61	62	63	64	65	66	67	68	69	70
③	④	③	②	⑤	①	①	②	①	①

61

정답 ③

제18조에 따른 사업용철도차량의 표시를 하지 아니한 철도사업자에게는 500만 원 이하의 과태료를 부과한다(철도사업법 제51조 제2항 제1호).

62

정답 ④

적용범위(철도산업발전기본법 제2조)

철도산업발전기본법은 다음 각 호의 어느 하나에 해당하는 철도에 대하여 적용한다.

1. 국가 및 한국고속철도건설공단법에 의하여 설립된 한국고속철도건설공단이 소유·건설·운영 또는 관리하는 철도
2. 제20조 제3항에 따라 설립되는 국가철도공단 및 제21조 제3항에 따라 설립되는 한국철도공사가 소유·건설·운영 또는 관리하는 철도

63

정답 ③

총액인수의 방법 등(한국철도공사법 시행령 제12조)

한국철도공사가 계약에 의하여 특정인에게 사채의 총액을 인수시키는 경우에는 제10조(사채의 응모 등)의 규정을 적용하지 아니한다. 사채모집의 위탁을 받은 회사가 사채의 일부를 인수하는 경우에는 그 인수분에 대하여도 또한 같다.

오답분석

① 한국철도공사법 시행령 제9조
② 한국철도공사법 시행령 제14조 제1항
④ 한국철도공사법 시행령 제12조
⑤ 한국철도공사법 시행령 제13조

64

정답 ②

여객 운임·요금의 감면(철도사업법 제9조의2)

① 철도사업자는 재해복구를 위한 긴급지원, 여객 유치를 위한 기념행사, 그 밖에 철도사업의 경영상 필요하다고 인정되는 경우에는 일정한 기간과 대상을 정하여 제9조 제1항에 따라 신고한 여객 운임·요금을 감면할 수 있다.
② 철도사업자는 제1항에 따라 여객 운임·요금을 감면하는 경우에는 그 시행 3일 이전에 감면 사항을 인터넷 홈페이지, 관계역·영업소 및 사업소 등 일반인이 잘 볼 수 있는 곳에 게시하여야 한다. 다만, 긴급한 경우에는 미리 게시하지 아니할 수 있다.

65

정답 ⑤

- 국가는 철도시설 투자를 추진하는 경우 사회적 · 환경적 편익을 고려하여야 한다(철도산업발전기본법 제7조 제1항).
- 국가 및 지방자치단체는 철도산업의 육성 · 발전을 촉진하기 위하여 철도산업에 대한 재정 · 금융 · 세제 · 행정상의 지원을 할 수 있다(철도산업발전기본법 제8조).

66

정답 ①

특정노선 폐지 등의 승인신청서의 첨부서류(철도산업발전기본법 시행령 제44조)

특정노선을 폐지하기 위해 철도시설관리자와 철도운영자가 국토교통부장관에게 승인신청서를 제출하는 때에는 다음 각 호의 사항을 기재한 서류를 첨부하여야 한다.

1. 승인신청 사유
2. 등급별 · 시간대별 철도차량의 운행빈도, 역수, 종사자 수 등 운영현황
3. 과거 6월 이상의 기간 동안의 1일 평균 철도서비스 수요
4. 과거 1년 이상의 기간 동안의 수입 · 비용 및 영업손실액에 관한 회계보고서
5. 향후 5년 동안의 1일 평균 철도서비스 수요에 대한 전망
6. 과거 5년 동안의 공익서비스비용의 전체 규모 및 철도산업발전기본법 제32조 제1항의 규정에 의한 원인제공자가 부담한 공익서비스비용의 규모
7. 대체수송수단의 이용가능성

67

정답 ①

철도사업자는 사업용철도를 도시철도법에 의한 도시철도운영자가 운영하는 도시철도와 연결하여 운행하려는 때에는 여객 운임 · 요금의 신고 또는 변경신고를 하기 전에 여객 운임 · 요금 및 그 변경시기에 관하여 미리 당해 도시철도운영자와 협의하여야 한다(철도사업법 시행령 제3조 제2항).

68

정답 ②

역세권 개발 · 운영 사업 등(한국철도공사법 시행령 제7조의2 제2항)

철도의 선로, 역시설 및 철도 운영을 위한 건축물 · 건축설비의 개발 및 운영사업으로서 대통령령으로 정하는 사업은 다음 각 호의 시설을 개발 · 운영하는 사업을 말한다.5

1. 물류정책기본법 제2조 제1항 제4호의 물류시설 중 철도운영이나 철도와 다른 교통수단과의 연계운송을 위한 시설
2. 도시교통정비 촉진법 제2조 제3호에 따른 환승시설
3. 역사와 같은 건물 안에 있는 시설로서 건축법 시행령 제3조의5에 따른 건축물 중 제1종 근린생활시설, 제2종 근린생활시설, 문화 및 집회시설, 판매시설, 운수시설, 의료시설, 운동시설, 업무시설, 숙박시설, 창고시설, 자동차관련시설, 관광휴게시설과 그 밖에 철도이용객의 편의를 증진하기 위한 시설

69

정답 ①

사채의 소멸시효는 원금은 5년, 이자는 2년이 지나면 완성한다(한국철도공사법 제11조 제4항).

70

정답 ①

사업용철도노선의 분류(철도사업법 제4조 제2항)

- 운행지역과 운행거리에 따른 분류 : 간선(幹線)철도, 지선(支線)철도
- 운행속도에 따른 분류 : 고속철도노선, 준고속철도노선, 일반철도노선

성 명

지원 분야

문제지 형별기재란	
(　　　)형	Ⓐ Ⓑ

수 험 번 호						
⓪	⓪	⓪	⓪	⓪	⓪	⓪
①	①	①	①	①	①	①
②	②	②	②	②	②	②
③	③	③	③	③	③	③
④	④	④	④	④	④	④
⑤	⑤	⑤	⑤	⑤	⑤	⑤
⑥	⑥	⑥	⑥	⑥	⑥	⑥
⑦	⑦	⑦	⑦	⑦	⑦	⑦
⑧	⑧	⑧	⑧	⑧	⑧	⑧
⑨	⑨	⑨	⑨	⑨	⑨	⑨

감독위원 확인
㊞

코레일 한국철도공사 필기시험 답안카드

1	① ② ③ ④ ⑤	21	① ② ③ ④ ⑤	41	① ② ③ ④ ⑤	61	① ② ③ ④ ⑤
2	① ② ③ ④ ⑤	22	① ② ③ ④ ⑤	42	① ② ③ ④ ⑤	62	① ② ③ ④ ⑤
3	① ② ③ ④ ⑤	23	① ② ③ ④ ⑤	43	① ② ③ ④ ⑤	63	① ② ③ ④ ⑤
4	① ② ③ ④ ⑤	24	① ② ③ ④ ⑤	44	① ② ③ ④ ⑤	64	① ② ③ ④ ⑤
5	① ② ③ ④ ⑤	25	① ② ③ ④ ⑤	45	① ② ③ ④ ⑤	65	① ② ③ ④ ⑤
6	① ② ③ ④ ⑤	26	① ② ③ ④ ⑤	46	① ② ③ ④ ⑤	66	① ② ③ ④ ⑤
7	① ② ③ ④ ⑤	27	① ② ③ ④ ⑤	47	① ② ③ ④ ⑤	67	① ② ③ ④ ⑤
8	① ② ③ ④ ⑤	28	① ② ③ ④ ⑤	48	① ② ③ ④ ⑤	68	① ② ③ ④ ⑤
9	① ② ③ ④ ⑤	29	① ② ③ ④ ⑤	49	① ② ③ ④ ⑤	69	① ② ③ ④ ⑤
10	① ② ③ ④ ⑤	30	① ② ③ ④ ⑤	50	① ② ③ ④ ⑤	70	① ② ③ ④ ⑤
11	① ② ③ ④ ⑤	31	① ② ③ ④ ⑤	51	① ② ③ ④ ⑤		
12	① ② ③ ④ ⑤	32	① ② ③ ④ ⑤	52	① ② ③ ④ ⑤		
13	① ② ③ ④ ⑤	33	① ② ③ ④ ⑤	53	① ② ③ ④ ⑤		
14	① ② ③ ④ ⑤	34	① ② ③ ④ ⑤	54	① ② ③ ④ ⑤		
15	① ② ③ ④ ⑤	35	① ② ③ ④ ⑤	55	① ② ③ ④ ⑤		
16	① ② ③ ④ ⑤	36	① ② ③ ④ ⑤	56	① ② ③ ④ ⑤		
17	① ② ③ ④ ⑤	37	① ② ③ ④ ⑤	57	① ② ③ ④ ⑤		
18	① ② ③ ④ ⑤	38	① ② ③ ④ ⑤	58	① ② ③ ④ ⑤		
19	① ② ③ ④ ⑤	39	① ② ③ ④ ⑤	59	① ② ③ ④ ⑤		
20	① ② ③ ④ ⑤	40	① ② ③ ④ ⑤	60	① ② ③ ④ ⑤		

※ 본 답안카드는 마킹연습용 모의 답안카드입니다.

코레일 한국철도공사 필기시험 답안카드

성 명

지원 분야

문제지 형별기재란	
(　　　)형	Ⓐ Ⓑ

수 험 번 호						
⓪	⓪	⓪	⓪	⓪	⓪	⓪
①	①	①	①	①	①	①
②	②	②	②	②	②	②
③	③	③	③	③	③	③
④	④	④	④	④	④	④
⑤	⑤	⑤	⑤	⑤	⑤	⑤
⑥	⑥	⑥	⑥	⑥	⑥	⑥
⑦	⑦	⑦	⑦	⑦	⑦	⑦
⑧	⑧	⑧	⑧	⑧	⑧	⑧
⑨	⑨	⑨	⑨	⑨	⑨	⑨

감독위원 확인
㉤

1	① ② ③ ④ ⑤	21	① ② ③ ④ ⑤	41	① ② ③ ④ ⑤	61	① ② ③ ④ ⑤
2	① ② ③ ④ ⑤	22	① ② ③ ④ ⑤	42	① ② ③ ④ ⑤	62	① ② ③ ④ ⑤
3	① ② ③ ④ ⑤	23	① ② ③ ④ ⑤	43	① ② ③ ④ ⑤	63	① ② ③ ④ ⑤
4	① ② ③ ④ ⑤	24	① ② ③ ④ ⑤	44	① ② ③ ④ ⑤	64	① ② ③ ④ ⑤
5	① ② ③ ④ ⑤	25	① ② ③ ④ ⑤	45	① ② ③ ④ ⑤	65	① ② ③ ④ ⑤
6	① ② ③ ④ ⑤	26	① ② ③ ④ ⑤	46	① ② ③ ④ ⑤	66	① ② ③ ④ ⑤
7	① ② ③ ④ ⑤	27	① ② ③ ④ ⑤	47	① ② ③ ④ ⑤	67	① ② ③ ④ ⑤
8	① ② ③ ④ ⑤	28	① ② ③ ④ ⑤	48	① ② ③ ④ ⑤	68	① ② ③ ④ ⑤
9	① ② ③ ④ ⑤	29	① ② ③ ④ ⑤	49	① ② ③ ④ ⑤	69	① ② ③ ④ ⑤
10	① ② ③ ④ ⑤	30	① ② ③ ④ ⑤	50	① ② ③ ④ ⑤	70	① ② ③ ④ ⑤
11	① ② ③ ④ ⑤	31	① ② ③ ④ ⑤	51	① ② ③ ④ ⑤		
12	① ② ③ ④ ⑤	32	① ② ③ ④ ⑤	52	① ② ③ ④ ⑤		
13	① ② ③ ④ ⑤	33	① ② ③ ④ ⑤	53	① ② ③ ④ ⑤		
14	① ② ③ ④ ⑤	34	① ② ③ ④ ⑤	54	① ② ③ ④ ⑤		
15	① ② ③ ④ ⑤	35	① ② ③ ④ ⑤	55	① ② ③ ④ ⑤		
16	① ② ③ ④ ⑤	36	① ② ③ ④ ⑤	56	① ② ③ ④ ⑤		
17	① ② ③ ④ ⑤	37	① ② ③ ④ ⑤	57	① ② ③ ④ ⑤		
18	① ② ③ ④ ⑤	38	① ② ③ ④ ⑤	58	① ② ③ ④ ⑤		
19	① ② ③ ④ ⑤	39	① ② ③ ④ ⑤	59	① ② ③ ④ ⑤		
20	① ② ③ ④ ⑤	40	① ② ③ ④ ⑤	60	① ② ③ ④ ⑤		

※ 본 답안카드는 마킹연습용 모의 답안카드입니다.

성 명

지원 분야

문제지 형별기재란	
(　　　)형	Ⓐ Ⓑ

수 험 번 호						
⓪	⓪	⓪	⓪	⓪	⓪	⓪
①	①	①	①	①	①	①
②	②	②	②	②	②	②
③	③	③	③	③	③	③
④	④	④	④	④	④	④
⑤	⑤	⑤	⑤	⑤	⑤	⑤
⑥	⑥	⑥	⑥	⑥	⑥	⑥
⑦	⑦	⑦	⑦	⑦	⑦	⑦
⑧	⑧	⑧	⑧	⑧	⑧	⑧
⑨	⑨	⑨	⑨	⑨	⑨	⑨

감독위원 확인
㊞

코레일 한국철도공사 필기시험 답안카드

1	① ② ③ ④ ⑤	21	① ② ③ ④ ⑤	41	① ② ③ ④ ⑤	61	① ② ③ ④ ⑤
2	① ② ③ ④ ⑤	22	① ② ③ ④ ⑤	42	① ② ③ ④ ⑤	62	① ② ③ ④ ⑤
3	① ② ③ ④ ⑤	23	① ② ③ ④ ⑤	43	① ② ③ ④ ⑤	63	① ② ③ ④ ⑤
4	① ② ③ ④ ⑤	24	① ② ③ ④ ⑤	44	① ② ③ ④ ⑤	64	① ② ③ ④ ⑤
5	① ② ③ ④ ⑤	25	① ② ③ ④ ⑤	45	① ② ③ ④ ⑤	65	① ② ③ ④ ⑤
6	① ② ③ ④ ⑤	26	① ② ③ ④ ⑤	46	① ② ③ ④ ⑤	66	① ② ③ ④ ⑤
7	① ② ③ ④ ⑤	27	① ② ③ ④ ⑤	47	① ② ③ ④ ⑤	67	① ② ③ ④ ⑤
8	① ② ③ ④ ⑤	28	① ② ③ ④ ⑤	48	① ② ③ ④ ⑤	68	① ② ③ ④ ⑤
9	① ② ③ ④ ⑤	29	① ② ③ ④ ⑤	49	① ② ③ ④ ⑤	69	① ② ③ ④ ⑤
10	① ② ③ ④ ⑤	30	① ② ③ ④ ⑤	50	① ② ③ ④ ⑤	70	① ② ③ ④ ⑤
11	① ② ③ ④ ⑤	31	① ② ③ ④ ⑤	51	① ② ③ ④ ⑤		
12	① ② ③ ④ ⑤	32	① ② ③ ④ ⑤	52	① ② ③ ④ ⑤		
13	① ② ③ ④ ⑤	33	① ② ③ ④ ⑤	53	① ② ③ ④ ⑤		
14	① ② ③ ④ ⑤	34	① ② ③ ④ ⑤	54	① ② ③ ④ ⑤		
15	① ② ③ ④ ⑤	35	① ② ③ ④ ⑤	55	① ② ③ ④ ⑤		
16	① ② ③ ④ ⑤	36	① ② ③ ④ ⑤	56	① ② ③ ④ ⑤		
17	① ② ③ ④ ⑤	37	① ② ③ ④ ⑤	57	① ② ③ ④ ⑤		
18	① ② ③ ④ ⑤	38	① ② ③ ④ ⑤	58	① ② ③ ④ ⑤		
19	① ② ③ ④ ⑤	39	① ② ③ ④ ⑤	59	① ② ③ ④ ⑤		
20	① ② ③ ④ ⑤	40	① ② ③ ④ ⑤	60	① ② ③ ④ ⑤		

※ 본 답안카드는 마킹연습용 모의 답안카드입니다.

코레일 한국철도공사 필기시험 답안카드

성 명

지원 분야

문제지 형별기재란	
( )형	Ⓐ Ⓑ

수 험 번 호						
⓪	⓪	⓪	⓪	⓪	⓪	⓪
①	①	①	①	①	①	①
②	②	②	②	②	②	②
③	③	③	③	③	③	③
④	④	④	④	④	④	④
⑤	⑤	⑤	⑤	⑤	⑤	⑤
⑥	⑥	⑥	⑥	⑥	⑥	⑥
⑦	⑦	⑦	⑦	⑦	⑦	⑦
⑧	⑧	⑧	⑧	⑧	⑧	⑧
⑨	⑨	⑨	⑨	⑨	⑨	⑨

감독위원 확인
(인)

1	① ② ③ ④ ⑤	21	① ② ③ ④ ⑤	41	① ② ③ ④ ⑤	61	① ② ③ ④ ⑤
2	① ② ③ ④ ⑤	22	① ② ③ ④ ⑤	42	① ② ③ ④ ⑤	62	① ② ③ ④ ⑤
3	① ② ③ ④ ⑤	23	① ② ③ ④ ⑤	43	① ② ③ ④ ⑤	63	① ② ③ ④ ⑤
4	① ② ③ ④ ⑤	24	① ② ③ ④ ⑤	44	① ② ③ ④ ⑤	64	① ② ③ ④ ⑤
5	① ② ③ ④ ⑤	25	① ② ③ ④ ⑤	45	① ② ③ ④ ⑤	65	① ② ③ ④ ⑤
6	① ② ③ ④ ⑤	26	① ② ③ ④ ⑤	46	① ② ③ ④ ⑤	66	① ② ③ ④ ⑤
7	① ② ③ ④ ⑤	27	① ② ③ ④ ⑤	47	① ② ③ ④ ⑤	67	① ② ③ ④ ⑤
8	① ② ③ ④ ⑤	28	① ② ③ ④ ⑤	48	① ② ③ ④ ⑤	68	① ② ③ ④ ⑤
9	① ② ③ ④ ⑤	29	① ② ③ ④ ⑤	49	① ② ③ ④ ⑤	69	① ② ③ ④ ⑤
10	① ② ③ ④ ⑤	30	① ② ③ ④ ⑤	50	① ② ③ ④ ⑤	70	① ② ③ ④ ⑤
11	① ② ③ ④ ⑤	31	① ② ③ ④ ⑤	51	① ② ③ ④ ⑤		
12	① ② ③ ④ ⑤	32	① ② ③ ④ ⑤	52	① ② ③ ④ ⑤		
13	① ② ③ ④ ⑤	33	① ② ③ ④ ⑤	53	① ② ③ ④ ⑤		
14	① ② ③ ④ ⑤	34	① ② ③ ④ ⑤	54	① ② ③ ④ ⑤		
15	① ② ③ ④ ⑤	35	① ② ③ ④ ⑤	55	① ② ③ ④ ⑤		
16	① ② ③ ④ ⑤	36	① ② ③ ④ ⑤	56	① ② ③ ④ ⑤		
17	① ② ③ ④ ⑤	37	① ② ③ ④ ⑤	57	① ② ③ ④ ⑤		
18	① ② ③ ④ ⑤	38	① ② ③ ④ ⑤	58	① ② ③ ④ ⑤		
19	① ② ③ ④ ⑤	39	① ② ③ ④ ⑤	59	① ② ③ ④ ⑤		
20	① ② ③ ④ ⑤	40	① ② ③ ④ ⑤	60	① ② ③ ④ ⑤		

※ 본 답안카드는 마킹연습용 모의 답안카드입니다.

코레일 한국철도공사 필기시험 답안카드

성 명

지원 분야

문제지 형별기재란	
(　　　)형	Ⓐ Ⓑ

수 험 번 호						
⓪	⓪	⓪	⓪	⓪	⓪	⓪
①	①	①	①	①	①	①
②	②	②	②	②	②	②
③	③	③	③	③	③	③
④	④	④	④	④	④	④
⑤	⑤	⑤	⑤	⑤	⑤	⑤
⑥	⑥	⑥	⑥	⑥	⑥	⑥
⑦	⑦	⑦	⑦	⑦	⑦	⑦
⑧	⑧	⑧	⑧	⑧	⑧	⑧
⑨	⑨	⑨	⑨	⑨	⑨	⑨

감독위원 확인
㊞ 인

1	① ② ③ ④ ⑤	21	① ② ③ ④ ⑤	41	① ② ③ ④ ⑤	61	① ② ③ ④ ⑤
2	① ② ③ ④ ⑤	22	① ② ③ ④ ⑤	42	① ② ③ ④ ⑤	62	① ② ③ ④ ⑤
3	① ② ③ ④ ⑤	23	① ② ③ ④ ⑤	43	① ② ③ ④ ⑤	63	① ② ③ ④ ⑤
4	① ② ③ ④ ⑤	24	① ② ③ ④ ⑤	44	① ② ③ ④ ⑤	64	① ② ③ ④ ⑤
5	① ② ③ ④ ⑤	25	① ② ③ ④ ⑤	45	① ② ③ ④ ⑤	65	① ② ③ ④ ⑤
6	① ② ③ ④ ⑤	26	① ② ③ ④ ⑤	46	① ② ③ ④ ⑤	66	① ② ③ ④ ⑤
7	① ② ③ ④ ⑤	27	① ② ③ ④ ⑤	47	① ② ③ ④ ⑤	67	① ② ③ ④ ⑤
8	① ② ③ ④ ⑤	28	① ② ③ ④ ⑤	48	① ② ③ ④ ⑤	68	① ② ③ ④ ⑤
9	① ② ③ ④ ⑤	29	① ② ③ ④ ⑤	49	① ② ③ ④ ⑤	69	① ② ③ ④ ⑤
10	① ② ③ ④ ⑤	30	① ② ③ ④ ⑤	50	① ② ③ ④ ⑤	70	① ② ③ ④ ⑤
11	① ② ③ ④ ⑤	31	① ② ③ ④ ⑤	51	① ② ③ ④ ⑤		
12	① ② ③ ④ ⑤	32	① ② ③ ④ ⑤	52	① ② ③ ④ ⑤		
13	① ② ③ ④ ⑤	33	① ② ③ ④ ⑤	53	① ② ③ ④ ⑤		
14	① ② ③ ④ ⑤	34	① ② ③ ④ ⑤	54	① ② ③ ④ ⑤		
15	① ② ③ ④ ⑤	35	① ② ③ ④ ⑤	55	① ② ③ ④ ⑤		
16	① ② ③ ④ ⑤	36	① ② ③ ④ ⑤	56	① ② ③ ④ ⑤		
17	① ② ③ ④ ⑤	37	① ② ③ ④ ⑤	57	① ② ③ ④ ⑤		
18	① ② ③ ④ ⑤	38	① ② ③ ④ ⑤	58	① ② ③ ④ ⑤		
19	① ② ③ ④ ⑤	39	① ② ③ ④ ⑤	59	① ② ③ ④ ⑤		
20	① ② ③ ④ ⑤	40	① ② ③ ④ ⑤	60	① ② ③ ④ ⑤		

※ 본 답안카드는 마킹연습용 모의 답안카드입니다.

코레일 한국철도공사 필기시험 답안카드

성 명

지원 분야

문제지 형별기재란	
(　　)형	Ⓐ Ⓑ

수 험 번 호						
⓪	⓪	⓪	⓪	⓪	⓪	⓪
①	①	①	①	①	①	①
②	②	②	②	②	②	②
③	③	③	③	③	③	③
④	④	④	④	④	④	④
⑤	⑤	⑤	⑤	⑤	⑤	⑤
⑥	⑥	⑥	⑥	⑥	⑥	⑥
⑦	⑦	⑦	⑦	⑦	⑦	⑦
⑧	⑧	⑧	⑧	⑧	⑧	⑧
⑨	⑨	⑨	⑨	⑨	⑨	⑨

감독위원 확인
㊞

1	① ② ③ ④ ⑤	21	① ② ③ ④ ⑤	41	① ② ③ ④ ⑤	61	① ② ③ ④ ⑤
2	① ② ③ ④ ⑤	22	① ② ③ ④ ⑤	42	① ② ③ ④ ⑤	62	① ② ③ ④ ⑤
3	① ② ③ ④ ⑤	23	① ② ③ ④ ⑤	43	① ② ③ ④ ⑤	63	① ② ③ ④ ⑤
4	① ② ③ ④ ⑤	24	① ② ③ ④ ⑤	44	① ② ③ ④ ⑤	64	① ② ③ ④ ⑤
5	① ② ③ ④ ⑤	25	① ② ③ ④ ⑤	45	① ② ③ ④ ⑤	65	① ② ③ ④ ⑤
6	① ② ③ ④ ⑤	26	① ② ③ ④ ⑤	46	① ② ③ ④ ⑤	66	① ② ③ ④ ⑤
7	① ② ③ ④ ⑤	27	① ② ③ ④ ⑤	47	① ② ③ ④ ⑤	67	① ② ③ ④ ⑤
8	① ② ③ ④ ⑤	28	① ② ③ ④ ⑤	48	① ② ③ ④ ⑤	68	① ② ③ ④ ⑤
9	① ② ③ ④ ⑤	29	① ② ③ ④ ⑤	49	① ② ③ ④ ⑤	69	① ② ③ ④ ⑤
10	① ② ③ ④ ⑤	30	① ② ③ ④ ⑤	50	① ② ③ ④ ⑤	70	① ② ③ ④ ⑤
11	① ② ③ ④ ⑤	31	① ② ③ ④ ⑤	51	① ② ③ ④ ⑤		
12	① ② ③ ④ ⑤	32	① ② ③ ④ ⑤	52	① ② ③ ④ ⑤		
13	① ② ③ ④ ⑤	33	① ② ③ ④ ⑤	53	① ② ③ ④ ⑤		
14	① ② ③ ④ ⑤	34	① ② ③ ④ ⑤	54	① ② ③ ④ ⑤		
15	① ② ③ ④ ⑤	35	① ② ③ ④ ⑤	55	① ② ③ ④ ⑤		
16	① ② ③ ④ ⑤	36	① ② ③ ④ ⑤	56	① ② ③ ④ ⑤		
17	① ② ③ ④ ⑤	37	① ② ③ ④ ⑤	57	① ② ③ ④ ⑤		
18	① ② ③ ④ ⑤	38	① ② ③ ④ ⑤	58	① ② ③ ④ ⑤		
19	① ② ③ ④ ⑤	39	① ② ③ ④ ⑤	59	① ② ③ ④ ⑤		
20	① ② ③ ④ ⑤	40	① ② ③ ④ ⑤	60	① ② ③ ④ ⑤		

※ 본 답안카드는 마킹연습용 모의 답안카드입니다.